【増補新版】

抵抗者たち——反ナチス運動の記録

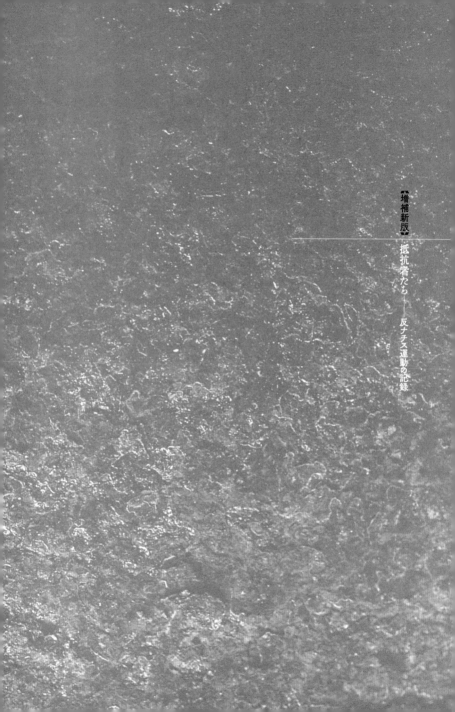

【増補新版】

抵抗者たち
反ナチス運動の記録

池田浩士
IKEDA Hiroshi

editorialrepublica 共和国

目次

序章

最後の蜂起

オーストリア・一九三四年

コロマン・ヴァリシュの道

一九三四年二月一九日午後八時四〇分、オーストリアの地方都市レオーベンで、一人の男に死刑判決が下された。

即決裁判はすでに昼過ぎから開始されていたのだが、被告の有効な反論によって、審理は予想外に長引いた。事実上の軍事裁判とはいえ公開だったため、形式だけは整えなければならなかったのである。法の番人たちに審理打ち切りの決意をさせたのは、ヴィーンからの電話だった。首相ドルフースがじきじき電話をかけてきて、結審と処刑を急がせたのだ。――あたふたと審理は閉じられ、直ちに死刑が言い渡された。形式的には与えられていた助命嘆願の機会を、被告は拒否した。そのかわり、三時間だけ刑の執行を延期することが認められた。午後一一時四〇分、彼は絞首台に登った。

彼、コロマン・ヴァリシュは、オーストリア社会民主党のブルック市の党書記だった。

二月一一日朝、高地オーストリアで社会民主党の武装組織〈共和国防衛同盟〉が武器を取って起ち上がったとき、ヴァリシュは絶望的な結末を予測しながら隊列に加わり、ブルックの同志たちの指揮を引き受けた。

二月一一日に始まる〈防衛同盟《シュッツブント》〉の闘いは、ティロルでクーデターを決行した〈護国団《ハイムヴェーア》〉への回答だった。〈護国団〉は、第一次世界大戦後の革命期からこのかた社会民主党が保持していた戦闘力に対抗して、前首相ザイペルが各種の右翼団体の中核として養成したものだった。その首領はシュターレンベルク公という人物だったが、彼は敗戦後のドイツでヒトラーの運動に参加し、一九二三年一一月のヒトラーのミュンヒェン一揆の失敗後、オーストリアに帰って民兵隊を組織していたのである。〈黒衣の独裁者〉と言われたザイペルが率いるキリスト教社会党は、カトリック教権政治によって社会民主党と拮抗するうえで、〈護国団〉を積極的に利用しようとした。ヒトラーの南進をひそかに危惧《きぐ》していたイタリアのムッソリーニは、ナチス勢力のオーストリアへの浸透を防ぐため、〈護国団〉を強力に支持する意向を示した。キリスト教社会党自身もまたヒトラーの侵略を恐れていたので、むしろムッソリーニと〈護国団〉との結び付きを歓迎した。旧オーストリア＝ハンガリー帝国からの独立と革命ののち、一二年来ホルティによるファシスト的な支配の下におかれていたハンガリーも、〈護国団〉を同志と見なしていた。

国の周囲を各種のファシズム国家に包囲されて、オーストリアは急速に〈護国団〉の跳梁《ちょうりょう》を許していった。一九三二年五月にザイペルのあとを受けて同じくキリスト教社会党のドルフースが首相となったとき、彼の支持団体として〈護国団〉は不動の地位を固めた。ドルフース自身は、外に対してはドイツとイタリアの両ファシズム国家の間でバランスをとり、内に対しては〈防衛同盟〉をあえて禁止せずに〈護国団〉と競合させることで、〈護国団〉の過度の膨張を阻止しようとした。しかし、動きはじめた車輪を止めることはできなかった。勢いを得た〈護国団〉は、各地での度重なるテロ活動ののち、ついに一九三四年二月二日、ティロルで社会民主党の解散とファシスト・グループから成る州委員会の設置を骨子とするクーデターを決行したのである。

　第一次世界大戦後一貫して社会民主党が市政を握っていたヴィーンでも、〈共和国防衛同盟〉と社会民主党を支持する労働者、それに一少数派にすぎなかったオーストリア共産党が、クーデターに対抗して武器を取った。だが、いくつかの職場で山猫的なサボタージュが散発しただけで、ゼネストは起こらなかった。鉄道も通信も放送も、いつものように働いていた。あちこちで撃ち合う社会主義者と警官や〈護国団〉を、市民はただ傍観しているだけだった。

　それはストライキではなかった。防衛同盟員たちが武装している間も、鉄道の列車は動いていた。鉄道員ばかりでなく、大部分の工場労働者たちも平常どおり仕事に就いていた。職場についての不安のほうが、死に対する不安よりも大きかったのだ。少なからぬ防衛同盟員が、ちゃんと職場に出て、仕事が終わってから銃を取り、夕方あるいは晩に武装抵抗に加わるというありさまだった。昼ごろにはすでに、生活は平常どおり動いていること、目を半分つぶって不安な面持ちで、少しばかり混乱をきたしていたとはいうものの、しかし毅然《きぜん》たるやり方で動いていることが、だれの目にも明らかとなった。

社会民主党内の左翼反対派の一員として自らもこの闘争に参加した詩人エルンスト・フィッシャーは、のちに『回想と反省』（一九六九）の中でこう書いている。

武装蜂起が全国に波及することは、それゆえ、最初から望むべくもなかった。やはり社会民主党の活動家だった妻パウラとともに部署に駆けつけたコロマン・ヴァリシュにも、このことは明らかだった。「これは組織的な自殺だ、とわたしは信じて疑わない。政府がすでに兵力でも武器弾薬でも、圧倒的な強さを備えてしまっている今となっては。……崩壊ののちにわたしが犠牲《いけにえ》の一人になるだろうことも、わたしには分かっている」――こう妻に語りながら戦闘に加わったヴァリシュは、〈護国団〉に加えて、進撃して来た軍隊によって退路を断たれ、翌日には早くも山越えで逃げ道を切り開かねばならなかった。数日間にせよ持ちこたえて、少しでも有利な条件で政府＝護国団との交渉に臨むという最後の希望も、ついえ去った。

二メートルにも及ぶ積雪の山中を、厳冬の脱出行が続いた。初め四〇〇人近くもいたメンバーは、しだいに減っていった。負傷や病気のためにやむをえず武器を置いて山を下った者もあったが、なかには、自首して仲間の所在を告げることで自分の生命を救おうとする者も、なかったわけではない。仲間はついに二〇人となり、そしてこの二〇人も、逃走を少しでも容易にするため数人ずつのグループに分解された。

コロマン・ヴァリシュと妻パウラ、そしてもう一人の若い同志は、やがてひそかに山を下り、知人や友人たちの助けを借りてユーゴスラヴィアに亡命しようと試みた。しかし、至る所で彼らが出会ったのは、自分に累《るい》が及ぶことを恐れた人々の拒絶だった。何度か憲兵や〈護国団〉の目を逃れ、乾草の山の下に身を潜め、そしてついに一台のタクシーで、あてのない逃亡の道を走りはじめた。――だが、その道は長くはなかった。ある小さな駅から列車で逃げようとしたとき、懸賞金に目のくらんだ一人の鉄道労働者が、彼らをファシストに売り渡した。逮捕にやって来た憲兵は、ヴァリシュたちに対して好意的だった。身体検査もごく形式的に済ませた。彼らを乗せた車がもうかなりの距離を走ったとき、突然ヴァリシュがポケットから拳銃を取り出し、憲兵のほうを振り向いて言った。――「よく調べなかったというのであなたの失策になるといけない。さあ、取っておきなさい」。蜂起から七日目の、二月一八日のことだった。

コロマンは、翌日の夜、絞首刑に処せられた。パウラは、病気のため、禁固刑の執行を延期された。彼らを密告した鉄道員は、その一〇日後、ヴァリシュたちが逮捕された場所の近くで、死体となって発見された。

英雄の生と死ではなく

妻パウラは、コロマンの死の翌年、『ある英雄の死』という一冊の本を書いて、この一人の活動家の生涯と仕事をわれわれに伝えている。彼女の叙述は、やむをえない感情の高まりのためにしばしば誇張や明らかに主観的すぎる評価を含んではいるが、しかしそれでも一人の人物の姿を通して、オーストリアと、ひいてはまたわれわれの世界全体が何に直面していたのかを、鮮やかに描き出してみせる。

コロマン・ヴァリシュは、一八八九年二月、オーストリア＝ハンガリー二重帝国のうち主としてルーマニア人たちの上にドイツ人とハンガリー人が君臨している一地方に、貧しい労働者の一〇人目の子として生まれた。一二歳で、彼はすでに左官屋の見習い工として働かねばならなかったが、偶然が訪れて、彼の将来の歩みを決定した。——一九〇五年にクロンシュタットで有名な「戦艦ポチョムキン」の反乱に参加した一人の水兵が、帝政ロシアの追跡を逃れてコロマンたちの町へやって来たのである。彼はこの町で直ちに労働者講座の組織化に着手した。コロマンの兄たちの一人がその熱心な協力者となった。少年コロマンは、こうしてすでに十代半ばで、社会主義者となっていた。一九一〇年代の日々を、彼はオーストリア社会民主党の青年党員として過ごした。

第一次世界大戦の敗北と、オーストリア＝ハンガリー二重帝国の崩壊ののち、一九一八年一〇月末、ハンガリーにブルジョア民主主義政府が生まれた。そして〈秋バラ革命〉と呼ばれたこの第一次革命は、翌一九年三月二一日、ハンガリー社会民主党とハンガリー共産党との組織的合同によって、〈ハンガリー・ソヴィエト共和国〉へと生まれ変わった。ハンガリー第二の都市セーゲド（ドイツ語名＝セゲディン）で主として農地改革の仕事に携わっていたヴァリシュは、七月末、首都ブダペシュトに呼び寄せられた。ここで彼を待っていた新しい任務を開始する前に、だがしかし、八月一日、世界で二番目に生まれたソヴィエト共和国は、一三三日間の短い生涯を終えてしまった。ブダペシュトへの途上で、ハンガリー赤軍が圧倒的な外国干渉軍にもめげずなお闘志を燃やしているのを知ったヴァリシュは、その喜ばしいニュースを持ってブダペシュトに到着したのだが、そのときにはすでに、ベーラ・クンをはじめとする政府の要人たちは、国外へ脱出したあとだった。

　コロマン・ヴァリシュと妻パウラの最初の逃亡の道が、こうして始まった。パウラはいち早くオーストリアの両親のもとに難を逃れたが、ヴァリシュはハンガリーにとどまった。革命の残党に対する厳しい追跡が繰り広げられるなかで、ようやく彼は、鉄道労働者の同志たちに助けられ、オリエント急行の機関車の罐《かま》焚きに身をやつして国境を越えた。密輸業者に教えられた間道を通ってオーストリアへ逃れていたパウラのもとにコロマンが姿を現わしたのは、彼らが別れてからようやく三カ月後のことだった。

　コロマン・ヴァリシュの歩んだ道は、一九〇五年の第一次ロシア革命とその衝撃に始まる現代が三分の一世紀の間にたどった過程と、並行している。彼の生涯は、第一次世界大戦となって爆発した矛盾をその真っただ中で生き、大戦のあとにくる革命とその敗北を自らの血肉をもって体験し、そして何よりも、その革命と敗北のいっさいの結末としてやがて訪れた破局の入り口で、生命を落としたのだった。そればかりではない。彼の生涯の最後の日々と彼の死は、ものごころついて以来彼が生きた三分の一世紀の現代ばかりでなく、彼がもはや生きなかった現代、入り口のうしろに深く続く破局そのものの姿をも、すでにはっきりと物語っていたのである。

一人の人物によって一つの時代を体現させようとする試みは、常に慎重すぎるほど慎重でなければならない。ましてや、勝利者にせよ敗北者にせよ、ある一人物を、たとえ歴史の小さなひとこまにとってだけでも〈英雄〉にしてしまうことは、避けねばならないだろう。その意味では、パウラ・ヴァリシュの回想が『ある英雄の死』という表題をもっていることは、この本にとってむしろマイナスの要因でさえあるかもしれない。なぜなら、ヴァリシュの死後にやがて明らかになるように、〈英雄〉こそはファシズムの不可欠の要素であり、ファシストの英雄に反ファシストの〈英雄〉を対置することは、ファシズムからの真の解放にはつながらないからである。

——にもかかわらず、コロマン・ヴァリシュの生と死は、一人の人間の、ましてや一人の〈英雄〉の生と死にはとどまらなかった。ドイツの反ファシズム作家アンナ・ゼーガースは、ヴァリシュの死の数カ月後に、ナチス・ドイツを追われた亡命ドイツ作家たちの機関誌『ノイエ・ドイッチェ・ブレッター(新ドイツ誌)』に、「コロマン・

ヴァリシュの最後の道」という感動的な短篇を発表した。ヴァリシュとオーストリアの一九三四年二月に対するゼーガースの関心は、それで終わりはしなかった。翌三五年には、長篇『二月を貫く道』がパリで刊行され、ヴァリシュたちが歩んだ雪の山道が、反ファシズムの抵抗運動への新たな呼びかけとして、新たな生命を与えられている。

なぜなら、コロマン・ヴァリシュの道は、言葉の通常の意味における英雄の生と死ではなかったからである。むしろ、英雄を生むはずのない状況、英雄が生まれるとしたらそれは嘘《うそ》であり、あるいは喜劇であり、悲劇であるような状況を、それは暗示しているからである。その意味では、コロマン・ヴァリシュが歩まざるをえなかった道は、彼の時代と、彼の死とともに明確な姿をとって現われた時代とにおける、すべての人間の道だったのだ。

わたしの夫だけが最後の瞬間まで闘い抜いたわけではなく、それ以外の指導者たちもそうだったのだが（その名前を言うわけにいかないことは、分かってもらえるだろう）、それは別として、このような闘いの結果は、個々の指導者にかかっているのではなく、労働者たちの革命的精神の如何《いかん》にかかっているのである。七〇パーセントの労働者が消極的な態度をとるとしたら、三〇パーセントの活動家の勝利は疑わしいどころではないだろう。そうなれば、指導者の一〇〇パーセントをもってしても、奇跡を起こすことはできない。わたしはなにも、この状況で彼らがなすべきだった義務、つまり先頭に立って戦うという義務を怠った指導者を、擁護しようなどとしているわけでは決してないのだ。だが、七〇パーセントの消極的な連中を満足させてやるために、用心深く引きこもっていて、闘いが済んだあとではせいぜいのところ死んだ人間たちしか勇敢だったとは認めないような連中を満足させてやるために、指導者は敗北したのちには少なくともぜひ縛り首にされる必要がある、などというばかげた見解を、わたしはいくらきっぱりと斥《しりぞ》けても、まだ足りないくらいである。

（パウラ・ヴァリシュ『ある英雄の死』）

ファシズムに対する闘いは、それがどのような種類のファシズムであるにせよ、少数の指導者によってだけでは不可能であること、民衆の七〇パーセントが消極的に自己に引きこもっているとしたら、たとえあとの三〇パーセントがどれほど優れた活動を成し遂げようとしても、勝利はおぼつかないこと――だがそれにもかかわらず、ヴァリシュのように敗北と死とをはっきりと確信しながらでも、やはり起ち上がらねばならぬ場合があり、そして起ち上がった人間がいたということ――さらには、この人々は、試みが敗北に終わったとき、彼らの闘いの敵たちによってだけでなく、沈黙しつづけた七〇パーセントないしはそれ以上の人々によってもまた、憎悪と復讐を受けねばならないということ。ヴァリシュの死ののちに現実の姿をとってやってきたファシズムの日常を、コロマン・ヴァリシュとその同志たちは、オーストリアの一九三四年二月の日々に、すでに自ら生きねばならなかったのだ。

この二月の日々ののち、オーストリアではあらゆる反対派的な政党やグループが禁止された。社会主義者や共産主義者は国外に亡命を余儀なくされた。

ドルフースのあとに首相となった同じくキリスト教社会党のシュシュニクは、ヒトラー・ドイツの侵略をなんとかして食い止めようとしたが、無駄だった。ザイペルとドルフースのファシズム路線がシュシュニクによっても継承され、オーストリアそのものが完全にファシズム化していた以上、たとえそれがナチズムではなくイタリア型ファシズムにより近かったとしても、すでにヒトラーを拒否して闘う意図は国民には存在しなかった。

ヨーロッパでのファシズムに対する最後の蜂起となったオーストリアの一九三四年からわずか四年と一カ月を経て、三八年三月一三日、ナチス・ドイツはオーストリアを併合した。それに先立つ三月一二日、ヒトラーはオープンカーでオーストリアへ乗り込んだ。生国に帰ったこの独裁者を人々が熱狂的に迎えたとき、ナチスの暴力装置はすでにこの国での活動を開始していた。その夜、ヴィーンだけでも六万四〇〇〇ものオーストリア人が、ナチスによって逮捕され、強制収容所や処刑台へ送られていったのである。ヴァリシュを追い詰めた一週間は、この国でもまた、果てしない日常となった。ドイツでも、そしてオーストリアを含む被征服諸国でも、もはやこれ以後、三四年二月のような大衆的な抵抗は一度としてなされなかった。

われわれはなぜ沈黙したのか?

「われわれは本当に何も知らなかったのだろうか?」――ナチス・ドイツの犠牲者たちを記憶し、あの時代を二度と繰り返さないために国民教育のなかでナチス時代についてを学ぶことを主要な目的の一つとする旧西ドイツの一機関〈政治教育センター〉のベルリン支部が刊行していたパンフレット『追憶の場プレッツェンゼー』の中に、こういう問いかけが見いだされる。

確かに、大部分のドイツ人は、自分たちの名の下に犯されたすべての残虐行為のことも、最もおぞましい残虐行為のことも、知らなかったのだ。そして確かに、これらの犯罪を行なったのは、少数のドイツ人――および非ドイツ人――だった。だが、大部分のドイツ人は、少なくとも強制収容所が存在していることは知っていた。そこでは気味の悪い恐ろしいことが起きている、ということも知っていた。そしてだれもが、自分もそこへ送られるかもしれないという恐れを抱いて生きていたのだ。そのうえ、強制収容所の存在は、国民社会主義者によって少しも隠されたりはしなかった。むしろ彼らは、KZに対する市民たちの不安を、まんまと利用し尽くしたのである。テロルの武器とされた不安は、大部分の市民たちに沈黙の判決を下した。心理的なテロルは、スパイや密告者の軍勢によって強化された。こうして、ドイツ人は恐怖のあまり沈黙した。個人やすべてのグループの権利が軽蔑されていることを、だれもが体験し、目にし、耳に聞いたにもかかわらず。

すでによく知られているように、ナチス・ドイツとその支配圏内には、三〇〇を超える強制収容所（KZ）とその支所があった。ここで、確認されているだけでも三万三五〇〇人以上の外国人が政治犯として処刑され、六〇〇万人のユダヤ人と数十万人の〈ジプシー〉（ロマ民族）、ドイツ各地の病院から移送されてきた一〇万人以上の病人、三三〇万人のソ連人捕虜、さらにヨーロッパの被占領地域の住民数百万人が殺された。そしてまた、一九〇七年から三二年までの四半世紀間にドイツで死刑の判決を受けた人間は一四〇〇人で、そのうち三四五人が処刑されたのに対して、一九三三年から四四年の一二年間には、合計一万三四〇五回の死刑が宣告され、そのうち一万一八八一件が執行された。これに加えて、一九三九年九月一日のポーランド侵攻に始まる第二次世界大戦の期間には、四四年一一月までの間にすでに九四一三人の将校と兵士が処刑されていた。民間人の場合も軍人の場合も、一九四五年についてはまだ確認されていないが、それを含めるなら少なくとも四〇万のドイツ人が第三帝国の一二年間に合法的に殺され、そのうちの多くはさまざまな傾向の政治犯だったのである。死刑以外について見るなら、政権掌握から第二次世界大戦の勃発までに、正規の裁判所で、二二万五〇〇〇人の男女の政治犯に対して延べ六〇〇万年の禁固刑が言い渡されていた(『追憶の場プレッツェンゼー』、一九七八年発行の第一八版)。

日常をおおっていたこのような死と抑圧を、人々が知らないはずはなかった。それにもかかわらず、人々は沈黙した。なぜなのか?――〈政治教育センター〉のパンフレットは、引き続き次のように述べている。

多くのドイツ人は、良心の決断の前に立たされないために、あるいは可能な利益をみすみす放棄しないために、何も知るまいとしたのだった。周知のものとなったもろもろの不正行為をわざと軽く見なし、たいしたことではないと自分で自分に言い聞かせたのである。――「個人的な職権濫用さ。もしも総統がご存知だったらなあ!」「かんなをかければ、かんなくずが出るさ!」、等々。

さまざまな成果によって、目をくらまされてしまったのだ。六〇〇万もの失業者の数は、急速に減少した。以前の民主主義的な諸政権に対してこれほどの規模で与えられたことなどなかったような旧対戦国の譲歩は、いまやヒトラーの威信を高めるのに役立った。ヴェルサイユ条約の桎梏《しっこく》は粉砕された。ゲッベルスの巧妙なプロパガンダは、単なるダメ押しだった。

これは、沈黙の理由としてこれまでにしばしば挙げられてきたことの、ほぼ最大公約数的な要約だろう。心理的・倫理的な理由は、現実の事実という理由によって裏打ちされていた。そしてこの現実の内には、外国を含む諸勢力の意図や政策も存在していた。人々の心理や倫理に働きかけ、それを操作する宣伝や煽動《せんどう》は、こうした現実に表情と色彩を与えることができたのであって、現実そのものを嘘や催眠術で創り出したのではない。

だからこそ、ナチズムに対する抵抗を、倫理や個人的な心理や打算の問題としてとらえることはできないのだ。ナチズムそのものを狂気や権力欲、あるいはサディズムの実践としてのみとらえることが誤りであるように、ナチズムを生み出し維持した現実の社会的な諸条件を無視することなどできないように、ナチズムに対する抵抗もまた、個人の倫理的・心理的な決断を制約する社会的現実を度外視しては考えられないのである。

オーストリアの二月闘争のさい絞首刑に処せられた三五歳の消防士ゲオルク・ヴァイセルは、裁判のなかでも同志たちの名を白状することを拒み通し、彼の態度から感銘を受けた裁判官が「君は心から確信して行動したのか?」と問うたのに対して、こう答えた。——「もちろんです。われわれが敗れたのは、われわれが少数だったからにすぎない。もしそうでなければ、絶対に戦いをやめたりしはしなかったでしょう」(エルンスト・フィッシャー『回想と反省』)。

ファシズムに対する抵抗は、外国の侵略に対する抵抗とは本質的に異なる相貌《そうぼう》を帯びざるをえない。ナチス・ドイツやファッショ・イタリア(そしてある意味では天皇制下の日本)でなされる抵抗は、これらの国の軍隊によって蹂躙《じゅうりん》されたソ連や東欧、フランスやアルバニアやエチオピア（および中国、朝鮮や、東南アジア諸国）などで展開された抵抗とはまた別の、大きな困難を引き受けざるをえなかった。そしてこの困難こそは、ドイツにおけるナチズム、イタリアにおけるファシズム、日本における天皇制などの、それぞれ異なる性質をもった体制に共通の一つの基本的な本質とかかわっていた。つまりその本質とは、これらの体制が国民大多数の合意によって維持されているか、あるいは少なくともそういう合意によって維持されているという外見をとることに成功している、という事実である。

ファシズムに抵抗するということは、敗北を運命づけられている少数者の闘いを開始するということである。「われわれが敗れたのは、われわれが少数だったからにすぎない」という言葉を、あらかじめ自己の行為に刻印するということである。そればかりではない。ファシズムに抵抗するということは、日々の生活をともにする最も身近な隣人たちに抵抗することでさえあるのだ。

なぜ沈黙したのか？——という問いは、それゆえ、体験しなかった者が体験した他者に向ける非難の問いであることは許されないだろう。そのような問いであるかぎり、沈黙を正当化しようとするあらゆる試みと同じく、いかなる種類のファシズムにも一指も触れることはできないだろう。

敗北のなかにあるもの

沈黙を正当化し、抵抗の実行をいっそう困難にするもう一つの契機が存在している。抵抗は、常に、さらに苛酷な弾圧を呼び寄せる、という事実である。一九四四年、ヒトラーは、自分に向けられた暗殺計画の実行者たちに対して、それまではほとんど使われていなかった絞首刑を、特に適用させた。しかも、通常の絞首索を使わずにピアノ線で絞め殺すという残忍な方法をさえ命じ、あとで自分が見物するために、処刑の全過程を映画に撮影させた。こうした個別的な復讐だけではない。抵抗の試みが効果を発揮すればするほど、それに対抗して報復や予防の措置が強化され、〈一般国民〉の生活をすら圧迫し、その後の抵抗運動をますます困難にする。

ファシズムに対する抵抗は、この抵抗の直接の相手たるファシスト権力者の不正と悪と残虐によって、自己のすべてを正当化することを許されない。抵抗は、潜在的な別の抵抗の試みと、抵抗を通じて連帯しうるはずの隣人たちとに対しても、責任を負っている。だからこそ、軽率な抵抗よりは沈黙のほうがいっそう誠実であるように見えることが、しばしばありうるのである。そして実際、抵抗の外見をとりながら、既存の権力に代わる新たな権力に成り上がる意志にすぎないような抵抗運動を、歴史は少なからず知っている。

こうしたすべての困難と危険性を自らに引き受けながら、それでもなお抵抗の試みは絶えることがなかった。大多数の人々の沈黙のなかで、試みは至る所で、あらゆる傾向の人間たちによって、繰り返し開始された——そして、繰り返し挫折に追い込まれた。すでに一九三〇年代の末近くになっても、それはやまなかった。とりわけ、ナチス・ドイツがチェコスロヴァキアのズデーテン地方を併合した直後の一九三八年一〇月には、一カ月間だけで計一六三〇人の抵抗者が逮捕されている。そのうち、六八三人が共産党員、八三人が社会民主党員、一九人が社会主義労働者党員、そして残りの八四五人は、これらの非合法政党以外の反ファシストだった（クラウス・マンマッハ『ドイツ反ファシズム抵抗運動——一九三三－一九三九年』、一九七四）。

言うまでもなく、この数は、抵抗の試みの多さを語っているだけではない。それはまた、失敗と敗北の記録でもある。もちろんこの数字の陰には、これに何倍するか分からぬ数の抵抗が隠されている。だがそれでも、ナチス体制は生きつづけたのだ。しかも、ナチズムをさしあたり打倒したのは、これらの抵抗運動ではなく、外国の軍隊だった。

ファシズムに対する抵抗の試みをあとづける作業は、それゆえ、希望を与えるよりはむしろしばしば絶望を呼び起こす仕事である。肯定するにせよ否定するにせよ、抵抗をも沈黙をも個人の倫理や心理の問題に帰してしまうやり方は、この絶望からの一つの逃げ道となりうる。同時にまた、こうした個人的問題に解消してしまうことを避けるために、もっぱら政治的方針の観点から抵抗運動を見るとすれば、それも現実にはふさわしくない。先の統計にも示されているように、逮捕された抵抗者の半数以上は、政治党派の一員としてではなく、抵抗を試みたのである――もちろん、党員であることを隠しおおせた人々が含まれていたという可能性は、多分にあるにせよ。そして、政治方針に従って行動した人々でさえ、行動しない決断、沈黙を選ぶ余地はあったにちがいないのだ。

　なぜ沈黙したのか？――という問いを、なぜ沈黙しなかったのか？――という問いとして、向け直してみる必要があるだろう。そして、失敗した試みのなかに、その失敗には包摂《ほうせつ》されえない契機を追跡することが、なされねばならないだろう。

　隣人に対する敵対の形をさしあたりはとらざるをえないことさえしばしばある反ファシズムの抵抗は、他の社会的活動の場合よりもずっと強度に個人の倫理的決断や心理的高揚に頼らねばならないことが珍しくない。たとえば、ヨーロッパのファシズムに対するさしあたり最後の大衆的蜂起となったあの一九三四年のオーストリアの闘いの参加者のなかには、青年に呼びかける次のようなビラの文句を読んでいた者も、あったにちがいないのだ。

> 〔……〕いまやいっさいは価値をもたない。いまやただ臆病者だけが脇へ身をよけるのだ。
>
> 　いまや党活動は勇気と誇りのあかしである。君たちの勇気、君たちの誇りに社会主義は呼びかける。勇敢で誠実である者は、いまわれわれの隊列に加われ。臆病者

と卑怯者は、時勢に従うがよい。浮砂はわれわれから去り、岩根は残る。そしてその上に、未来の教会が建てられるのだ。〔……〕

これは、二月闘争の直前に配布されたオーストリア社会民主党のビラの一節である。「君にかかっている！」と題するこのビラの責任者として名前を記しているのは、当時この党の左翼反対派の中心メンバーとして二月闘争に立ち会った詩人エルンスト・フィッシャーである。

二月闘争が敗北したとき、敗北の責任もまた参加者たちの肩にかかってこざるをえなかった。しかし、たとえ個人的・倫理的な決断から闘争に参加したとしても、闘いの結果は個人の倫理や心理を越えて歩みつづける。オーストリアでは、ファシズム支配がますます強化された。戦死したり処刑されたりした者の生命は、もちろん二度とよみがえることはなかった。あらかじめ予想された敗北は、これまたあらかじめ予想された抑圧の強化を国民たちのうえにもたらさざるをえなかったのだ。――だが、その年のメーデーに向けて、一枚のビラがまかれた。

五月一日には大衆ストライキで労働者居住地区を埋め尽くそう！
ストライキを阻止し、あるいは五月一日をナチス・ドイツと同じように自己のファシスト的目的のために利用しようとする政府のあらゆる試みを、諸君は挫折せしめねばらなぬ！　五月一日のファシストの勝利の祝典には、一人も参加するな！

プロレタリアのメーデー・デモを妨害しようとする警察あるいは護国団のすべての試みに対して、防衛的な大衆の抵抗を対置しよう。〔……〕

オーストリア共産党とオーストリア共産主義青年同盟の連名で出されたこのビラは、ドイツに倣《なら》って五月一日《メーデー》をファシズム的な労働祭に仕立て上げようとするオーストリア・ナチスの意図に対抗したものだった。隣国での制覇と二月の勝利に勢いづいたオーストリアのナチスは、ついにこの年の七月二五日、ヴィーンでクーデターを決行した。武装蜂起はその日のうちに鎮圧されたが、首相ドルフースはナチス側によって射殺された。五月一日のストライキを提唱した共産党と共産主義青年同盟のビラは、このような緊迫した情勢を反映していたのである。だが、このビラには、もう一つの重要な内容が盛り込まれていたのだ。ビラは、二月の闘争を想起しながら、「同志、労働者、防衛同盟員、青年労働者！」に向かって呼びかけ、「オーストリア・プロレタリアートの英雄的蜂起」である二月闘争に参加したこれらの人々が五月一日を「プロレタリア統一戦線の力強い宣言」にするよう、訴えていた。――これは、やがて一つの方針として実行されることになる反ファシズム統一戦線の、世界で最初の呼びかけであり実践であった。この方針がその後どのような問題を抱えることになったにせよ、敗北した一九三四年二月は、反ファシズムの運動に一つの教訓を残し、歴史の方向を動かしたのである。

失敗した試みは、たとえそれがあらかじめ失敗を運命づけられていたとしても、失敗ゆえに無に帰するわけではない。無と見えるもののなかには、多くの、ほとんど圧倒的な大きさをもったマイナスとともに、いくばくかの希望もまた孕《はら》まれている。黙殺と神話化の間で消え果てようとするこの希望を洗い出し、それを個人の英雄的行為のなかに埋めてしまわないことが、本書の主要なテーマである。

第一章

消された叫び

白バラと将校グループ

夜と霧の始まり

〈第三帝国〉の最初の夜は、たいまつ行列とテロルで始まった。

アードルフ・ヒトラーが首相に任命された一九三三年一月三〇日の夜、ナチスとその支持者たちは全国各地で祝賀のデモを展開した。首都ベルリンでは、たいまつをかざした行列がブランデンブルク門を通り、広場と街路を埋めた群衆の歓呼の声に包まれて、いつ果てるともなく続いた。そして同じころ、たいまつの光が届かぬ夜の至る所で、SA《エス・アー》（ナチス突撃隊）が活動を開始していた。かねて目を付けていた反対派の労働者や市民、社会民主党や共産党の活動家たちの家や店や事務所を片っぱしから襲撃し、人々をたたき伏せた。もはや〈ヴァイマル共和国〉の反対派としてではなく、権力を手中に収めた正統派としての、ナチスの最初の自己表現だった。

老大統領ヒンデンブルクによるヒトラーの首相指名と、それに引き続くヒトラー内閣の発足に対しては、もちろん、直ちに抗議と反対の声が上がらなかったわけではない。この日に出されたドイツ社会民主党機関紙『フォーアヴェルツ（前進）』の号外は、こう述べていた。

> 大統領は、この政府を任命したことによって、およそこれまで国家元首が引き受けたうちで最も恐ろしい責任を引き受けたのである。彼は、この政府が憲法の基盤を捨てるものではなく、帝国議会で多数を獲得しない場合には直ちに退陣するものであることを、請け合っている。
>
> 憲法を敵視していることはだれの目にも歴然としているこの少数派政府が、もしも帝国議会の同意なしに職務にとどまるようなことがあれば、労働者人民が最後のぎりぎりいっぱいの力を行使する必要に迫られるような状況になる、と言うべきであろう。

一方ドイツ共産党は、同じ日に、ゼネストを訴える呼びかけを発した。だが、動きはじめた車輪を押しとどめることはできなかった。政権を掌握してから三日後の二月二日、ナチスはプロイセン州の全域で共産党のデモを禁止し、ベルリンの警察に同党の本部〈カール・リープネクヒト会館〉を占拠させた。二月二三日には、やはり警察によって、共産党機関紙の編集局および印刷所が閉鎖された。三月五日に行なわれる総選挙の

ヒトラー政権発足を祝う大パレード。
1933 年 1 月 30 日の夜、
ついに国家権力を掌握したナチスの果てしない松明行進の隊列が
ベルリンのブランデンブルク門を通過する。
出典：Lorant, Stefan: *Sieg Heil !*

直前の三月三日、ナチスは共産党委員長エルンスト・テールマンを逮捕し、暴力的な選挙干渉を全国で繰り広げた。総選挙では、それでもなお、ナチスは過半数を獲得することができなかった。得票率四三・九パーセント、議席数は総数六四七のうち二八八にとどまった。社会民主党は一八・三パーセントで一二〇議席、共産党は一二・三パーセントで八一議席と、テロルのなかで行なわれた選挙にもかかわらず、ナチスに対する反対票は予想外に多かった。

ナチスは、この苦境を一つの奇策によって切り抜けた。四月九日、共産党の新議員全員が資格を剥奪《はくだつ》され、総数五六六人に減った国会で、ナチスは単独多数を制することになったのである。次いで、弾圧は社会民主党と労働組合にも及びはじめた。六月二二日、ヒトラー（首相）、ゲーリング（無任所相）とともに入閣した三人のナチスのうちの一人である内相フリックによって、社会民主党を禁止する省令が出された。六月末から七月初めにかけて、既存の諸政党は次々と自主的解散を強いられた。こうしていまやただ一つNSDAP（国民社会主義ドイツ労働者党＝ナチ党）だけがドイツに存在する唯一の政党となったとき、七月一四日、ナチスはすかさず「政党の新設禁止」を定める法律を施行し、この年の末には「党と国家の統一」に関する法律によって、NSDAPを国党としたのである。

〈社会主義〉を標榜《ひようぼう》するナチスにとって、左翼的な労働組合もまた主要な敵の一つだった。自分たちの時代になって最初のメーデー、つまり三三年五月一日を、ナチスは〈国民労働日〉として休日にし、大衆を動員して国民社会主義的メーデーを繰り広げてみせた。そしてその翌日、SAが、各地の労働組合本部や事務所を襲った。幹部は逮捕され、組合財産が略奪された。すべての労働組合組織は解散させられ、五月一〇日、〈ドイツ労働戦線《アルバイツフロント》〉なる唯一の労働者団体がナチスによって設立された。

　国民の日常は、すでに二月四日の「大統領緊急令」によってその基礎を掘り崩されつつあった。〈ヴァイマル共和国〉の崩壊にとって疑いもなくその遠因の一つとなった緊急令は、非常の場合には大統領の権限で憲法の効力を部分的に停止しうることを定めたヴァイマル憲法四八条に基づいて、ヴァイマル時代末期、とりわけ当時の首相パーペンによって濫発され、しばしば表現や集会・結社の自由を制限することで危機を回避しようと試みられたのだが、いままたそのパーペンを副首相とするヒトラー政府の下で、同じ大統領ヒンデンブルクによって、だが今度は、基本的人権の最終的廃棄の第一歩として施行されたのである。この二月四日の「集会・言論・報道出版に関する緊急令」に次いで、同二八日に出された「民族と国家の保護のための緊急令」は、「追って沙汰《さた》のあるまで」個人の自由、住居の不可侵性、郵便通信の秘密、思想信条の自由、結社の自由、財産の保護といった市民的基本権を廃絶し、憲法改定の手続き抜きで事実上ヴァイマル憲法を廃止してしまったのだった。悪名高い国会議事堂放火事件の翌日のことである。

　憲法の制約から自由になったヒトラーは、三月二三日、国会の承認なしに法律を施行しうる権限を政府に与える「全権委任法」を国会で成立させた。反対したのは、三カ月後には禁止されることになる社会民主党ただ一党だったが、そのころすでに同党の国会議員は、さまざまな理由で逮捕されて、半月前の選挙での当選者一二〇名から九四名に減っていた。全権委任を要求する演説をヒトラーが行なっている間、国会議長でもあったヘルマン・ゲーリングは、議員たち一人一人の表情を議長席から双眼鏡で監視したのである。四月七日には、各州の相対的独立を認めていた既成の統治形態を改め、首相の提議によって大統領が任命する総督が州の全権を逃げることを定めた「州の帝国への統合に関する第二の法律」が、プロイセン州を除く全国の各州に適用された。

このような一連の行政的・立法的措置は、もちろん、それに先立ちあるいは並行するさまざまな直接的暴力の行使と、その暴力を追認しさらに新たな暴力を可能にする法的措置によって、支えられていた。

二月二八日の大統領緊急令は、基本的人権の廃止とともに刑罰の強化を定めていたが、この緊急令によって同時にまた、「保護検束」、つまり将来犯すかもしれぬ犯罪をあらかじめ予想して逮捕拘禁することが、できるようになった。これよりさき、二月二二日、帝国無任所相でありプロイセン州内務大臣であるゲーリングによって、SA《エス・アー》およびその下部組織のSS《エス・エス》（親衛隊）、それに親ナチ的な右翼武装組織〈鉄兜団《シュタールヘルム》〉を「補助警察」とすることが定められた。大たいまつデモの陰で獲物に躍りかかった暴力装置は、官許の暴力機構となったのである。そして、憲法の停止によって彼らの自由にゆだねられた獲物たちの貯蔵所、あの強制収容所は、ナチスの奪権からわずか七週間後に、早くも歴史に登場する。――一九三三年三月二〇日、SS長官ハインリヒ・ヒムラーによって、ミュンヒェン近郊のダッハウに最初の正規の強制収容所（KZ）が開設される。権力を掌握する以前からすでに構想されていた計画が、ここで実行に移されたのである。計画によれば、全国各地に六〇以上の強制収容所を配備し、保護検束した共産主義者や社会民主主義者をここに収容するはずだった。この計画は、やがて当初の予定をはるかに超える規模に広がっていく。ダッハウに最初の強制収容所が生まれたときから八年余りのちの一九四一年一二月には、ドイツ軍の占領地域で反ドイツ活動を行なった外国人を強制収容所に送ることを命じた「夜と霧」の布告が、防衛軍総司令部によって発せられる。ナチス・ドイツ軍とともに国境の外まで浸食していった強制収容所は、誕生から一二年余りの生存期間の間に、およそ一一〇〇万の生命を消費することになる。

強制収容所の生存と密接な結び付きを持ちながら、三三年四月二六日、ゲーリングによってベルリンに〈秘密国家警察局（ゲスターパ）〉が設置される。この機関は、同年一一月三〇日のプロイセン州における「秘密国家警察法」の制定によって〈秘密国家警察（ゲスターポ）〉という名称を改めて与えられ、あらゆる傾向と同期の反ナチス活動の摘発に精力的に携わることになる。

こうして、〈第三帝国〉は、成立の当初から疑うべくもない一つの恐怖国家として、テロルと抑圧と威嚇とによって維持されていた。だが、いまわれわれからみて疑いもなくそうみえる当時の現実が、そのなかで生きていた者の目にも疑いもなくそう映ってい

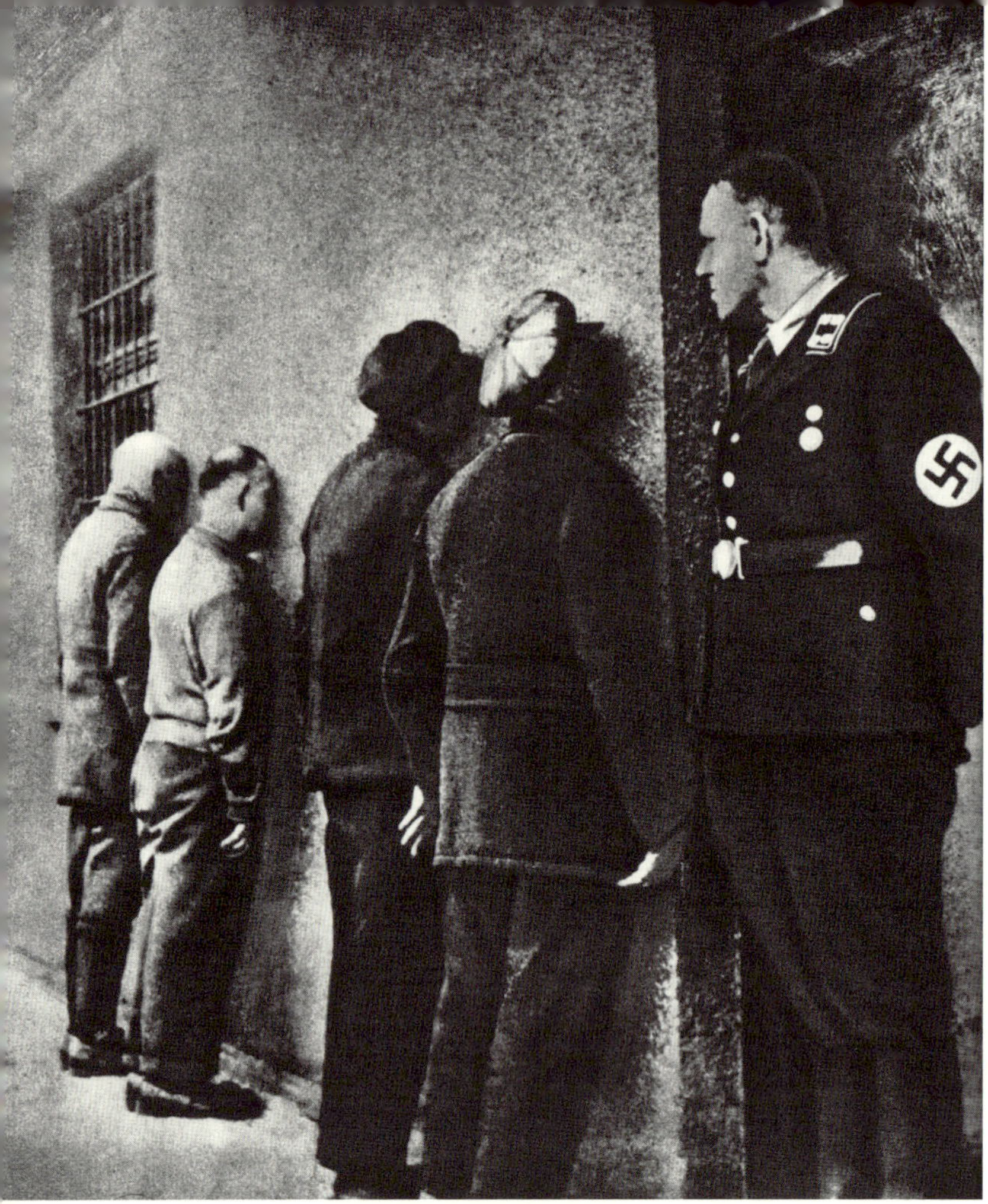

20年前——ポーランド占領時のSS隊員。
ヨーロッパ全土のドイツ占領地域に造られた強制収容所は、計320を超え、
そこで従事したSS隊員だけでも5万3000人にのぼった。
出典：Neumann, Robert: *Hitler. Aufstieg und Untergang des DrittenReiches.*

20年後——1959年度SS大会での元SS隊員たち。
敗戦後に責任を問われたSS隊員は、わずか600人にすぎなかった。
それどころか、旧西ドイツの元SSたちは、戦後も毎年〈同窓会〉を公然と開きつづけた。
1959年のSS大会では、SS旅団長で武装SS少将だったクルト・マイヤーが、
SS隊員のドイツに対する忠誠心と人間的高潔さを讃える記念講演を行なった。
戦争末期に17歳のヒトラー・ユーゲントたちを隊員とする戦車師団の司令官となって
「戦車マイヤー」の異名を付けられた彼は、敗戦前年の9月にカナダ軍の捕虜となり、
1945年12月にカナダで死刑判決を受けたが、51年に西ドイツの刑務所に移されたのち、
アーデナウアー政権によって54年9月に釈放されたのである。
出典：Neumann, Robert: ***Hitler. Aufstieg und Untergang des DrittenReiches.***

たかどうかは、また別の問題なのだ。三三年一月三〇日の夜のたいまつデモだけに、無数の人間が参加し感動したわけではない。同じ時刻に闇のなかを徘徊《はいかい》していたテロ行為にも、無数ではないにせよ多数の人間たちが加わっていた。第二次世界大戦がドイツの敗北で終わったとき、一九三四年以後SAから独立して独自の機構となっていたSSは、武装SSと呼ばれる実働部隊だけでも約五〇万の隊員を擁していたのである。

　この五〇万の人間たちとその背後にいる無数の家族、友人、恋人や同僚が、強制と脅迫によってのみナチス支配に忍従していた、と考えることは、非現実的であるにちがいない。多くの証言によってもまた、ドイツ人が苛酷なヴェルサイユ条約のくびきからの解放者としてヒトラーを尊敬し、破局的な失業から労働者を救ってくれたことを喜び、そして外国の強制的併合と侵略戦争の時期にもなお、ナチス・ドイツの勝利と苦戦の報に一喜一憂しつづけたことは明らかである。

　巧妙な宣伝と嘘の情報によって、真実が隠されていたからだろうか？　権力掌握から二カ月後の三月三一日に、新設された民衆啓発宣伝省の指導者《フューラー》となったゲッベルスによって、魂を奪われてしまったからだろうか？　同じ年の五月一〇日、そのゲッベルスの指揮の下に、とりわけ各地の大学で盛大に開始された焚書《ふんしょ》は、その炎によって人々をただ幻惑していただけなのだろうか？　かつて読んだか、あるいは読めなかった本を火に投じるとき、自らが数え立てるその本の罪状の呪文めいた響きによって、ただ自己暗示にかかっていただけなのだろうか？

だが、炎に本を投じ、あるいはまだ半分生きている人間を焼却炉に投じる者がいたように、火に投じられる本、生きながら焼かれる人間も、確かに存在したのだ。あらゆる法的措置、暴虐の合法化、拷問、凌辱《りょうじょく》、隔離、そしてさまざまな段階の人体実験にもかかわらず、焼くほうではなく焼かれるほうを、従うほうではなく抗《あらが》うほうを、生をではなく死を、そしてある意味では死ではなく生を、選ばざるをえない人間たちがいたのである。

彼らもまた、彼らの敵たちと同じように、忘我と陶酔のなかにいたにすぎないのだろうか？

ヒトラーの翳のなかで育って

あらゆる措置にもかかわらず、ナチス体制に対する抵抗はなくならなかった。一九三三年から三五年までの丸三年の間に、確認されているだけで五四二五件の政治的裁判、つまり反ナチ活動に対する裁判が行なわれ、二万〇八八三人の被告に対して——しばしば好んで用いられる表現を使えば——延べ三万九七九二年に及ぶ懲役ないし禁固刑が言い渡された。一九三六年には一万一六八七人の共産党員と一三七四人の社会民主党員が逮捕され、三七年には共産党員八〇六八人、社会民主党員七三三人がゲスターポに捕らえられた（ペーター・アルトマンほか『ドイツ反ファシズム抵抗——一九三三－一九四五年』、一九七五）。

もちろん、逮捕にまで至らない抵抗活動も跡を絶たなかった。一九三五年一年間だけで、ゲスターポは非合法資料の配布場所五〇六七ヵ所を確認したが、そのなかにはそれまで知られていなかった文書が六一二点も含まれていた（政治教育センター編『政治教育情報』第一六〇号「ドイツの抵抗——一九三三－一九四五年」、一九七四）。

最近数ヵ月間の観察によれば、連絡員や活動家にはいかなる種類の文書による資料も持たせず、当該の人物にもっぱら口頭の指令を与えている模様である。この推測は、種々の共産党員やKPD〔ドイツ共産党〕を支援している疑いのある人物たちの逮捕によって裏付けられる。外国ではしばしば、ドイツから逃亡してきたKPDおよびSPD〔ドイツ社会民主党〕の活動家の家に出入りする人物が観察されてきた。彼らがドイツへ帰国するさいには、しかしながらいかなる場合にも、共産主義的活動の証拠や不利になる資料とみなされうるようなものが国境で発見されることはないのである。

（『政治教育情報』第一六〇号所載の国家警察アーヘン県本部の一九三四年八月の情勢報告）

ナチスの側からも不倶戴天の敵とみなされ、ヴァイマル時代のほとんど全時期を通じてヒトラー・ファシズムと最も厳しく対決してきた共産主義者たちや、あるときはその共産主義者たちから「社会ファシスト」とののしられながらもナチズムに包摂されることのなかった社会民主党員たちにとっては、ナチス体制に対する抵抗は――それがいかにして可能かという問題はあったにせよ――いわば当然のことだった。けれども、一九三三年一月以降にようやく十代に達した者たち、ヴァイマル共和国時代に生まれナチス時代に自意識を獲得した青少年にとっては、第三帝国の現実だけが唯一可能な現実だった。しかもナチスの指導者たちは、青少年教育の重要性については十分認識しており、〈ヒトラー青年団《ユーゲント》〉の組織の網を青少年の生活のあらゆる領域に張り巡らし、これによって彼らの全生活を完全に組織し掌握する施策を着々と進めていたのである。

それにもかかわらず、一九三三年六月一七日に、〈ヒトラー・ユーゲント〉指導者で詩人のバルドゥーア・フォン・シーラッハが二六歳で「ドイツ帝国青年指導者」に任命され、第三帝国の青少年活動を統括する最高責任者となったとき、象徴的なことには、彼が出した最初の指令は「連合青年団の禁止」と題する禁止令だった。ワンダーフォーゲルなどを含む連合青年団組織は、ヴァイマル共和国時代に極めて盛んだった青年運動の典型的な形態であり、〈ヒトラー・ユーゲント〉自体がこの形態を踏襲していたのだが、シーラッハは、ヴァイマル時代には総じてそれほど革命的な役割を果たしたとは言えないこれらの組織に、自己の重要な敵を見いだしたのだった。そして、いっそう象徴的なことに、この禁止令をシーラッハはその後何年にもわたって繰り返し発しなければならなかった。「〔……〕自由な青年グループが非合法に持続していたことによって禁止令の更新が必要とされたしるしである」と、『ヒトラー・ユーゲント――第三帝国における青少年とその組織』（一九六〇）の著者アルノー・クレンネも指摘している。

一九三六年一二月一日、HJ《ハー・ヨット》すなわち〈ヒトラー・ユーゲント〉は、〈国家青年団〉として認められた。すでに一年余り以前の三五年一〇月に、古い伝統を誇る〈ドイツ学生組合《ブルシエンシャフト》〉が自主的に解散して、大学生の自治組織がすべて消滅し、あらゆる大学生が単一の〈ナチス学生同盟《シュトゥデンテンブント》〉に統合され終わっていた。青少年の生活も、こうしてすべてナチス体制によって支配されることになったのである――少なくとも形式的には。

内実的にも、青少年の生活の支配は着々と進められた。一九三五年三月一六日、ヒトラー政府はヴェルサイユ条約の規定を破って、ドイツにふたたび一般兵役義務制を導入した。成人男性の国民はすべて、兵役を義務づけられることになった。それと同時に、旧ヴァイマル時代の〈国防軍《ライヒスヴェーア》〉は〈防衛軍《ヴェーアマハト》〉と改称され、本格的な軍備拡張がヴェルサイユ条約に違反して公然と開始された。これよりさきヒトラーは、老ヒンデンブルク大統領の死に伴って、首相と大統領とを一身に兼ねる国家元首の地位を要求し、三四年八月一九日の国民投票で承認されていた。この投票に先立つ八月三日、彼は国防軍に対して自分への宣誓義務を要求していたので、国民投票の結果は国の統帥権をもヒトラーに認めることになった。こうした過程ののちに復活された兵役義務制は、すべての兵士たち、つまり兵役に就くすべての青年に、ヒトラーへの忠誠を誓わせることになったのである。

一九三〇年代の間に青少年による抵抗運動の痕跡《こんせき》があまり残されていないのは、こうした事情によるものだったと思われる。すでに一世紀以上も前に、ドイツの作家ジャン・パウルは、「社会のなかでドイツ人は、人間として、すなわち社会人としてはめったに現われず、良き官吏、良き教授、良き兵士として現われる」と、苦々しく確認していた。そのドイツ人——少なくともジャン・パウルのこの確認に当てはまる部分のドイツ人——にとって、軍の最高司令者に対する忠誠の宣誓を破ることは容易ではなかったのだ。

青少年による抵抗は、ようやくナチス・ドイツが侵略戦争をヨーロッパとロシアの全域に拡大した一九四〇年代になってから、相次いで摘発されはじめた。

最初の組織的抵抗は、四二年五月に発覚した。ベルリンの公園ルストガルテンで開催されていた「ソヴィエトの楽園」と称する反ソ連キャンペーンの展示物が焼かれたのである。五月二二日、ヘルベルト・バウムという三〇歳の労働者とその妻マリアンネが逮捕された。ヘルベルトは電気技師を志したが、ユダヤ人だったため職業専門学校を中退せざるをえなかった。一九四一年からは、妻とともにベルリンの工場で強制労働に従事させられていた。ユダヤ人の青年組織から一九三一年に共産主義青年同盟のメンバーとなっていた彼は、この強制労働のなかで非合法活動のためのつながりを創出していった。このつながりを、なぜ彼があのような行為によって水泡に帰せしめてしまったのかは、分からない。しかし、この当時はまだ、緒戦でのナチス・ドイツ軍の勝利は、少なくとも大多数のドイツ人たちの目には果てしなく続くように思われていた。ヘルベルト・バウムとその同志たちが、たとえこれと意見を同じくしていなかったとしても、ソ連に対するキャンペーンを座視することは、ナチスによるドイツ国民のイデオロギー的統合を助けることにほかならなかったのかもしれない。

ヘルベルト・バウムは、六月一一日、取り調べ中に殺害された。マリアンネは、八月一八日、ベルリン・プレッツェンゼー監獄で処刑された。犠牲者は二人だけにとどまらなかった。逮捕は続き、最終的には、二八人の青年が死刑の判決を受け、処刑された。〈バウム・グループ〉と呼ばれることになるこのような組織的抵抗の陰には、もちろん、その当時もいまも名前すら人々に知られることなく断首され、あるいは絞殺されていった無数の青少年がいたにちがいない。

青少年、と書いた。抵抗は成年によってのみ行なわれたのではないからだ。ヘルムート・ヒューベナーの場合は、本来なら少年法の適用を受けるべき一七歳の少年だった。犯行当時は一六歳だった。そしてそれゆえに、名前が残されることにもなったのである。一六歳のヘルムート・ヒューベナーは、キリスト教の青年組織に属していたことのある敬虔《けいけん》な少年だった。数人の年上の仲間たちとともに、彼はナチスのプロパガンダの嘘や隠された意図を暴露するビラを書き、それをひそかに配布した。ある事務員が彼らを密告したとき、ゲスターポも裁判官も、この少年が首謀者であるということをなかなか信用しようとはしなかった、という。だが取り調べが進むにつれて、彼の驚くべき沈着さと確たる信念が明らかとなった。一九四二年八月一一日に下された判決は、ヘルムート・ヒューベナーに死刑を宣告した。少年法は一片だに適用されなかった。裁判官は、彼が成人に劣らぬ知力と意識と体力を備えていることをその根拠とし、判決理由の中で次のように述べたのだった。

かりに死刑か無期懲役かの選択をなさねばならなかったとしても、決定は死刑でしかありえなかったであろう。なぜかならば、行為の重大性と危険性ならびに民族を保護する必要性は、被告が未成年者であるにもかかわらず死刑を要求するからである。被告は、彼の知的成熟度の再審査にさいし、共同体の利害に対して個々人の運命は譲歩すべきであり、とりわけ現在の時局において民族と総統に対して反対の態度をとる人間は抹殺されるべきである、と自ら申し述べたのである。

「行為に一片の名誉もない」結果、彼は一生涯あらゆる市民的名誉を剥奪されるべきことを、判決は付け加えていた。残りの二カ月半の一生涯を生きたのち、ヘルムート・ヒューベナーは断首によって処刑された。

白バラ・グループの生と死

学友諸君！

わが民族民衆は、スターリングラードの兵士たちの壊滅の前に、ただ打ち震えて立ち尽くしている。三三万のドイツ人を世界大戦当時の上等兵の天才的な戦略が、無意味にも、そして無責任にも、死と腐敗のなかへ追い込んだのだ。総統、われわれはあなたにお礼を言おう！

〔……〕決済の日がきたのだ。わが民族民衆をこれまで忍従させてきた最もいとうべき専制に対してドイツの青年がなすべき決済の日が。ドイツの青年の名において、われわれはアードルフ・ヒトラーの国家に、それがわれわれから最も惨めなやり方でだまし取ったドイツ人の最も価値ある財産、個人の自由を、返済するよう要求する。

いかなる自由な意見表明をも容赦なく締め付ける一国家に、われわれは育った。HJ、SA、SSが、われわれの生涯のうちで最も実り豊かな教育年齢の間、われわれを画一化し、革命的に改造し、麻酔漬けにしようとした。芽生えようとする自立思考を空虚な決まり文句の霧に包んで窒息させてしまう卑劣な方法が、「世界観的修練」と呼ばれた。

自由と名誉！　一〇年もの長きにわたって、ヒトラーとその同志たちは、この二つのすばらしいドイツ語を、一つの国民の最高の価値をブタに投げ与えるディレッタントにだけしかできないようなやり方で、搾り取り、そぎ落とし、ねじ曲げて、嘔吐《おうと》を催すようなものに変えてきた。〔……〕彼らが自由と名誉の名のもとに全ヨーロッパでなしてきて、日々新たになしつつある恐るべき残虐行為は、どんなに愚かなドイツ人にも目を開かせた。もしもドイツの青年がついに起《た》ち上がり、復讐《ふくしゅう》と同時に贖罪《しょくざい》をし、彼らを苦しめる者たちを粉砕し、新しい精神的なヨーロッパを打ち立てないならば、ドイツの名は永遠に恥辱にまみれたままとなる。学生諸君！　ドイツの民族民衆がわれわれに注目している。〔……〕

わが民族民衆は、いまこそ国民社会主義によるヨーロッパの奴隷化に反対し、自由と名誉を新たな信念をもって貫き通そうとしているのだ。

ミュンヒェンの大学生、ハンスとゾフィーのショル兄妹や、アレクサンダー・シュモレル、ヴィルヘルム・グラーフ、それに元ミュンヒェン大学生クリストフ・プロープスト、同大学の実験心理学教授クルト・フーバーらを中心とする〈白バラ〉グループの最後のビラは、このような呼びかけを載せて配布された。一九四三年二月一八日早朝、ナチス・ドイツ第六方面軍のスターリングラードでの降伏から半月ののち、ビラをぎっしり詰めたトランクを携えて大学の校内に彼らの呼びかけを配布して回っていたとき、兄妹は一人の用務員に発見され、抵抗もせずにゲスターポに引き渡された。

いまではすでにあまりにも有名となり、ナチス治下の抵抗運動の代名詞となったこのグループの名称は、ブルーノ・トラーヴェンの小説の題名にちなんで付けられたという。ドイツの作家トラーヴェンは、一九一八年から一九年にかけてのドイツ革命のなかで、レーテ（ソヴィエト）共和国の側に立って闘った。一九年春のバイエルン・レーテ共和国で、彼は、アナーキストの詩人エルンスト・トラーや、のちに三四年七月にオラーニエンブルクの強制収容所で殺されることになる作家エーリヒ・ミューザムらとともに、中心的なメンバーとして働いた。革命が圧倒的な国防軍の反革命軍事行動によって短い生命を終えたのち、トラーやミューザムは要塞監獄に囚《とら》われの身となったが、トラーヴェンは脱出した。そして、すでに一九一七年九月から彼が刊行していた『ツィーゲルブレンナー』という名の雑誌をレート・マルトの名前で続刊する。「煉瓦《れんが》を焼く人」を意味するこの不定期刊の雑誌に依拠して、彼は、中絶させられた革命の試みの意義の宣伝と、革命を圧殺することによって旧秩序の復活に道を開いている〈ドイツ共和国〉、つまりのちのヴァイマル体制の形成過程に対する批判の作業を続けたのである。彼の首には巨額の懸賞金がかけられていた。だが、名目上の発行地も次々と変え、直接購読者宛てにさまざまな場所から発送される彼の雑誌は、ついに官憲の追及から逃れおおせ、一九二一年暮れに第三五－四〇合併号を出すまで刊行された。

　一九二〇年代後半からナチス時代がくるまでの間、『綿摘み人夫たち』『荷車』『ジャングルの橋』『白バラ』など、ほとんどすべて植民地や第三世界の闘争を主題とする一連の小説によってベストセラー作家になった正体不明の小説家B・トラーヴェンと、ミュンヒェンの革命家R・マルトとが同一人物であることは、一九六〇年代に一人の研究者が証明に成功するまで知られぬままだった。アメリカに生まれてドイツに渡り、第一次世界大戦に反対して革命に参加し、非合法活動のなかでまったく別の作家になりおおせたこの人物の一九三〇年代以後における軌跡は定かではないが、一九五〇年からメキシコの市民権を取ってそこで暮らしたとされている。

メキシコの古い農園が近代的なトラストの経営方法と機械化によって侵略される過程を描いたトラーヴェンの一九二九年の作品から自分たちの抵抗グループのシンボルを借りたとき、それゆえ、ショル兄妹たちはこの謎《なぞ》の作家の真の正体をもちろんまだ知らなかったのである。だが、作品そのものに対する感動と愛着と、そしてもちろん深い敬意から彼らがこの名前を自らの運命と結び付けたとき、彼らはこの一編の小説に孕まれているあらゆる契機を正確にとらえていたのだった。第一次世界大戦と革命の挫折とヴァイマル時代の全遺産とを引き継いで成立したナチス体制は、その歴史にふさわしい抵抗者を〈白バラ〉のなかに見いだしたのである。あまりに素朴《そぼく》で警戒を知らなかった彼らに対してしばしば批判と哀惜を向けようとする者たちは、彼らが意図せずに立ってしまっていた彼らの土台を、もう一度自ら振り返ってみなければならないだろう。一九四三年二月二二日、つまり発覚からわずか四日後に死刑宣告を受け、さらにわずか数時間後に刑を執行されたショル兄妹とその同志たちは、無邪気さや無経験と見えるものの背後に、経験を積み、それゆえに慎重で警戒心に満ちた活動家たちに劣らず、第三帝国への道とそして第三帝国からの道を冷静に見据える目をもっていたのかもしれなかった。

白バラは外国勢力の雇われ者ではないことを、われわれはきっぱりと指摘しておく。国民社会主義の勢力が軍事的に打ち破られねばならないことをわれわれは知っているが、しかしわれわれは、重傷にあえぐドイツ精神を内部から革新しようとするのである。だがこの再生は、ドイツ民族が自らの上に背負い込んでしまったいっさいの罪を明確に認め、ヒトラーとそのあまりにも多い共犯者たち、党員連中、キスリング〔ナチスの傀儡《かいらい》となったノルウェーの政治家〕たち、その他と容赦なく闘うことを前提としなければならない。民族の比較的良い部分と国民社会主義につながるあらゆる部分との間に、無慈悲なくらい決然と分裂を惹《ひ》き起こさねばならない。ヒトラーとその一党にとって、彼らの行為にふさわしいような罰はこの地上には存在しない。だが、来たるべき世代たちへの愛情から、戦争の終結後、これと似たことを新たに試みようという気をいささかなりとも起こす者が出ないように、一つの実例を示さなければならないのだ。この体制のほんの小さな悪事でも忘れるな。一人も逃れる者が出ないように、しっかりと名前を記憶しておけ！　こうしたあらゆるおぞましいことをなしたあとで、最後の瞬間にまんまと旗を替え、何もなかったような顔をさせてはならない！

諸君を安心させるために付け加えておくが、白バラの読者のアドレスはどこにも文字として記されてはいない。アドレスは、さまざまな住所録から無作為に抜き出したものである。

われわれは沈黙しない。われわれは諸君の良心の痛みである。白バラは諸君をそっとしておかない！

複写して他の人に渡してください！

短い二つの呼びかけを除いて第六号まで出た白バラ通信の第四号は、この訴えで結ばれている。

旧体制からの反対派

ショル兄妹とプロープストの処刑の翌日、『ミュンヒェナー・ノイエステ・ナーハリヒテン（ミュンヒェン最新報）』紙は次のような記事を掲載した。

民族法廷は一九四三年二月二二日、裁判所陪審法廷において、ハンス・ショル（二四歳）、ゾフィー・ショル（二一歳）、ともにミュンヒェン、ならびにクリストフ・プロープスト（二三歳）、インスブルック近郊アルドランス、に対し、死刑および市民的名誉権の剥奪を宣告した。判決は同日執行された。受刑者たちは典型的な一匹狼であって、家々に反国家的要求を書き付けたり、大逆罪に相当するビラ類を配布したりすることにより、ドイツ民族の防衛力と抵抗精神を恥ずべきやり方で侵したのである。ドイツ民族の英雄的な闘いを目のあたりにするとき、この種の見下げ果てた連中に対しては、迅速かつ不名誉な死以外の何ものもふさわしくない。

〈白バラ〉グループの処刑は、「ドイツ民族の英雄的な闘い」がスターリングラードの敗北によって決定的な転機に差しかかったという認識の、一つの自己表現だった。それだけに、裁判には見せしめの要素が強かった。四三年四月に行なわれた同グループに対する第二次公判でも、フーバー教授と二名の学生が死刑となり、他の二十数名は一年から一〇年の刑を宣告された。だがそのうちの多くは、すでにゲスターポの拷問によって死んでいたか、あるいは強制収容所に送られて死んだのである。

この青年たちにとってドイツの敗北の始まりは解放と贖罪と新しいドイツの可能性の端緒だったとすれば、神話となった緒戦での電撃的進攻の頓挫《とんざ》を必ずしも喜ばない抵抗グループもまた存在していた。ヘルムート・ジェイムズ・フォン・モルトケ伯を中心とする〈クライザウ・サークル〉その他、主として貴族や政治家、外交官、そして高級将校を含む反対派の諸グループである。当初まったく別個に、多くは個人的なサロンや研究会（〈水曜会〉など）として生まれたこれらのグループは、メンバーの顔ぶれの多様さやヒトラー政府に対する反対の理由の差異、さらには別のドイツについての構想の隔たりなどによって、本来なら連絡を取り合う必然性をほとんど持たなかった。その彼らを結び付けたものは、ドイツの根底的な崩壊、国そのものの存在が危うくなる可能性だった。ヒトラーの冒険を一刻も早くやめさせ、ドイツがまだ過去の戦果の上に立って比較的有利な条件で連合国との和平を締結できる間に、戦争をやめる必要があった。職業上、戦争継続がドイツをどんな破滅に導いていくか知っていたこれら反対派は、こうした共通の危機感によって結び付いたのである。もちろん、こうした思惑以外にも、さまざまな抵抗がすべて逮捕と死刑と強制収容所に行き着くのをみて、自らの社会的地位と防衛軍へのつながりを役立てることをついに決意した人物たちもあったにはちがいない。しかしいずれにせよ、外国の軍事力よりドイツ自身の軍隊の力で決着を付けねばならぬと考えるに至った彼らの抵抗の意思と信念が、大戦におけるナチス・ドイツ軍の刻々の勝利と不首尾につれて動揺せざるをえなかったことは、ドイツ共産党の立場から編まれた第三帝国に関する資料集『資料で見るドイツ・ファシズム』(第三版、一九七八)の編者ラインハルト・キューンルも指摘しているとおりだろう。

ドイツの最終的な敗北がようやく明らかとなる一九四四年夏まで軍事クーデターが実行に移されなかった理由は、いまでは一般に、防衛軍最高司令部が陰謀に加担することを躊躇《ちゆうちよ》しつづけたため、とされている。すでに一九三八年五月三〇日、軍の最高幹部を前にしてチェコスロヴァキアへの侵攻を近い将来に決行するむねをヒトラーが言明したとき、少なからぬ軍人たちは危惧の念、あるいは消極的反対を表明した。とりわけ参謀本部長ルートヴィヒ・ベック大将は、その結果惹き起こされるにちがいない世界大戦を戦い抜くだけの力をまだ防衛軍が持っていないことを理由に、強くヒトラーに反対した。

ヒトラーが意見を変えなかったとき、ベックは参謀本部のメンバーの総辞職によってヒトラーの冒険をやめさせることを考えたが、これは実現しなかった。一連の試みののち、ベックは同年八月、単独で参謀本部長の任を退いた。

このとき以来、ベック将軍は旧体制を救うことを目的とする体制内反対派たちの一つの結節点と見なされるようになり、さまざまな道を経て彼と連絡を持とうとする試みが諸グループによって行なわれた。一九四四年七月二〇日のヒトラー暗殺事件は、防衛軍の兵力を頼ったクーデターによって祖国の破滅を阻止するというただ一点で一致した各界の人物たちの、一つの統一行動だったのだ。

ヒトラーに対する暗殺計画は、よく知られているように、この七月二〇日事件以前にも数度にわたって実行されていた。そしてそのたびに、ヒトラーはまったく稀有《けう》な偶然によって、間一髪のところで難を逃れていたのである。あるときは、ヒトラーの飛行機にコニャックの酒瓶に見せかけて積み込むのに成功した爆弾が発火しなかった。あるときは、ナチの古参闘士の集まりに出席するヒトラーを目標にした爆弾が、ヒトラーの予想外に早い退席のため効果を失してしまった。同じようなことは、敵側から奪った武器の展示場を彼が訪れたさいにも起こった。彼があたふたと会場を出てしまったあと、暗殺者は、すでに一つが発火しはじめているポケットの二個の爆弾を、あわてて始末しなければならなかった。

だれ一人成功しなかった直接的な暗殺行動を、アフリカ戦線で片眼と右手と左の二本の手指とを失っていた三五歳の陸軍大佐クラウス・シェンク・フォン・シュタウフェンベルク伯が自ら買って出た。東プロイセンの山荘ふうの要塞〈ヴォルフスシャンツェ〉（狼の巣）に設営されたバラック建ての総統本営が、暗殺の場所に選ばれた。シュタウフェンベルクは総統の机の下に爆弾を仕掛けるのに成功し、会議のさなかにそれは爆発した。シュタウフェンベルクは、その轟音《ごうおん》を背後に聞きながら総統本営を出てベルリンに向かった。

だが、今度もまた、奇跡が起こった。ヒトラーは軽傷を負っただけだった。そのうえ、クーデター側にさまざまな手違いが続出した。かねて予定されていた予備軍に対する行動開始の〈ヴァルキューレ〉命令は、暗殺決行後四時間もたってからようやく出される始末だった。総統本営にいた防衛軍最高司令官のカイテル元帥から、ヒトラーは軽傷を負っただけだと知らされた予備軍司令官フロムが、クーデターに加担することを拒んだのである。フロムは、クーデター派に逮捕された。そこへようやくベックその他の中心人物が到着し、各地の防衛軍司令部に総統の死と〈ヴァルキューレ〉命令が伝達された。ベルリンでは、SSやナチ党の主要な建物の占拠には成功したものの、ラジオ放送を停めることはできなかった。ヒトラーが死んでいないという事実が全国に報じられ、クーデターの成功の見込みはなくなった。総統本営からはカイテル元帥が、クーデター側の将軍の命令に服従するな、という命令を全将兵に発していた。爆発から八時間余りのちには、クーデターは最終的に挫折していた。

首謀者たちのうち、ベルリンで逮捕されたシュタウフェンベルクその他の将校は、フロム将軍によって直ちに即決裁判で死刑を宣告され、その夜のうちに参謀本部の中庭で銃殺された。ベック大将だけは、ピストル自殺を許された。——ヒトラーは生き残った。「悪魔に守られている」と言われた彼の好運だったが、もはや明白な軍事的不首尾のなかでのことだけに、彼が受けた衝撃はかつてないほどのものだったと思われる。ヒトラーは犯人たちの徹底的な捜査を厳命し、復讐の決意を固めた。暗殺未遂の翌日、見舞いに駆けつけたイタリアの盟友ムッソリーニと会見するヒトラーの写真は、この男が一晩のうちに何歳も老け込んでしまったような印象をわれわれに与える。

破局に向かうドイツ？

参謀本部のあったベルリンのベンドラー街は、解放後、シュタウフェンベルク街と改名された。四人が銃殺され一人が自ら生命を絶った場所には、「ドイツのために死んだ」彼らを追憶するレリーフが設置されている。

一九四四年七月二〇日は、確かに、ヒトラー・ドイツに内部から終止符を打つ最後のチャンスだった。少なくとも、もはやこれ以後は、連合国側の軍事力による徹底的な破壊しかヒトラーを押しとどめるものはなかったかに見える。もちろん、もしもあの暗殺が成功していたとしても、ではいかなる新ドイツが生まれえていたか、という問いを避けるわけにはいかないにせよ。

〈七月二〇日〉が各界のエリートたちだけから構成された宮廷クーデターでしかなかったと断定するとしたら、それは正しくないだろう。ここで一つの焦点を結んださまざまなグループそれぞれのなかには、バウムやショルたちとまったく別の世界にいるのではない人間たちも、しばしば含まれていた。個々のグループを、中心的な計画者たちや支柱的存在とされたベック将軍と結び付ける過程には、いくつもの媒介的なグループや個人がなければならなかった。その意味で、七月二〇日の暗殺計画は、〈白バラ〉をはじめとする独立の「一匹狼」的な行動グループとは根本的に異なっていた。それは、ナチス・ドイツのあらゆる分野と社会階層を含んでいた。

だが、それでもやはり、七月二〇日の事件の基調音を成していたのは、ヒトラーの権力に対するもう一つ別の権力の対置という性格である。フォン・シュタウフェンベルク大佐やエルヴィン・フォン・ヴィッツレーベン元帥、ハンス・ヘニング・フォン・トレシュコウ少佐、アルブレヒト・メルツ・フォン・クヴィルンハイム大佐など、中心人物として処刑されあるいは自殺した高級将校たちのうち少なからぬ者は、「フォン」の付く姓名を見ただけで歴然と分かる貴族出身の職業軍人である。出身だけから人間を判断することは、もちろんできない。だが、しばしば指摘されてきたように、これらの高級職業軍人は、ヒトラーによって一般兵役義務が復活させられたとき、この制度のおかげで自分たちの権威と社会的地位が高まることを喜んだのだった。少なくとも、彼らの同僚の多くはそうだった。もちろん、〈七月二〇日〉の将校たちを他の将校たちと区別するものは確かに存在していたのであり、彼らの信念をたとえばヘルムート・ヒューベナーやゾフィー・ショルの信念より劣ったものと見なすことなど、できるものではない。しかし、彼らにナチス・ドイツといわば正反対の、何もかもまったく逆の対極的な一つのドイツのイメージだけでも描くことができたかと言えば、おそらくそれは不可能だったろう。これら誠実な将校たちのなかには自己と祖国に対する責任はあったとしても、たとえば〈白バラ〉のビラから語りかけてくるような他者との関係における責任と、現実にはまだ生まれてさえいない人類の未来の世代に対する責任を、これら地主貴族《ユンカー》たちは知っていただろうか？

七月二〇日事件の人々のなかに傑出した外交官や経済専門家が含まれており、情熱的な聖職者や、あまつさえ労働組合の指導者や社会民主党の幹部活動家すらもが加わっていたことは、挫折したこの計画の価値を高めこそすれ、決して低めることはない。共産主義者と社会民主主義者のなかにこそ求められながら、ついに本質的には実現することのなかった統一戦線が、一つの特異な形をとりながらここに顔をのぞかせてさえいる。そこでは、「パンは重要だが、自由はもっと重要であり、最も重要なのは破れることのない誠実さと裏切られることのない崇敬の念である」と信じた聖職者アルフレート・デルプと、暗殺ののちに樹立されるはずだった新政府の経済政策を担当して「法の遵守、司法権の独立、個人の自由と家庭と財産との保障」をよみがえらせようと考えていた前プロイセン州蔵相ヨハネス・ポーピッツが、同じ一つの目標のために生命を賭したのである。そしてそこでは、ポーランドでの計り知れぬ蛮行がドイツ人に負わせてしまった罪を日記のなかで嘆いていた元ローマ大使ウルリヒ・フォン・ハッセルと、ヴァイマル共和国最大の労働組合だった〈ドイツ一般労働組合同盟〉(ADGB)の副議長ヴィルヘルム・ロイシュナーと、保守的な信念を持っていながらナチスのユダヤ人政策への怒りから職を辞した帝国物価監査官カール・フリードリヒ・ゲルデラーと、そして〈七月二〇日〉以前からも独自にヒトラー打倒の可能性を探りつづけてきた陸軍元帥フォン・ヴィッツレーベンとが、見解の相違を越えて、一つの戦線を形成したのである。

このことの意味は、七月二〇日事件を振り返るとき、過小評価されてはならないだろう。だが、同時に問われねばならないのは、たとえば暗殺の成功後に副首相を経て大統領となるはずだったヴィルヘルム・ロイシュナーが、ヴァイマル時代の労働組合運動から彼が得てきたにちがいない反ファシズムの精神と体験を、予定された新生ドイツのなかでどう生かすことができるのか、という点である。同様のことは、ヒトラー打倒の強い願望からシュタウフェンベルクと結び付いた社会民主党の前代議士ユーリウス・レーバーについても言えよう。

彼らがクーデター計画に参加していたその同じとき、ドイツでも、ドイツの占領地域でも、社会民主党員や共産党員を含む多くの人々が、肉親を逮捕されたり殺されたりしてあとに残された家族たちをひそかに援助し、外国人の強制労働者に人目を忍んで食物を与え、手のひらに隠れるほど小さなステッカーを家々の壁や電柱に貼って歩き、まだ互いに知らぬ同志たちとの連絡を付けようとして、苦闘を続けていた。七月二〇日の暗殺計画がたとえ成功したとしても、そしてドイツの破局が食い止められたとしても、クーデター政権は、新たなスローガンを書いたビラを今度は自分の手で根絶しなければならなかったかもしれない。破局に向かうドイツは、〈七月二〇日〉が失敗したがゆえにその破局を自ら阻止しえなかったのではない。おそらく、ドイツの破局は、しばしば言われるように個別的な小グループの抵抗の成否とは無関係だったという以上に、〈七月二〇日〉の成否とは本質的にかかわりがなかったのかもしれないのだ。

処刑の部屋

暗殺未遂の当日のうちに即決裁判で死刑に処せられた人々を除いて、七月二〇日事件の犠牲者の数はいまもって確定されていない。それは主として、ナチス時代の末期に差しかかっていたこの時期に、さまざまな事件にかかわる逮捕者が相次いだため、明確な区別が困難だからである（『政治教育情報』第一六〇号「ドイツの抵抗――一九三三 - 一九四五年」）。これまでのところ、その数は一八〇人から二〇〇人の間だったとされている。

ヒトラーは、暗殺事件の犯人たちに一片の情けもかけぬよう司法・刑事関係者に厳命した。そして特に、彼らに対する処刑は絞首によって行なうよう命令した。死刑の執行は、ベルリンのプレッツェンゼー監獄でなされた。

この監獄の一隅にある刑場では、ナチス時代の間に計二四〇〇人が断首または絞首に

プレッツェンゼー監獄の〈処刑の部屋〉。手前は断頭台。
後方には、絞首索をかける鉤（ハーケン）が見える。
出典：*Gedenkstätte Plötzensee.*

よって処刑された、という。とりわけ七月二〇日事件を中心とする被告たちが処刑された一九四四年九月七日から八日にかけては、夜七時半から翌朝の八時半までの一三時間に、一グループ八人ずつに分けて計一八六人が生命を奪われた（パンフレット『追憶の場プレッツェンゼー』）。それでもなお、一夜が明けたとき、一一七人がまだ刑を執行されぬまま残っていた。処刑は翌晩もまた続けられた。片付けられぬまま放置された死体が、処刑場と隣り合った納屋の中に積み重なっていた。

プレッツェンゼーの処刑の部屋には、一台の断頭台《ギロチン》とそのうしろの一段高くなった部分に作られた八基の絞首台があった。絞首台は、天井のやや下方に左右の壁から壁へ渡された太い鉄の梁《はり》に、八本の鉄鉤《ハーケン》が固定されたものから成り、その鉄鉤のそれぞれに絞首索を掛けるようになっていた。

いまでは少年刑務所となっているプレッツェンゼーの跡地の一角には、「ヒトラー独裁の犠牲者」たちを偲《しの》ぶ記念碑が建てられている。ここをテーマとするパンフレット『追憶の場プレッツェンゼー』によれば、絞首刑は次のような手順で行なわれた。

処刑場の手前の控えの間で、被告に対してもう一度死刑執行の言い渡しがなされ、死刑執行人たちに執行の指示が与えられる。被告は絞首台の前まで連れて行かれ、そこで回れ右をして絞首台に背を向けて立つ。刑吏たちは麻綱の先端の輪を首にはめてから、被告を抱き上げて、綱のもう一方の端を鉄鉤に引っ掛け、勢いをつけて被告の身体を下へ落とすのである。その重みと落下のスピードで、首は瞬時に急激に締まり、絶命するまでに長くはかからない。
被告の死が確認されると、遺体はそのままにして、彼のために使われた一角を備え付けの黒いカーテンで隠す。次の受刑者に、ぶら下がっている死体が見えないようにするためである。二番目の受刑者は隣の鉄鉤に掛けられる。終わるとまた、その一角にカーテンを引き巡らす。こうして、八人目の死刑囚まで、自分に先立って死んでいった者の姿を目にすることなく、処刑され終えるのである。いちいち死体を綱から外して運び出す時間が、これによって節約できるのだ。

弁護人は、死刑執行にさいして招待状を受け取るのが普通だった。立ち会いは、この場合には辞退することもできた。しかし、死刑を執行された者の遺族は、死刑執行費用の請求書を受け取った。そして、これは必ず支払わねばならなかった。ある実例では、明細は次のとおりだった。

死刑料	三〇〇・〇〇
郵送料	一・八四
弁護人費用	八一・六〇
未決拘留料（二七日分）	四四・〇〇
刑執行・判決執行手数料	一五八・一八
本請求書送達料	〇・一二

計　五八五・七四
（単位マルク）

中間所得層の年収がおよそ三〇〇〇マルクだった時代のことである。ヒトラーは、自分に対する暗殺者たちの刑の執行を映画に撮影するよう命じた。カメラマンたちが刑場に派遣された。最初の幾人かをフィルムに収めたのち、彼らは、あまりの残忍さに、二度とカメラを回すことを拒んだ。

第二章

地下の同志たち

共産主義者とキリスト者

「容赦なく火器を使用せよ」

ヒトラーが権力を握ってからわずか一カ月足らずののち、さまざまな意味で象徴的な一つの事件が起こった。一九三三年二月二七日の国会議事堂放火である。〈ヴァイマル民主主義〉が実質的にばかりでなく形式的にも終焉《しゅうえん》したことを物語るように炎上する議事堂の付近で、マリヌス・ファン・デル・ルッペという一オランダ人が逮捕された。後の自白に基づいて、逮捕は多数の共産党員や明白な反ファシストたちに及んでいった。ベルリンだけで約一五〇〇人、全国で約一万人が、この事件に連座して警察の手に落ちた。ナチスは、ブルガリア共産党指導者ゲオルギー・ディミトロフを首謀者に仕立て上げ、それを突破口にして全ドイツの共産主義者たちに対する弾圧を一気に推し進めようと意図した。

三三年九月二一日にライプツィヒの帝国裁判所で開始された見せしめ裁判は、だがしかし、ナチスの意図とはまったく逆の方向に向かって進行しはじめた。共産主義者たちをたたきのめすために自ら証人として法廷に現われたプロイセン州内相ヘルマン・ゲーリングは、ディミトロフの反対尋問にあってしどろもどろになり、ついには怒り狂ってわめき散らす始末だった。反共キャンペーンとして公開された裁判が、かえってナチスの真の意図をあらわにし、放火の張本人が誰であるかを全世界に明らかにしてしまったのだ。この裁判に注目していた世界各国の反ファシストや民主主義者の手で、さまざまな言語による『国会放火事件とヒトラーのテロルに関する褐書』が公刊された。褐書《ブラウンブーフ》Braunbuch とは、もちろん、ナチスの制服の色にちなんで「白書」あるいは「黒書」をもじったものである。

一二月二三日に下された判決は、ディミトロフをはじめとする共産党員の被告全員に無罪を宣告せざるをえなかった。ただ一人、共産党と直接のつながりを持たなかったファン・デル・ルッペだけが死刑を言い渡され、翌三四年一月一〇日に処刑された。放火事件のもくろみは、こうしてそれ自体としては、ナチスの全面的な敗北に終わった。だが、一〇カ月後に出された判決など、実は、ナチスにとってすでにどうでもよかったのである。

国会放火の翌日、ナチスは直ちに大統領ヒンデンブルクの名で「民族と国家の保護のための緊急令」を公布した。いっさいの市民的基本権を停止し、事実上ヴァイマル憲法を廃棄してしまったこの緊急令には、とりわけ次のような条項が含まれていた。

第五条〔……〕次の者は、死刑、もしくは従来それを上回る刑が定められていない場合は終身刑または一五年以下の懲役刑に処せられる。

（1）大統領もしくは帝国政府または州政府の構成員もしくは行政長官の殺害を企てた者、もしくはかかる殺害を教唆し、自ら行なうことを申し出、かかる申し出を受け入れ、もしくはかかる殺害を他の者と謀議した者。

（2）刑法第一一五条第二項（重暴動）もしくは刑法第一二五条第二項（重騒乱）の場合に武器を使用する行為に及び、もしくは武器を持つ者と意識的かつ意図的に共同行動をとる者。

（3）〔……〕

これによって、ヒトラーの政府に反対する者、その反対を行動によって表わそうとする者は、生命を賭する決断を必要とすることになったのである。もともと、三月五日の総選挙を射程に収めて、反対党の弾圧を主要な目的としていた放火事件と緊急令公布は、当然のことながら、直ちに政治的な弾圧につながっていった。選挙の二日前、共産党委員長テールマンが逮捕された。彼は、一九四四年八月にブーヘンヴァルトの強制収容所で殺されるまで、二度と同志たちのもとに戻らなかった。こうして当初からナチスの第一の攻撃目標にされたドイツ共産党（KPD）は、合法的な闘争手段をすべて奪われて、急速に地下活動に移行することになる。

ＫＰＤは、すでに一九二四年五月三一日の中央委員会の決定に基づき、ヴァイマル時代の後半期に独自の武装組織〈赤色戦線闘士同盟〉を持っていた。一五万の同盟員を擁するこの組織は、二〇年代の末に近づくにつれて激しくなったファシストのテロルから労働者や党活動家を防衛することを任務としていたのだが、二九年に社会民主党のヘルマン・ミュラーを首相とする政府によって禁止され、非合法組織としてひそかに生きつづけねばならなかった。ナチスによって党そのものが非合法に追い込まれたとき、赤色戦線闘士同盟の非合法活動の体験はＫＰＤにとって最も重要な遺産の一つとなったのである。この遺産は、ヒトラー治下でほぼ五年の間、地方によっては一九三九年まで、効力を維持しつづけた。

ナチス時代にＫＰＤの指導部や活動家たちによって作成され配布されたゲラやパンフレットの復刻版の集大成『一九三三－一九四五年のビラに反映されたＫＰＤの反ファシスト抵抗闘争』（一九七八）の編者たちは、解説の中で、そのような非合法組織が一九三九年まで活動を続けていたことを確認しているが、三九年にそれらが壊滅した理由については触れていない。もちろん、この年の九月一日にナチス・ドイツ軍がついにポーランドに侵攻し、それに対して英仏が対独宣戦布告を行なったことによって第二次世界大戦が開始され、戦争遂行と祖国防衛に名を借りた国民統合と弾圧がそれまでにもまして熾烈《しれつ》を極めるようになった、ということもあっただろう。だがドイツ国内の共産主義者たちにとっては、それにもまして苛酷な現実が彼らの非合法活動の前に立ちふさがったのである。——一九三九年八月二三日、つまりナチス・ドイツのポーランド侵攻のわずか一週間前に締結された〈独ソ不可侵条約〉がそれだった。

この条約が、全世界の共産主義者たち、とりわけドイツ国内で非合法活動を続けていた共産党員や彼らと困難な連絡をとりながらソ連で反ファシズム活動を行なっていた亡命ドイツ共産党員に、どれほど絶望的な衝撃を与えたかについては、これまでにもしばしば報告されている。多くの共産主義者が、このニュースを聞いて武器を投げ捨てた。ナチスによるどんな弾圧と迫害にもまして、この条約は、反ファシズム闘争に携わる共産主義者の同志たちを決定的に打ちのめした。しかも、条約だけではなかったのだ。——ヒトラーのポーランド侵攻を、スターリンはもちろん座視してはいなかった。九月一七日、ソ連軍もまたポーランドに進駐した。だが、ポーランドを解放するかわりに、同月二三日、ソ連はドイツとの間に〈ポーランド分割協定〉を結び、四日後のナチス・ドイツによるワルシャワ占領とポーランドの対独降伏を事実上助けたのだった。

これがスターリンのどのような戦略によるものだったにせよ、これによって戦闘準備のための時をかせぐことがソ連にとってぜひとも必要だったにせよ、ソ連のこの政策が共産主義者の反ファシストたちから自己の思考と行為に対する確信を奪い去った事実は、否定できない。「一九三九年八月二三日のヒトラー＝スターリン条約から、一九四一年六月二二日のロシア侵攻の開始まで、実際に、共産主義者の組織的な抵抗は一つもなかった。その後になって、KPDは改めて活動を展開した」(『政治教育情報』第一六〇号「ドイツの抵抗――一九三三‐一九四五年」)。

彼らの絶望の大きさと、それにもかかわらずなお独ソ戦の開始後に活動を再開しえたエネルギーは、彼らに対するナチスの側からの弾圧の実態を知ることなしには、おそらく理解できないだろう。ヴァイマル時代が終わったとき約三〇万人を数えたKPD党員のうち、ちょうど半数の一五万人が、長期・短期を問わずナチスによって逮捕拘禁された。反ファシズム闘争のなかで殺害された党員は二万六〇〇〇に上った。いち早く旗を替えてナチに転向した者――その数は確認されていないが、決して取るに足らぬ少数ではなかったと思われる――を除けば、党員の一割以上が生命をもって解放をあがなおうとしたのである。そしてもちろん、これらのほかに、ドイツを追われて外国を転々としながら活動を続けねばならなかったおびただしい数の党員がいた。彼らのいずれもが、とうにドイツの市民権を奪われ、ナチス・ドイツでは裁判ぬきで射殺されるべき存在だったのだ。すでに一九三三年一〇月四日、国会放火事件の裁判開始の二週間後に、プロイセン州内相ゲーリングは、次のような指令を発していたのである。

当州における共産党諸組織が壊滅させられてのち、共産主義的煽動者の残党が国民社会主義国家の建設を妨げようと試みている。彼らは彼らの破壊活動を、とりわけチラシや外国から持ち込まれたビラによって行なっている。

余は全警察官に対し、こうした活動にあらゆる手段をもって対処するよう命令する。警察官の誰何《すいか》を受けても応じないビラ配布者に対しては、直ちに容赦なく火器を使用しなければならない。この命令の遂行にあたっての警察官の行動は、余が保証するであろう。躊躇することによってこの種の国賊的策動を効果的に防止することを困難ならしめる警察官は、処罰されるものとしなければならない。

州評議員用の写しを同封するので、各市町村警察署および特別市の警察署ならびに巡視警察官に、しかるべく口頭で指示されたい。

この省令を文書で通達することは――報道機関に対しても――差し控えること。

ゲーリング

共産主義者たちの抵抗運動は、このような攻撃に身をさらしながら、しかも〈国賊〉のレッテルによって国民たちから切り離されながら、続けられたのだった。「逃亡を企てて射殺」――これが、いっさいの法的手続きも裁判もなしに殺害された共産主義者たちの死に与えられる共通した呼称だった。彼らには、国会議事堂放火事件のときのディミトロフたちに対するような広範な支援活動も、なんとかしてその死を阻止しようとする同志や友人たちの苦闘も、裁判の場での最後の闘争の機会も、いっさい与えられていなかった。この孤立と絶望のなかで彼らがなお求めつづけた潜在的なまだ目に見えぬ共闘者たちとではなく、これら未来の共闘者たちとともに打倒すべきヒトラーと、スターリンが手を結ぶのを見なければならなかったとき、彼らの目には、国際共産主義運動の指導者の深慮遠謀よりは、背後から撃たれて道端に打ち捨てられた同志たちの泥まみれの姿のほうが、いっそう近いものとして映ったにちがいない。

統一戦線を求めて

ヒトラーが権力を握る直前まで、KPDの党員たちの間では、「まずヒトラーを来させろ、そのあとからわれわれが行く！」というのが、一つの合言葉になっていた。「ヒトラーが権力をとれば、いま労働者階級をたぶらかして真の社会主義革命を妨げている社会民主党（SPD）のダラ幹たちは弾圧されるだろう。一方、いまは一種の〈社会主義〉を標榜して貧困化した中産階級や一部の労働者の支持を取り付けているヒトラーも、必ずや遠からず馬脚を現わして、支持を失うにちがいない。そのときこそ共産党の出番だ」という論理だった。一九二〇年代後半にスターリンとその官僚たちによって創出された〈社会ファシズム〉という概念――社会民主主義はファシズムの支柱であり、ファシズムそのものよりもさらに悪質であるという概念――は、日々の労働者運動のなかで多数派社会民主党からの攻撃を身をもって味わっているドイツの共産主義者たちを、社会民主党よりはファシズムのほうがまだましだ、という考えに導いていったのかもしれない。

共産党と社会民主党との対立は、もちろん、第一次世界大戦直後のドイツ革命の時期にまでさかのぼる歴史的根拠を持っている。ドイツ革命が社会民主党の裏切りによって敗北したという認識は、共産主義者のなかに揺るぎなく存在している。他方、社会民主党からすれば、共産主義者の性急なラディカリズムによって、民主主義的改革の土台が掘り崩され、反動とファシズムに台頭の口実を与えることになったのである。だが、いずれにせよこの対立が、権力を掌握する以前にヒトラーを阻止しえなかった最大の原因の一つだったことは、すでにしばしば指摘されている。そして事実、ヴァイマル共和国末期の三度にわたる国会議員選挙（一九三〇年九月、一九三二年七月、一一月）でも両党の得票と獲得議席数は合計すればナチスのそれにほぼ匹敵し、とりわけナチスが後退し共産党が進出した三二年一一月の最後の総選挙では、KDPとSPDの得票数の合計は、NSDAP（ナチ党）が獲得した一一七三万票を二〇〇万票も上回り、ナチスは連立可能と目される中央党およびバイエルン人民党の議席を合わせても過半数に七議席足りなかったのである。

KDPと、それに続いてSPDがヒトラー政府によって非合法に追い込まれたとき、この両党がどのようにして共闘態勢を創り出していくかということは、反ナチ抵抗運動全体にとって最も重要な問題の一つとならざるをえなかった。共闘の模索は、地下や国外に逃れた両党の指導部によって、おずおずと始められた。だが、そうしたいわば上からの統一戦線の呼びかけに先立って、ここでもまた両党の活動家たちの間に、いわば下からの統一戦線が自然発生的に生まれようとしていたのである。SPDのヴュルテンベルク州委員長で国会議員でもあったエーリヒ・ロスマンは、一九三三年六月二三日の体験を次のように報告している。

収容所の収監者は、少なくともその九五パーセントが本物の政治犯だった。三分の二は共産主義者で、三分の一が社会民主主義者だっただろう。われわれの収容所入りは、センセーショナルなやり方で告示されていた。われわれが送致される前日には、文字どおりの部屋別集会が開催されたが、それは、とりわけ共産党員の囚人たちをそそのかして、われわれに敵対する示威活動や暴力沙汰を起こさせるのが目的だった。

（アルトマンほか『ドイツ反ファシズム抵抗――一九三三－一九四五年』）

ロスマンは、一〇日前に自宅で逮捕されて警察に留置されたのち、同じSPDのアルベルト・プフリューガー、ドイツ民主党の州議会議員ヨハネス・フィッシャーとともに、ホイベルクの収容所に送られてきたのだった。ロスマンは報告をさらに次のように続けている。

特に頭角を現わすような囚人は近く釈放されることになるだろう、という見込みが示されていた。さてこうして、われわれは同じ苦しみを味わう同志たちの前に立たされたのである。紹介は、どの部屋でも決まってこういう言葉で始まった。――

「ここにいるのは、お前らのダラ幹たち、州議会議長プフリューガーと委員長ロスマンと作家フィッシャーだ。お前らがこのホイベルクにいられることになったお礼を、こいつらに言ってやれ。こいつら一人と引き換えにお前ら五人が自由になれるのだ」。けれども、期待された効果は生じなかった。社会民主党員たちが同志であるわれわれに対してけしかけられるはずがないこと、これは分かり切ったことだった。だが、共産党員たちは、SA〔ナチス突撃隊〕の殺し屋どもに利用されてわれわれに敵対したりはすまいと、お互いに申し合わせていたのである。

これは、ほんの小さな一歩だった。だが、ヴァイマル時代の一五年の間にもはや倶《とも》に天を戴《いただ》かない関係となっていた二つのグループが、ともかくも連帯に向かって一歩を踏み出したのである。この連帯は、ヒトラーへの道とは別の選択を可能にするうえで、とりわけこの両グループに求められていたものだったにもかかわらず、一九三三年一月までにはついに実現されなかったのだ。同じマルクス主義に源を発しながら、しかしその近さがかえって近親憎悪を増幅し、最も近い友であるはずの相手が、ともに討つべき最も遠い敵よりもさらにいっそう憎むべきものとなったのである。こうした関係は、ヴァイマル時代のKPDとSPDとの間だけにかぎらず、いまなお政治と思想の領域で、歴史の教訓をなにひとつ生かすこともなく、ますますあからさまに再生産されつづけている。

あるいは、近いものに対するこのような憎悪は、政治や思想だけに特有のものではないのかもしれない。「愛が終わると憎しみが始まる」と、かつてレフ・トルストイは『アンナ・カレーニナ』の「題辞《モットー》」に書いた。だとすれば、KPDとSPDとの関係に見られたような憎悪こそは、人間のごく当たり前の姿だったかもしれないのである。そしてむしろ、この両者の間に連帯と共闘が成立することのほうが、人間の自然のあり方に反することだったのかもしれない。ちょうどSA（突撃隊）やゲスターポの残虐さのほうが、自分の生命を賭してまで共産主義者やユダヤ人をかばうファシスト——がいたとして——よりも自然であり、自分の生命が助かるのであれば同房の囚人を裏切ることのほうがナチスの怒りを買ってまで強制収容所内で他人を思いやることよりも自然であるように……。

だが、ナチスに対する抵抗のなかで、この不自然なことが起こったのだった。監視と脅迫と生命の危機のなかで、人間は心と姿と感性を変えはじめたのである。解放と革命が成就されたときに新しい人間が生まれるのではない。そのときに新しい人間の可能性が生まれるのでもない。解放と革命に向かう闘争のなかでこそ、人間は自らを変えるのだ。そしてこの自己変革のあり方が、未来の解放と革命の鋳型となるのである。

——エーリヒ・ロスマンと二人の同志たちは、殴ったり蹴ったり泥のなかを引きずり回したりするSAたちによって、獄舎から獄舎へ、部屋から部屋へと引き回された。そのたびにSAたちは同じ煽動を囚人たちに向かって行なった。予期したような効果が上がらないのを知ったとき、彼らは三人をいっそう辱《はずか》しめるために、罪人の恥辱を象徴するイラクサの束を一つずつ持たせた。この挑発も、しかし無益だった。四人たちは動かなかった。むしろ三人に対する同情が高まっただけだった。一人のアナーキストの四人が列からつかつかと歩み出て、三人の手からイラクサの束を取り上げ、唖然《あせん》としているSAたちの足元にたたき付けた。氷のような沈黙がそのあとに続いた。SAたちは言葉を失って部屋から去っていった。

そうこうするうちに二〇時になっていた。もう一四時間もの間、わたしは立ちづめだった。頭の先から足の先までびっしょり濡《ぬ》れ、泥まみれになって寒さと空腹に震えながら、その殺風景な部屋の薄暗闇のなかに座っていた。かれこれ二六時間も前から、一度も食事を与えられていなかった。ここの夕食はとっくに済んでいた。わたしの神経はいまにも参ってしまいそうだった。がっくりと行きかけていた。共産党の仲間たちは、それに気付くと、感動的なやり方でわたしの世話を引き受けた。乏しい蓄えのなかから、一人がコーヒーを一口、もう一人がパンを一かけら、三人目がバターをナイフの先に載せて、四人目がチーズの残りを、わたしに差し出してくれた。

その部屋の囚人たちの最年長者が、ロスマンのために寝床の用意をしてくれた。ロスマンはその家具職人を知っていた。三〇年前、一九歳で社会民主党に入党したとき、彼はそこでその家具職人と知り合ったのである。その後、第一次世界大戦に対する態度の違いやドイツ革命の方針の差異によって、この二人の同志の道は分かれた。一人は社会民主党にとどまって代議士となり、もう一人は共産党に加わった。最初の出会いから三〇年ののち、ふたたび彼らは出会ったのである。

ヒトラーが首相に任命された当日、一九三三年一月三〇日に出されたKPDのゼネスト呼びかけのビラは、すでに「ファシスト的なヒトラー独裁に抗するプロレタリア統一戦線万歳！」というスローガンを掲げていた。二月下旬には、KDP委員長エルンスト・テールマンの名で「反ファシズム統一戦線の呼びかけ」が、社会民主党とキリスト教の労働者、無党派の労働組合、および社会民主党系の大衆武装組織〈国旗団《ライヒスバナー》〉に向けて、公開状の形で発せられた。三月上旬には、共産主義インターナショナル（コミンテルン）執行委員会の「ドイツ人民を擁護するための万国の労働者への呼びかけ」が発表された。大判のビラとしてドイツでも配布されたこのアピールは、これまでも繰り返しKPDの側から提起されてきた統一戦線結成がSPDによって拒否された経過を説明したのち、KPDとSPDの共同行動の条件として、両党が次の三点を取り決めることを提案した。――（1）ファシズムと反動の攻撃に対処するため、直ちに共同の抵抗を組織すること。（2）労働条件の悪化や社会保障の切り詰め、解雇等々の施策に対して、集会、ストライキその他を直ちに共同で組織すること。（3）以上の二点が合意され実行に移される場合には、資本の攻勢とファシズムとに反対する行動が続いている間、社会民主党の諸組織に対する攻撃をやめるよう、コミンテルンは各国共産党に指示するであろう……。

共産党のこうした一連の働きかけはやがて、一九三五年七月から八月にかけてモスクワで開かれたコミンテルン第七回世界大会において、人民戦線の方針として採択される。すでにSPDの側でも、三四年一月二八日の声明「革命的社会主義の闘争と目標」――いわゆる「プラハ宣言」――で、反ファシズムの闘争のなかで社会民主党は「あらゆる反ファシズム階層による一つの戦線を目指すであろう」と言明していた。だが、共産党と社会民主党の公式の政策がこうして徐々に歩み寄りを見せつつあったとき、すでにさまざまな地方や市町村や地区で、両党の下部組織はいち早く自主的に統一戦線を形成していったのである。

相互の連絡を絶たれ、指導部が事実上存在しなくなった状況のなかでのこの自立的な試みの一端は、抹殺から逃れて残された非合法のビラやステッカーなどによって、辛うじてうかがい知ることができる。すでに一九三三年二月上旬には、ベルリン近郊の町、ビルケンヴェルダーの住民に呼びかける一枚のビラが、九団体から成る〈統一戦線委員会〉の名で配布された。

ビルケンヴェルダーの住民の皆さん！　ヒトラーが首相！　これは何を意味する

か？

労働者人民の生存権総体に対する総攻撃だ。

賃金交渉権の破壊とプロレタリア諸組織の禁止だ。

この最初の一時のうちに、すべての労働者は共同で、統一戦線行動によって働く人民に対するヒトラーの攻撃を粉砕しなければならない。すべての小企業主、手工業労働者および頭脳労働者は、

三三年二月九日木曜日午後七時半、
レストラン森の城《ヴァルトシユレスヒエン》で行なわれる
ファシズム反対の大衆集会

に参加しよう。

統一戦線委員会
SPD、KPD、KPO、SAP、ADGBビルケン
ヴェルダー町連合会、国旗団《ライヒスバナー》、闘争同盟《カンプフブント》、プロレタリ
ア自衛会、失業者委員会

SPD、KPDと、そのそれぞれの下部組織である国旗団と闘争同盟（赤色戦線闘士同盟）ばかりではなく、KPO（共産党反対派＝一九二八年にKPDを除名されたり離党したりしたメンバーによって一九三一年に結成された党）、ADGB（ドイツ一般労

働組合同盟＝日本の〈総評〉に相当する）その他まで含めたこの統一戦線の試みは、のちに強制収容所で有名になるオラーニエンブルクに近い一つの町だけの組織だった。そして、ヒトラーの権力掌握からわずか一〇日後にこうした統一行動を実現した人々がその後どうなったか、それどころか、二月九日に予定されていた大衆集会が無事に開かれたのかどうか、SAの暴力がどのように人々に襲いかかり、どれほどの犠牲者が出たのか、等々のことさえいまでは分からない。――だが、ここで早くも声を上げた小さな自立的な統一の試みは、一九三五年夏のコミンテルンの方針決定と、それに続く同年一〇月のモスクワでのKPD「ブリュッセル党大会」の人民戦線政策決定に至るまで、ドイツの各地でさまざまな形をとって、繰り返されつづけたのである。

それらの試みの多くは残虐な攻撃や「容赦ない火器の使用」によってついえ去っていったのだが、そうした統一戦線の試みのうち直ちに一定の成果を上げることができた数少ない実例の一つに、職場代表委員選挙があった。

すでに述べたように、権力を握ったナチスは、一九三三年五月、すべての労働組合を解散させ、唯一の労働者組織として〈ドイツ労働戦線〉（DAF）を設置した。そして、三四年一月二〇日に施行された「国民労働の秩序のための法律」によって、企業家と労働者の関係は指導者《フューラー》とそれに従う者の関係として位置づけられ、労働者階級が闘い取ってきたほとんどすべての権利が奪われた。そして辛うじてなお、職場内での民主主義とでも言うべきものとして、秘密投票による職場代表委員の選挙が認められたのである。

職場代表委員の第一回選挙は、三四年三月から四月にかけて全国で行なわれた。ナチの候補者が、どの職場でもけたたましい選挙宣伝を繰り広げた。ところが、予期せぬ事態があちこちで起こった。労働者たちが候補者の政見を聴く集会を要求し、そこで厳しい討論を展開して、企業家の立場を代弁していることが明らかになった候補者をリストから外させる、という場面すらしばしば生じたのである。それどころか、こうしてナチ候補と入れ替えに立候補した反ナチスの候補者を、候補者リストのなかで最も得票が集中しやすい位置であることが経験的に知られている10番ないしは12番にもぐり込ませることさえも、少なからぬ職場で成功したのである（ドイツでは、国会議員から職場代表に至るまで選挙はすべて候補者や政党の番号で投票する制度になっており、その番号は選挙ごとに入れ替わった。たとえばヴァイマル時代最後の国会議員選挙となった三三年三月五日の選挙では、ＫＰＤはリスト3番だった）。このような積極的な行動が不可能な職場でも、多くの労働者が投票しないことによってその態度を示した。選挙の結果は、ナチスにとって惨憺たるものに終わった。投票率は全有権者数のわずか四〇パーセントにとどまり、圧倒的多数のナチ候補のうち、選出されたものは実に立候補者数の二五パーセントにも満たなかった。

翌三五年三月、二度目の職場代表委員選挙がやってきたとき、いくつかの町や村の職場で「職場代表委員の選挙にあたって共同闘争のための統一戦線を」と題する四ページのパンフレットがひそかにまかれた。そこでは、前年の選挙のさいの各地での実情が紹介され、勝利に導いたさまざまな原因が分析され、次のような呼びかけがなされていた。

われわれは提案する。社会民主党、共産党、自由労働組合およびキリスト教の労働者たちが、各職場に候補者リスト作成の準備のために選挙委員会と統一委員会を構成することを。そしてこれらが、各部門、各職域あるいは各階層のなかから最もふさわしい同僚を探し出し、彼らと話し合い、彼らが各部門から推薦されるようにするためのあらゆる手はずをあらかじめ講じておくことを。〔……〕

社会民主党と自由労働組合のメンバーと共産党員とが、職場代表委員を一つの戦線に送り込むための選挙にさいして、共同の行動、共同の行為へと踏み出すことに成功するなら、そしてぜひとも成功しなければならないのだが、そのときはドイツ・プロレタリアートの大衆がそのあとに続くことだろう。そして、自分たちの労働の諸権利を巡る闘争のなかで歩調をそろえて進撃し、ファシズムに新たな敗北を準備することだろう。

アムステルダムで印刷されてドイツに持ち込まれたこの無署名の非合法文書は、KPD中央委員会によって書かれたものだった。そして、前年の失敗の教訓から露骨な選挙干渉や反対派をもってこの選挙に臨んだナチス当局は、今度もまた思いどおりの成果が得られなかったため、それ以後、選挙そのものをせずに済ませる方針を採り、労働者の形式的な最後の勝利も黙殺されることになった。——ただし、労働者たちの反ナチス抵抗の統一戦線と引き換えに。

国境を越える非合法文書

われわれベルリンの反ファシストは、諸君に一言を呈したい。諸君がオリンピックの祝祭の装いをこらしたベルリンを見るとき、諸君が大がかりなお祭り気分によって迎えられるとき、新しく建てられたオリンピック村や立派な宿舎に宿泊させられるとき、新しい帝国スポーツ競技場で行なわれる競技に出かけて行くとき、そのとき、数百万に上る労働者の金でまかなわれるこのオリンピックが、ヒトラーの後押しでなされるファシスト独裁の示威行動にほかならないことに、思いを馳せてほしい。

ドイツ人民の自由な思考と行動はすべて、血まみれの弾圧を受けている。一九三二年には、八〇〇万のスポーツマンがさまざまの自由なスポーツ団体に加わっていた。ヒトラー総統下の一九三六年には、わずか四二〇万がスポーツ組織に加わっているにすぎず、しかもそこでは、配属された政府委員の指導の下でスポーツをやることしか許されない。ドイツの体操・スポーツ運動の自由主義的伝統を守るために闘った何千人ものスポーツマンは、刑務所や強制収容所に投じられてし

まった。〔……〕

全世界からのオリンピック参加者諸君、オリンピック観客諸君！

諸団体のなかでは団の指導部を自分たちで選ぶ権利も奪われてしまった実情を、選手たちに語らせてほしい。平和と自由と正義と福祉のために闘ったがゆえにそこで苦しめられ迫害されている誠実な自由主義的な闘士たちと面談するために、刑務所や強制収容所に案内するよう要求してほしい。〔……〕

ヨーロッパの人民の平和が保障されるのは、ヒトラーが平和を請け合うことによってではない！　そうではない！　統一戦線と人民戦線によって全世界の敵ヒトラーとそのファシズム政体を打倒するようなドイツだけが、民主主義ドイツのための闘いのなかで、人民のために平和と自由と福祉を勝ち取ることができるのだ！

自由主義的な、民主主義的なドイツだけが、世界平和のためのより確かな保障となるだろう。

一九三六年八月、ベルリンとキールを舞台に開かれたオリンピックは、周知のように、第三帝国の興隆を誇示する機会として最大限に利用された。しかし、この全国民的祝典にさいしても、ナチス・ドイツの現実を訴える非合法の活動は沈黙しなかった。いくつかのグループによって印刷され配布された何種類かのビラが残されている。その一つ「ベルリンの反ファシストからオリンピック参加者および観客諸君へ」と題する右のような内容のビラは、ベルリンの無党派労働組合員と社会民主党と共産党の三者による共同の呼びかけとして出された。このほかにも、ベルリン・オリンピックのボイコットを全世界に呼びかける〈赤色スポーツ・インターナショナル〉（共産党系）と〈社会主義労働者スポーツ・インターナショナル〉（社会民主党系）の共同のビラが、一九三五年末にプラハで作製され、それはさらに同様の主旨のいくつかの呼びかけへとつながっていった。

さまざまな問題についてさまざまな形でひそかに配布された反ファシズムの非合法文書は、第三帝国の全期間を通じて、最も重要な闘争手段の一つだった。ゲスターポの統計は次のような数字を記録にとどめている。

一九三四年度の数字として報告された反ファシズム文書	一二三万八二〇二
一九三五年度	一六七万〇三〇〇
一九三六年度	二二万二〇〇〇
うち、偽装文書	二二三万三〇〇〇
それ以外の印刷文書	一二三万四〇〇〇
こんにゃく版刷り	一八万七〇〇〇
一九三七年度に発見されたもの	九二万七四三〇
うち、偽装文書	八万四〇〇〇

それ以外の印刷文書　七八万八〇〇〇
こんにゃく版刷り　五万五四三〇

もちろんこれは、非合法文書の配布者はその場で射殺すべし、というあのゲーリングの指令が生きている状況のなかでの数字である。

ビラやステッカーは、ガリ版刷りのものや手書きのものから、タイプライターを使ったもの、さまざまな印刷方法で刷られたものなど、千差万別だった。初めのころは、ゲスターポやSA、SSに目を付けられていない印刷所でひそかに印刷することができる場合もまだあった。しかし活版印刷は、間もなくほとんど不可能となった。非合法文書のなかには、『技術冊子』と題する印刷技術の指導書もあった。一九三五年夏にアムステルダムやザールブリュッケンで印刷されてベルリンその他の地方で発見された八ツ折り判四ページのこのパンフレットは、共産党の一機関によって作製され、粘土を使った凸版からこんにゃく版、リノリウムによる製版などの方法をさし絵入りで解説し、印刷に使う道具の正しい使用方法や、効果的な目印としてのソヴィエトの星のスタンプの作り方までが書かれていた。

ドイツ国内での非合法文書の作製がますます困難になり、一方、国外でのKPDの活動と国際的な連帯活動が広がりを獲得していくにつれて、大部数の印刷物はほとんどすべてドイツ国外で印刷され、さまざまなルートで国内へ持ち込まれるようになった。それらのうちの少なからぬものは、偽装文書の形をとっていた。つまり、表紙と裏表紙、それに扉や最初の数ページはごくありふれた書物やパンフレットの装丁や本文をそのまま踏襲しながら、本当の内容は反ファシズムの情報やアピールであるような、そういう文書である。たとえば、かつてナチスによって国会議事堂放火事件の主犯とされ、一九三五年にコミンテルン書記長となったディミトロフの反ファシズム統一戦線の呼びかけは、スイスの作家ゴットフリート・ケラーの短篇小説「仔猫のシュピーゲル」の姿をとってドイツに運び込まれた。ナチス幹部の演説のパンフレットが、そのまま正反対の内容を隠した小冊子となって逆輸入されることも珍しくなかった。これまでに存在が確認されている偽装文書は、社会民主党によるものも含めて数百種類に上っている。

偽装文書を含むさまざまな文書の外国からの搬入は、一九三九年まではまだしも比較的容易だった。コペンハーゲンやアムステルダムを経由する北方からのルートと並んで、チェコスロヴァキアやポーランドからのルートが利用できたからである。しかし、三九年三月のチェコ併合と九月のポーランド占領は、国外からの秘密ルートを大幅に縮小してしまった。それに加えて、この年の九月から十一月まで、世界大戦の開始に伴ってゲスターポが大がかりな反ナチス活動家狩りを展開し、この三カ月間だけで、しかも公式に報告されたものだけで、三〇三七人の非合法活動家が「広義のマルクス主義的活動のかど」で逮捕された。一九四〇年には、それまでと比べてずっとわずかな数の非合法文書しか発見されていない。

KPDは、ナチスの権力掌握後の最初の打撃から立ち直ると、予想に反してナチス支配が長期化するという認識をしだいに固めて、国内と国外の組織の再建に着手した。すでに一九三四年には、ベルリン地区の非合法組織が新たに建設されていた。このベルリンと、ブランデンブルク、マクデブルク、アンハルト・メルゼブルク、ハノーファー、ブラウンシュヴァイクの六地区を含む中央地方本部、プロイセンを中心とする東北地方

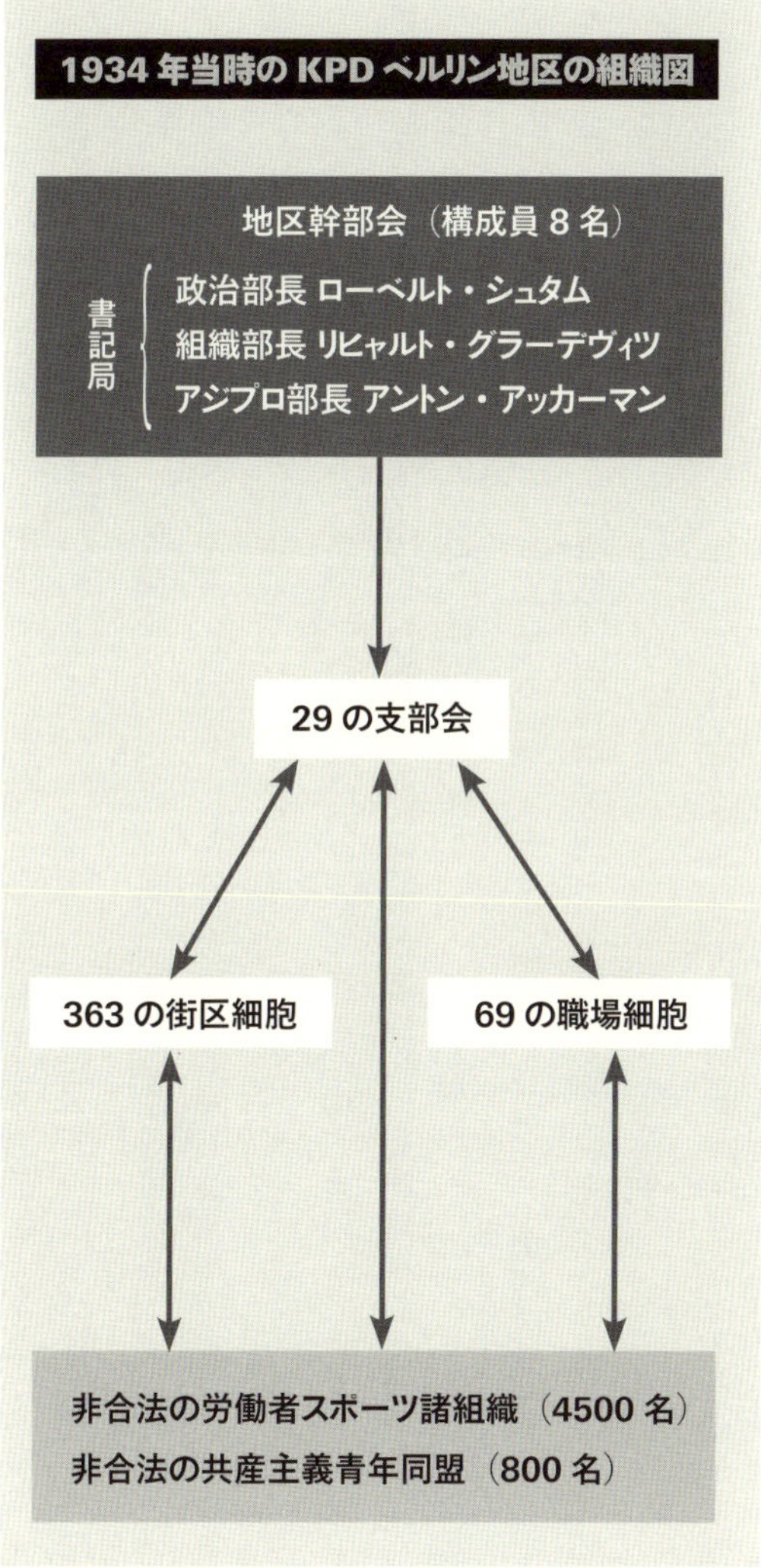

本部、北海沿岸の北部地方本部、ルールとラインを中心とする西部地方本部、ヘッセンからザールにかけての南西地方本部、ヴュルテンベルクからバイエルンの南部地方本部、ニュルンベルクやテューリンゲンを中心とする中部地方本部、ライプツィヒ、ドレースデンなどを含むザクセン地方本部、シュレージエンを中心とする南東地方本部の九地方本部が、三三年秋から三四年末にかけて相次いで再建された。

一方、たえず危険にさらされ弾圧にさらされている国内組織と連絡をとるため、KPDは一九三五年から、ドイツ国境に比較的近い外国の拠点に区間連絡本部を設置した。チェコスロヴァキアのプラハ（中部区間連絡本部）、スイスのチューリヒ（南部区間連絡本部）、フランスのパリ、ザール地方、ベルギーのブリュッセル（南西区間連絡本部）、オランダのアムステルダム（西部区間連絡本部）、デンマークのコペンハーゲン（北部区間連絡本部）、それにプラハが不可能となった三九年一一月以降は、スウェーデンに中部区間連絡本部が移された。これらは、ナチス・ドイツ軍がヨーロッパの各地を席捲《せっけん》する四〇年まで機能しつづけた。これらの区間連絡本部から、多くは現地の共産党員たちの協力を得ながら、さまざまな方法で国境に向けて送り出された非合法文書は、夜陰に乗じて間道を通り抜け、国境付近でドイツ国内の最も近い地区組織の党員たちに渡され、定められたルートを通って各地方本部に所属する地区の各組織に伝達されるのである。

こうして、たとえばチェコ併合直後の一九三九年三月末になってもなお、パリで作製された一枚の偽装文書がタングステン線真空管の宣伝パンフレットの装いをこらして、ドイツとドイツに併合されたオーストリアの労働者に届けられたのだった。

ドイツとオーストリアの社会主義者と共産主義者は、チェコスロヴァキア人民の権利を認め、あらゆる手段をもって彼らの国民的自由と国家的独立の奪還のために闘うことを、厳粛に宣言する。ドイツの労働者運動は、ヒトラー・ファシズムによって抑圧されているすべて外国人民の民族解放闘争を支援するために、全力を尽くすであろう。

ドイツとオーストリアの人民は、彼らの奴隷所有主の目標に与《くみ》してはいない。もしもこれまでのところ戦争屋どもの独裁を打倒する力を持たなかったとしても、それでもなお、やつらに進んで協力するようなことはいっさい拒否することによって、やつらの犯罪的な政策と闘っている。ドイツの兵士たちは、強制されて任務に就いているのだ。ドイツの労働者たちは強制されて働いているのだ。〔……〕手を動かすことが少なければ少ないほど、能率の上がらぬ時間が多ければ多いほど、引き渡しが延びれば延びるほど、税金の支払いが滞れば滞るほど、それは戦争政策に対する打撃となる。政府のために進んで働くことをするな、強いられてすること以上のことを自発的になど行なうな！　これが、戦争準備に対する闘いのなかで幾百万の人々が今日すでに現実にとっている姿勢である。〔……〕

ドイツとオーストリアの社会主義者、共産主義者、すべての反ファシストの闘士たちに、われわれの共通の革命的な挨拶を送る。彼らに、われわれはこのアピールを届ける――職場でしっかりと団結せよ！　諸君の闘争のなかで連帯を発揮せよ！　抵抗の最も効果的な手段について意見の一致を創り出せ！

共通の敵ファシストに対する労働者の統一的な闘争万歳！

ドイツおよびオーストリア人民の解放闘争万歳！

ドイツ共産党

オーストリア共産党

ドイツ社会主義者活動委員会

オーストリア革命社会主義者

一九三九年三月末

このアピールに名を連ねている〈オーストリア革命社会主義者〉は、一九三四年二月の闘争でオーストリア社会民主党執行部が武装闘争をためらったことに反対して、独自に反ファシズム闘争を展開する決意で結成された党内反対派グループだった。〈オーストリア・マルクス主義〉として国際革命運動内に特異な位置を占め、〈レーニン主義〉と対抗しながら高い理論水準を誇ったオーストリア社会民主党も、ファシズムとの対決のなかでついに党内に鬼っ子グループを生み出してしまったのだ。エルンスト・フィッシャーらを中心とするこのグループは、やがて、一少数派にすぎなかったオーストリア共産党に接近し、ナチス・ドイツによるオーストリアの併合と非合法活動や亡命という過程のなかで、そのほとんどが共産党に移っていくことになる。

祝福か呪詛か――教会の二者択一

「カトリック教徒諸君！　共産党は諸君ら就業者に次のことを保障する」――一九三四年八月、こう呼びかける一枚のビラがザール地方でまかれた。カトリック系のキリスト教社会党のオーストリア首相エンゲルベルト・ドルフースが、二月闘争の弾圧後の七月二五日、オーストリア・ナチスのメンバーによって殺された直後である。ビラは、第一次世界大戦の敗戦後まだドイツに復帰していなかったザール地方の現状維持《スタートゥス・クオ》、つまりヒトラー・ドイツへの編入反対のために、ヒトラーの下でともに弾圧を受けているカトリック労働者と共産主義者が手を携えて闘うことを提唱し、次のように述べていた。

われわれ共産主義者が聖体顕示台《モンストランツ》を強奪し、聖櫃《タベルナーケル》を盗み、献金箱を荒そうとしている、という嘘と中傷を信じるな。

こういう嘘をつくのは、司祭たちを拷問し、労働者の財産を盗み、青少年を虐げているナチスだ。

われわれ共産主義者は、決して諸君の宗教上の礼拝行動をけなしたりあざけったたりしないだろう。われわれは文化闘争を欲しない！

われわれは、決して信仰篤《あつ》き者を信仰や彼らの宗教のゆえに迫害したりしないだろう！

われわれは、諸君に完全な信仰、宗教、良心の自由を保障する。〔……〕

われわれは宣言する――

カトリックの就業者は、教会の成員のままでも、わが党の党員となることができる！

信仰、宗教の自由を欲するすべてのカトリック教徒は、「現状維持《スタートゥス・クオ》」のためにわれわれとともに闘おう！


ナチスが権力を握ったとき、二つのキリスト教会、カトリックとプロテスタントは、いずれも基本的にはナチス政権を支持する態度をとった。なかでもプロテスタントの陣営には、すでに一九三二年から〈ドイツ・キリスト者〉と称するナチス系の一派が形成されていて、政府が「総統《フューラー》理念に基づく教会の統合」を実行に移すうえで、大きな力となったのである。強いられたこの統合は、各州の監督《ビショフ》（主教）が教会を統括する従来のプロテスタントの教会機構を改めて、「帝国監督《ライヒスビショフ》」なる最高指導者《フューラー》がドイツの全プロテスタントを掌握する、という形をとって実施された。三三年五月に教会役員たちの選挙によって「帝国監督」に選出されたフリードリヒ・フォン・ボーデルシュヴィング牧師は、〈ドイツ・キリスト者〉一派の気に入らなかった。彼らは信徒たちによる投票を要求し、ついに投票のやり直しを勝ち取って、〈イエス・キリストのSA〉と〈キリスト教国民社会主義戦線の戦友たち〉なる二つのグループの推す候補ルートヴィヒ・ミュラー牧師への票が多数を占めるようにすることに成功した。こうして、各州の教会会議も全国教会会議もミュラーを選ばざるをえなくなり、ついに一〇月一日、ミュラーは「帝国監督」に任命され、全プロテスタントをナチスに奉仕させるための責任者となったのである。彼が行なった最初の仕事の一つは、プロテスタントの青少年全員を〈ヒトラー青年団《ユーゲント》〉に加入させることだった。

カトリックに比べてドイツのプロテスタント＝福音派がナチスに容易に屈服してしまったことは、しばしば指摘される（たとえば、ハンス・ロートフェルス『ヒトラーに対するドイツの反対派』、一九六九など）。これは、ドイツだけではなく、たとえば天皇制ファシズム下の日本のキリスト教についても言えるのだが、しかしプロテスタントが歴史的に大きな比重を占めているドイツでは、とりわけこの対照は際立って見える。農民革命を圧殺して諸侯と結ぶことによって生き残る道を選んだルター以来の権力追随志向、マックス・ヴェーバーによって指摘された権威主義的・現状追認的な個人倫理、各州をそれぞれ分権的に統括する教会の構造によって培われた民族主義的・排外主義的な気分等々が、あるいはナチスの主張と一致し、あるいは一致しないまでもナチスを是認することを容易にした、とも考えられるだろう。いずれにせよプロテスタントの屈服は、ヒトラーの権力掌握以前からすでに自派の教会のなかに紛れもないナチス勢力を台頭させてしまっていたことにも見られるとおり、否定すべくもなかったのである。しかし、それではカトリック教会は福音教会とはまったく反対にナチスに対してきっぱりと敵対する態度をとったかと言うと、事実は必ずしもそうではなかった。一九三八年三月にオーストリアがナチス・ドイツに併合されたとき、これを歓迎する態度を表明したインニツァー枢機卿の例はよく知られている。このときは、教皇ピウス十二世がこれを批判し、カトリック教徒たちのなかからもインニツァーに対する非難が巻き起こったのだが、インニツァーは決して孤立した単独の一例ではなかったのである。

一九三二年四月一日、〈ドイツ・カトリック教員連盟〉は次のような一節を含む声明を発表した。

いまこそ全ドイツ民族のカトリックを含むあらゆる構成員が、共同作業と新しいものの建設を呼びかけられている。いまや、カトリックが手をこまねいてただ待つという態度で、あるいは許容されるのに甘えて、立ち止まっているわけにはもはやいかない。われわれは、ドイツ的かつ民族的な運動の指導者を信頼し、民族に根ざしたカトリックの力を信頼しながら、新しい帝国建設と民族建設にともに着手しよう。われわれの歴史的な民族性総体の自然でかつ真正な活動と秩序に訴えるとき、わがカトリックの力を抜きにすることはできない。カトリック教とゲルマン的民族性とのなかからドイツ的本質の特性が芽生えたということこそは、過去数世紀におけるわれわれの運命となった事実なのである。

（ラインハルト・キューンル『資料で見るドイツ・ファシズム』）

同様のとらえ方は、カトリック系の労働者運動のなかからも、カトリックの学生組織のなかからも、繰り返し表明された。〈ドイツ・カトリック労働者運動〉の一九三三年四月二日の声明は、「わがドイツの民族生活と国家生活が真に革新されねばならないとすれば、唯物論、リベラリズム、マルクス主義、ボリシェヴィズムが追放されるだけでなく内的に克服されねばならないとすれば、なによりもまず神の信仰と宗教的な生活態度が、あらゆる階層のなかで深められ強められねばならない」と述べて、「この高い目標にとって役立つ国家的措置はすべて、われわれの確信的な支持を見いだすであろう」と約束していた。学生たちの態度はいっそう明確だった。〈カトリック・ドイツ学生学友会連合〉（CV）は、三三年七月一五日の呼びかけでこう書いている。

CVは、国民社会主義革命を現代の偉大な精神的変革として支持する。CVは、第三帝国の理念の担い手および告知者となるつもりであり、またならねばならない。〔……〕そのためにCVは、国民社会主義の精神によって導かれるであろう。〔……〕ただ一つ、革命のなかから力強く育ってくる国民社会主義国家だけが、わ

が文化の再キリスト教化をもたらすであろう。〔……〕
CV万歳！
大ドイツ帝国万歳！
われらの指導者アードルフ・ヒトラー万歳！

三三年七月二〇日の教皇庁とナチス・ドイツ政府との〈政教協約《コンコルダート》〉は、このような雰囲気のなかで、このような雰囲気によって支えられながら、締結されたのである。のちのピウス十二世、当時のパチェリ枢機卿と副首相パーペンとによって署名されたこの協約は、ドイツ側がカトリック教徒の信仰の自由、学校での宗教教育などを保障し、カトリック側は日々の祈りのなかでドイツ帝国を祝福することを定めていた。この政教協約によって、ドイツのカトリック教徒たちはナチス治下でも自由な信仰活動を続けることができるはずだった。

だが、弾圧は、直接の信仰活動とは一見かかわりのないところを突破口にして始められた。すでに三三年五月の労働組合禁止とそれに続く〈ドイツ労働戦線〉結成は、カトリック系の労働組合をいつまでも例外としておかなかった。ドイツにおけるカトリック労働者運動の中核的組織だった〈西ドイツ・カトリック労働者連盟〉の中央機関紙『ヴェストドイッチェ・アルバイターツァイトゥング（西ドイツ労働者新聞）』は、一九三三年のうちに禁止された。ザール地方で共闘を呼びかける共産党のビラが出されたころには、聖職者や各分野のカトリック教徒への抑圧と迫害は、すでに日常的なものになっていた。それでもなお、カトリック教会と信者たちが、全体としてナチスに抵抗したわけではない。政教協約で活動を保障された軍関係司牧担当司教は、第二次世界大戦が開始されたのちになお、将兵たちのために次のような祈りを唱えたのである。

兵役義務は名誉の義務であります。ドイツを偉大ならしめたものは、とりわけ軍人の身分のおかげと言わなければなりません。これこそは勇敢さの学校であり、偉大な英雄たちの産屋《うぶや》であり、名誉と名声の檜舞台であります！〔……〕われらを英雄的な種族たらしめたまえ。〔……〕とりわけわれらの総統にして防衛軍最高司令官なる方が、与えられた任務をすべて無事に果たすよう祝福したまえ。われらがみなあの方の指導の下に民族と祖国に忠実であることを、神聖なる任務と見なすようにさせたまえ。

（ラインハルト・キューンル『資料で見るドイツ・ファシズム』）

兵士たちをこのようにしてますますヒトラーのもとへ追いやろうとしたこのカトリックの軍関係司牧担当司教にとって、ナチス・ドイツのロシアへの進攻は、歓迎し祝福すべきものではあっても、批判し呪詛《じゅそ》すべきものではなかった。なぜなら、一九四一年一二月一〇日のカトリックの全司教による司教教書さえもが明言しているとおり、「われわれドイツの司教たちが、一九二一年から一九三六年まで数多くの司教教書でドイツのカトリック教徒たちに警告し、警戒を呼びかけてきたボリシェヴィキの力に対する闘い」を、それは意味したからである。

カトリックとプロテスタントとを問わず、このようにキリスト教会が全体としてはナチス政権を支持し、あるいは積極的に支持しないまでも原則的には容認する態度をとったことの理由の一つは、ヴァイマル時代に低下させられたと考えられていたモラルをナチスが回復する努力をするであろう、という期待だった（『政治教育情報』第一六〇号、その他）。そしてこのモラルの低下は、ドイツ革命の一つの遺産、つまり自由思想やとりわけマルクス主義によってもたらされたものであるという受け取り方が、すでにヴァイマル時代から広く流布させられていた。さまざまな右翼勢力とナチズムが、こうした一般的気分を意識的に利用し、さらに煽動した。キリスト者たちは、制服に身を固めて禁欲的奉仕を装うSAやヒトラー・ユーゲントの姿に、モラルの回復者を見たのである。共産主義は信仰を抹殺するという宣伝が、これに輪をかけた。一九三三年六月七日の教会連盟当局者の「覚え書」は、共産主義に対するキリスト教会の敵意とヒトラーに対する期待とを、ともにありありと物語っている。

この数カ月の間にドイツで遂行されいまなお遂行されつつあることは、一つの革命であり、さらに正しく言うなら、最も深く広い内的な効果を伴う一つの国民的再生である。〔……〕政治的変革がすべてそうであるように、一九三三年のドイツ革命もまた、何が民族の福利と民族の生命の維持にとって必要であり良いことであるかということについて、多くの領域で新しい観念を形成する。〔……〕一八世紀と一九世紀のある種の理念、とりわけ「リベラル」な思想は、もちろんそれが及ぼした価値ある刺激や効果は否定できないにせよ、不幸にも、そしてドイツの特徴として、マルクス主義の理念と結び付いたのだが、これがついに国民社会主義のなかに、必然的な対抗作用と――民族の大多数が期待しているところによれば――巨匠とを見いだしたのである。戦後ドイツの統治形態を性格づけたリベラルな理念とマルクス主義の理念との混合物は、その統治形態の生命にとっても民族の生命にとっても実りあるものではないことが、証明された。それはとりわけ、ドイツ民族のなかに以前から存在していた危険な社会的および政治的な対立を、調停する能力を持たなかった。この危難こそが、一方では国民社会主義運動の究極の原因なのであり、他方ではこの運動の課題もここから生まれてくるのである。この点こそ、今日のドイツの出来事を理解する鏡なのである。〔……〕

アードルフ・ヒトラー首相の国際問題に対する姿勢は、一九三三年三月二三日の偉大な国会演説の次のような一節から、明白である。

「ドイツ民族は、世界とともに平和に生きることを欲する。〔……〕」

自らの言葉の真摯《しんし》さの最初の証拠を、首相は五月一七日の軍縮問題に関する偉大な演説のなかで示したのだが、その内容についてはすでに周知のことと見なして差し支えあるまい。内政上の主要課題の一つとして、政府は当然、ドイツにおいて——他の諸国でも同様だが——国家と教会を脅かす直接的な強大さにまで達しているマルクス主義、とりわけ共産主義の形態をとったマルクス主義の精神的および政治的な克服を、ゆだねられている。そのさい、国家権力によってとられる処置が厳しいものとならざるをえないのは、当然のことである。〔……〕

このような期待を表明したのち、「覚え書」は、もしも共産主義が勝利した場合に教会と宗教がいかなる運命に直面するか説明するまでもないと述べ、「一九三三年一月三〇日の政権担当によって、確実視されていた破局は阻止されたとする政府の立場に、教会も賛成である」と断言して、危惧されている一つの問題についても、次のように言明することで責任を回避した。そして実は、それによって歴史に対する重い責任を引き受けてしまったのだった。

この革命と国民の深い興奮との重みを考えるなら極めて当然のことにすぎないのだが、いくつかの個別的な暴力行為が——ユダヤ人に対しても、しかしユダヤ人だけに対してではなく、主としてユダヤ人に対してというわけでもなく——生じた。そしてそれらに対しては、教会だけでなく政府も、不快と遺憾の意を表わした。とはいえ、それらは、一九一八年の革命の残虐で恥ずべき出来事とは比べものにならな

ないのである。〔……〕

カトリックの抵抗

残された記録や資料は、あとの時代に生まれてきた者たちに、希望よりは絶望を与えることの方が多いのかもしれない。第二次世界大戦後にしばしば語られてきたキリスト者の抵抗は、圧倒的な屈従と唱和の記憶の前では、誇大な自己正当化の印象さえ呼び起こしかねない。

だが、歴史は圧倒的多数者によってのみ担われているのではない。一つの時代は、その時代の流れを形成する多数者によってのみ生きられているのではない。二つの教会が全体として、あるいは少なくとも教会の公式の意思として、ヒトラー政府と共存する方針を採り、自己の現世の生命を永らえさせるために無限の譲歩と屈従を繰り返していたとき、個々のキリスト者のなかからは、神の代理人に背いて神への道を探りつづけようとする人々もまた跡を絶たなかった。

すでに一九三三年から三四年にかけて、ドイツの各地で、カトリック教徒たちに呼びかけるカトリック教徒自身のステッカーが発見されている。手のひらに隠れるほどの小さな紙に呼びかけの文やスローガンを書いて、人目を避けながらあちこちの塀《へい》や橋の欄干や建物の外壁に貼って歩くのである。もちろん、今日のようにあらかじめ裏面に接着剤を塗っておき裏打ちの紙をはがせばそのまま貼れるというような方法がなかった当時は、一枚の小さなステッカーでも発見されずに貼ることは至難の技だったろう。それでも、こうした個別的な抵抗活動は、カトリック教徒によって、あちこちで展開された。あまっさえ、彼らが共産主義者や社会民主主義者と協力して、会合をもち、ともに呼びかけを作製し、ひそかにビラを配布したことも、まれではなかった。カトリック労組が禁止され、機関紙が停止させられたのち、カトリックの労働者の活動は、ドイツにおけるカトリック教権の強化に貢献のあった一九世紀の司教の名をとった〈ケッテラー〉というグループによって引き継がれた。彼らはケルンに置かれたその本部を拠点にして、各職場の合法・非合法の労働者組織と連絡を保った。ヴァイマル時代にADGB（ドイツ一般労働組合同盟）の副議長でヘッセン州内相だったSPDのヴィルヘルム・ロイシュナーをはじめとする、種々の傾向の労働者運動の活動家との接触が生まれた。一九四四年七月二〇日のヒトラー暗殺計画が失敗に終わったとき、ロイシュナーを介してこの計画に加担していた〈ケッテラー〉のメンバーたちもまた、ナチスの復讐から逃れることはできなかった。すでに三八年に禁止されていたグループの機関紙『ケッテラー・ヴァハト（ケッテラーの見張り）』の編集長だったニコラウス・グロスや、かつて〈西ドイツ・カトリック運動者連盟〉を中核とする〈カトリック労働者運動〉（KAB）の会長だったオットー・ミュラー、同じく書記だったベルンハルト・レッターハウスらが、裁判ののち処刑された。

政教協約は、一九三〇年代半ばにはもはや完全な死文と化していた。プロテスタント

ローマ教皇使節のバザルロ・ディ・トレグロッサと会見するヒトラー。
1933年10月、ミュンヒェンに建造される「ドイツ芸術の殿堂」の起工式に
参列するため派遣されてきたこの高位聖職者は、
ヒトラーに対して「私は長いあいだ貴下が理解できませんでした。
しかし理解する努力を長いあいだしてきました。きょう、私には貴下が理解できました」と述べた。
33年11月12日、ナチ党以外の全政党を禁止して以後はじめてのナチ党候補だけによる
国会議員選挙（同時に国連脱退の是非を問う国民投票が行なわれた）での
「Ja!《ヤー!》（賛成!）を呼びかけるこのポスターに、トレグロッサの言葉が引用され、
カトリック教会との和睦の象徴として活用された。
出典：Zentner, Kurt: *Illustrierte Geschichte des Dritten Reiches.*

に比べてカトリックの抵抗が激しかった理由の一つに、信頼を裏切られたことに対する怒りを挙げる歴史家もいるほどである。いずれにせよ、ドイツ国内の教徒たちの自発的な抵抗とそれに対する容赦ない弾圧という現実を見て、ついに一九三七年三月一四日、教皇ピウス十一世は「激しい憂慮をもって」と題する回勅を発し、ナチス・ドイツへの抗議とドイツのカトリック信者たちの運命に対する危惧を表明せざるをえなかった。

この教皇の回勅とちょうど時を同じくして、ベルリンで一つの裁判が開始された。助任司祭コルネーリウス・ロサイントを主犯とする七名のカトリック青年運動の活動家が、大逆罪の容疑で起訴されたのである。

彼らにかけられた嫌疑は、共産主義青年同盟の活動家たちと結託して「新生ドイツの存在に敵対するカトリック＝共産主義統一戦線の創出」をもくろんだ、というものだった。共産主義に対するキリスト者の根強い敵意をあおるために、ナチ党の機関紙『フェルキッシャー・ベオーバハター（民族の監視兵）』は連日この裁判についてセンセーショナルに書き立て、とりわけ、これらの聖職者が青年信者たちを相手に同性愛行為にふけっていた、というデマゴキーを流した。〈革新〉や〈革命〉を唱えながら、古い道徳観念に訴えて人々を組織するのは、ナチスの常套手段だったのだ。三七年四月四日に始まった裁判は二八日に結審し、主犯のロサイントに懲役一一年、共犯のカトリック突撃団全国指導者Ｆ・シュトレーバーに同五年、ほか二名の活動家にそれぞれ二年と一年半の判決が下された。国家と民族を裏切り、混乱を惹き起こそうとするもの、という攻撃にこたえて、ロサイント神父は取調官にこう述べた――「国民社会主義こそが混沌《カオス》である、なぜならそれは戦争に向かって突き進んでいるからだ、という立場にわたしは立っています」。

裁判が終わり、聖職者たちが刑務所に入れられた直後の五月初旬、パリのドイツ共産党中央委員会は「ドイツのカトリック教徒諸君に！」という長文のビラをひそかにドイツへ送り込んだ。オーストリア併合とインニツァー枢機卿の裏切り行為、それにスペイン人民戦線に対するフランコの反革命軍をナチス・ドイツが公然と軍事的に援助していることを糾弾しながら、ビラは「人民の友、平和の闘士、助任司祭ロサイント」という一章を特に設けて、すべての真のドイツ人はベルリンの刑務所の中にカトリック教徒たちの前衛闘士がいるのを見るだろう、と述べていた。――「われわれはすでに一年前に、苦しむカトリック人民に対して、この司祭のような倫理的偉大さと勇気とを持っていることに祝辞を送ったが、それは、わが国には聖職者の法衣をまとっているといないとにかかわらず多くのロサイントが存在することを、よく知っていたからである」。

ナチスの弾圧は、こうして、軽蔑と憎悪によって分断されていた二つのグループを、またひとつ、接近させ結び合わせたのだった。聖職者の法衣をまとわぬ、それどころか名前も残されていないカトリック教徒たちが、もちろん全体から見れば圧倒的な少数にすぎなかったとはいえ、非合法のマルクス主義者たちと手を携えて活動しはじめた。多くは逮捕や殺害とともに消し去られた痕跡のなかから、一九三八年一月に「ある西部ドイツの大都市」で配布された一枚のビラが残されている。

兄弟たちよ、盟約の手を延べよ！

「いったいいつになったら、また良くなるのだろうか？　いったいこのヒトラーと第三帝国は、いつまで続くのだろうか？　このまま同じ状態で行くわけにはいかない！」。数年このかた、ドイツの各地方でこういう問いと言葉が聞かれた。同じ状態で進んできただけではない。

しだいに悪くなってきたのだ。第三帝国では、これからも絶えずますます悪くなって行くだろう。だがそれにもかかわらず、一つの反対運動が、まだ統一のものになってはおらず、まだ団結を勝ち取ってはいないが、しかし全国に広がって、感じ取れるようになりつつある。わが西部ドイツでは、はっきりそれが感じ取れる。これがなければ、われわれの事態はずっと悪いものだっただろう。〔……〕

社会民主主義と共産主義者と信仰篤いカトリック教徒が手をつなぎ、まだヒトラーを信じているまじめな労働者がそれに加わった。協定によって確認されてもおらず、社会民主主義とカトリックの古い指導者の多くの意に反する形で、統一戦線が、労働者の統一が、現実となり、あらゆる成功の担保となった。

「ある西部ドイツの大都市の人民戦線」と名乗るこの呼びかけの作者たちは、カトリック教徒は信仰の原則を損なわずに労働者階級と連帯することができる、という一八六九年のマインツ司教ケッテラーの言葉を引いて、カトリック教徒たちに統一戦線への参加を訴えたのである。

信者たちの自発的な抵抗に触発されるように、教会の指導的な地位にある聖職者たちの間にもしだいに分化が起こった。一九三八年一一月、目に余るものとなったユダヤ人迫害に対して、ベルリンの司教座聖堂主席司祭ベルンハルト・リヒテンベルクが、日々の祈りのなかで抗議するという行動を起こした。

第一次世界大戦に従軍司祭として参加し、ヴァイマル時代はカトリック中央党のベルリン市議会議員だったリヒテンベルク神父は、聖ヘトヴィヒ司教座聖堂をゆだねられたとき、迫害された人々に自己の力の及ぶかぎり助けの手を差し延べる決意を固めた。ゲスターポとSSに目を付けられていた彼がついにナチスの手に落ちたのは一九四一年秋のことだった。このとき、リヒテンベルクはナチスが精神病者をシステマティックに殺害している事実を知って、帝国医師指導者――実際、あらゆる分野に指導者理念が貫徹されていたのだ――のコンティ博士に抗議の手紙を送ったのである。――「わたくしの聖職者としての魂のうえにも、倫理法と国法とに反する犯罪をともにしてしまったことの重荷がのしかかっております。しかしながら、わたくしも一人の罪人《つみびと》にすぎないのではありますが、それでもわたくしは、帝国医師指導者殿、貴殿に対し、人間として、キリスト者として、聖職者として、そしてドイツ人として、貴殿の命令により、あるいは貴殿の許可の下に行なわれた犯罪の責任をとられるよう、要求いたします……」。

言うまでもなく、この手紙は直ちにゲスターポの手に渡った。家宅捜索によって、政府や幾人かの大臣たちに宛てた同様の手紙の草稿が発見された。リヒテンベルクは「説教壇濫用」および「陰謀」のかどで起訴され、一九四二年五月二二日、禁固二年の刑を宣告された。未決勾留期間を含めて二年の刑期が過ぎたとき、だがしかし、彼は釈放されなかった。ひどく健康を害していたにもかかわらず、そのままダッハウの強制収容所に向けて送り出された。彼の肉体は、その移送にもはや耐えなかった。四三年一一月三日、リヒテンベルク神父は、貨車で輸送される途上、六六歳で死んだ。

精神病者を組織的、体系的に文字どおり抹殺しようとするナチスの政策は、「生きる価値のない生命」は殺されてしかるべきであるという基本理念として、ユダヤ人をはじめとする非アーリア人種や政治犯に適用された方針と軌を一にしている。そして、この政治上・人道上の犯罪に対しては、リヒテンベルクより以前に、ミュンスターの司教クレメンス・アウグスト・フォン・ガーレン伯が、一九四一年八月三日の説教の中で公然と非難していた。

精神病者たちのおびただしい数に上る死亡ケースが、おのずから起きたものではなく意図的に招来されたものであって、「生きる価値のない生命」は抹殺してもよい、つまり彼らの生命が民族と国家にとってもはや価値がないと考えられるときには罪なき人を殺してもよいというあの説に従ってそれがなされている、との確信と隣り合った嫌疑が、一般を支配しております。これは〔……〕もはや働く能力をもたない廃疾者や、不具者や、不治の病人や、老衰者の暴力的殺害は原則的に自由である、という恐るべき説であります。刑法二一一条はまだ法的効力を持っているはずであって、それにはこう定められているのです。――「故意にある人間を殺害したる者は、その行為を計画的に遂行したる場合、殺人の罪により死刑をもって罰せられる」。

ヒトラー・ファシズムの実践をまぎれもない犯罪として告発したこの説教は、この説教について報告した公安当局の書類では、「ドイツの国家行政に対するこれまでのうち最も激しい攻撃」と規定されたという。――だがナチスは、ドイツ・カトリック教会における最高の権威と厚い人望を持つフォン・ガーレン司教に手を下すことはできなかった。もしそれを断行すれば、辛うじて維持されているカトリック教会との関係は一挙に瓦解し、そうなればカトリック教徒たちをすべて抵抗に追いやってしまうことが目に見えていたからである。リヒテンベルク神父や、ナチスの犯罪に対する怒りと悲しみから行為を決断した多数のカトリック教徒たちの殉教は、彼らにその決断の勇気を与えるうえで疑いもなく力のあったフォン・ガーレン司教の抵抗が貫かれるための、貴重な代償だったようにさえ思われる。

プロテスタントと告白教会

帝国監督を紛れもないミュラー牧師に握られてしまった福音派教会は、ヒトラー政権に対しては、全体としてきわめて平穏な関係を享受しつづけた。そのうえ、中小企業主や官吏、事務職員などを中心的な構成員とするドイツのプロテスタントは、そのままナチスの政治的支持基盤と重なり合っていたのである。

それだけに、プロテスタントのなかからの反ナチ抵抗運動はカトリックの場合よりもずっと困難で、ずっと大きな決断と勇気を要求されたにちがいない。国民の敵意に加えて信仰上の同志たちからさえ孤立する苦しさは、ある意味では、最も激しい弾圧を浴びた共産主義者たちの場合よりさらに大きかったかもしれない。

牧師パウル・シュナイダーが第三帝国のなかで引き受けた生と死は、そうした困難と苦しみと、そして同時に決断と勇気と信仰の大きさによって、プロテスタント以外の人々、キリスト者以外の人々にも、感動と敬意をもって語り継がれている。

第一次世界大戦から復員したのちに初めて聖職者を志した一八九七年生まれのパウル・シュナイダーは、第三帝国の時代がきたとき、まだようやく七年に満たぬ牧師生活しか送っていなかった。世襲的な聖職者の家に生まれたのではなく、自ら聖職者を志した彼の理想は、当初からナチズムに対する嫌悪と敵意を隠さなかった。あるときは説教壇から公然とSA隊長レームの発言を批判して宗務局から停職処分を言い渡され、あるときは民衆啓発宣伝相ゲッベルスの演説を批判したために僻地の小さな教区に左遷された。それでもナチの〈ドイツ・キリスト教会〉に対する攻撃と信者たちへの反ナチの訴えをやめなかったシュナイダー牧師は、何度も逮捕され、取り調べと強迫を受けながら、しだいに自分の周囲に志を同じくする信者たちを集めていった。もはやこれが一つの危険となったとき、当局はライン地方から彼を追放することを決定し、直ちにそれに従おうとしなかった彼を逮捕した。一九三七年一〇月三日にコブレンツの警察に収監された彼は、降誕節の初めにブーヘンヴァルトの強制収容所へ送られた。

　ブーヘンヴァルト――ブナの森という名の地にあって、トーテンヴァルト――死者の森と呼ばれたこの強制収容所でも、シュナイダー牧師の抵抗は続いた。隔離された独房に閉じ込められ、拷問を受けながら、彼はその独房の窓から囚人たちに向かって大声で語りかけた。その彼がついに現世の生命を奪われたのは、三九年七月一八日のことである。もともと、彼がこの独房に入れられたのは、ナチスの旗、鉤十字旗《ハーケンクロイツ》に敬礼することを拒んだためだった。それだけに、強制収容所の看守を務めるSS隊員たちの彼に対する暴行はすさまじかった。うしろ手に縛って窓の十字の桟《さん》に吊るし上げ、激しい殴打を浴びせた。パウル・シュナイダーはそれに耐え、あまっさえSS隊員たちに語りかけて、彼らを回心させようとした。この拷問を、彼は一年もの間耐え抜いた。SSは、強心剤の一種のストロファンチン注射によって、彼を殺すしかなかったのである。

一九三八年から三九年のころ、わたしたちは朝早くから点呼に出て行った。全部で一〇〇〇人以上もいた。区画指導者《ブロックフユーラー》が数をかぞえ、報告指導者《ラポートフユーラー》に伝えた。収容所指導者《ラーガーフユーラー》たちの一人が現われて、マイクロホンががなり立て、野蛮な騒音が朝を引き裂いた。「脱帽！」。死の静けさ。だがそのとき、とある拘禁独房からパウル・シュナイダー牧師の声が響いてきた。明るく澄んだ確固たる声、慰めと善意に満ちた声、彼がわれわれに日曜日の挨拶として呼びかけた聖書の言葉を、わたしたちはもはや正確には憶えていない。それを理解できた者も、おそらくごく少数だっただろう。だが、われわれのすべては知っていた。あそこで一人の人間がわれわれに語りかけている、彼はわれわれと同じように悩んでいるが、危険を軽蔑しているのだ、彼はわれわれの友人であり兄弟なのだ、ということを。シュナイダー牧師が二言、三言しゃべるかしゃべらないかのうちに、逮捕指導者《アレストフユーラー》のゾマーが独房に駆けつけ、勇気と歓《よろこ》びを与えてくれるその牧師の声を沈黙させてしまうのだった。屋内に戻ったときもなお、われわれには河馬《かば》の鞭《むち》の音が聞こえた。——確約書に署名すれば出所させてやる、とシュナイダー牧師は繰り返し勧められた。だが、これを彼は毅然として拒んだったのだ。やつらはそうやって、彼を厄介《やつかい》払いしてしまいたかったのだ。その声をどうしても沈黙させることができない、この不倫快な男を。

（アルトマンほか『ドイツ・反ファシズム抵抗——一九三三－一九四五年』）

パウル・シュナイダー牧師と同じブーヘンヴァルトに収容されていた一四人は、のちにこう回想している。

驚異的なこのシュナイダー牧師の抵抗と比較すれば、ベルリンの牧師マルティン・ニーメラーの呼びかけによって結成された〈告白教会〉の活動はまだしもわれわれの理解の範囲内にある、と言えるかもしれない。

ナチスの権力掌握直後から進められたプロテスタント教会のナチ化に対して最初に上げられた声は、一九三三年九月二一日にニーメラー牧師が同僚たちに向けて発した書簡だった。ナチの〈ドイツ・キリスト教会〉が意図する教会からのユダヤ人排斥、つまり教会行政にもいわゆる〈アーリア条項〉を導入しようとする方針に対してキリスト者として反対することが、そもそものきっかけだった。だが、日ましにあからさまになっていくナチス当局の干渉は、ニーメラー牧師の呼びかけにこたえた聖職者たちによる〈牧師非常同盟〉の結成を招来し、これを母胎とする〈告白教会〉の設立につながることになる。早くも三三年一一月には、〈牧師非常同盟〉への加盟をひそかに伝えてきた聖職者は三〇〇〇人にも上り、三四年一月には七〇三六人となって、ドイツのプロテスタント派牧師の約半数を糾合するまでになったと言われる。

こうした団結を基盤にして、一九三四年三月三一日、ドイツ西部のルール工業地帯に位置するヴッパータール市のバルメンで、第一回告白教会会議が開かれ、次のような一節を含む宣言が採択された。

われらは、教会が神の言葉の外に、あるいはそれと並んで、それ以外の事象や権力、人物や真理を神の啓示であると認めることができ、また認めねばならぬ、というような偽りの教説を斥ける。〔……〕

われらは、われらがイエス・キリストではない別の主《しゅ》に身をゆだねなければならぬような領域、イエス・キリストによる義認と聖化ではないものを必要とするような領域が、われらの生活のなかに存在する、というような偽りの教説を斥ける。〔……〕

われらは、国家がその特殊な任務を超えて、人間生活の唯一のかつ全体的な秩序となることができ、したがってまた教会に定められた仕事をも果たすことができる、というような偽りの教説を斥ける。

この宣言は、同年一〇月一九日から二〇日にかけて発せられたドイツ告白教会会議の回状では、さらに明白に、簡潔に要約されている。この回状は、「一つの国家、一つの民族、一つの教会」という帝国監督が意図する教会行政は教会の使命を世俗の権力に売り渡すものであること、帝国監督が福音協会の全権力を掌握するという形態はプロテスタントとおよそ相容れない新しい教皇制にほかならないこと、教会に世俗の指導者理念を導入することはキリストにではなく教会行政に聖職者たちを結び付けるものであることを、はっきり確認し、これと闘う決意を明らかにしたのだった。

ナチス当局は、帝国監督ミュラーと彼の基盤である〈ドイツ・キリスト教会〉の圧力によって〈告白教会〉を圧迫する一方、これを懐柔する方策をさまざまに試みた。しかし、それが成果をもたらさないことが明らかになったとき、ここでもまたゲスターポとSSが登場する番だった。弾圧は〈告白教会〉を中心とする明確な反対派に向けられるだけにはとどまらなかった。日和見によって生き延びる道を選んだ聖職者や信徒たちをも、テロルは容赦しなかった。一九三七年一二月一一日、教会にいくばくかの自治を認めてほしいという無色の聖職者たちの申し出に対して、教会担当大臣ハンス・ケルルは、第三帝国はいっさいの領域で国家の力の及ばぬ余地を残しておくつもりはない、ときっぱり言明したのである（スティーヴン・ロバーツ『ヒトラーが建てた家』、一九三八、アムステルダム）。

告白教会派の広範な広がりのために、だがしかしナチス当局は、ニーメラー牧師をはじめとする中心的指導者たちの扱いに慎重にならざるをえなかった。一九三七年七月に至ってついにニーメラーを手中に捕らえたゲスターポも、その意を代行する司法当局も、彼を有罪にして処刑することはためらった。保護検束処分に付された多数の牧師たちとともに、ニーメラーは強制収容所で八年間を過ごし、第三帝国の崩壊を自分の目で見ることができたのである。

パウル・シュナイダーの孤立した激しい闘いと、マルティン・ニーメラーを中心とする〈告白教会〉の広範な静かな抵抗とは、くっきりと対照を成している。そのいずれもが激しい宗教的情熱に支えられており、そのいずれが静かな諦観(ていかん)と強い信念に貫かれていたかを比較することは、そもそも不可能だろう。だが、生命を捨てて同胞に呼びかけたパウル・シュナイダーの叫びとともに、ニーメラーたちの幅広い活動がなかったとしたら、ドイツ・プロテスタントの伝統は、ルターの血まみれの裏切り以来の汚点にまみれた歴史に、また一つの暗い一ページを付け加えるのみだったにちがいない。そしてもちろん、〈告白教会〉の活動のほかにパウル・シュナイダーの姿がなかったとしても、このことに変わりはなかっただろう。

だが、信仰上の同志たちからさえ孤立しながらなされたプロテスタントの聖職者の抵抗は、もちろん、ニーメラーやシュナイダーのような実例だけですべて尽くされるものではない。孤立は、同時にまた至る所でさまざまな共闘者を発見することができたのである。

一九四二年一一月七日、福音派ルター教会の牧師カール・フリードリヒ・シュテルブリンクがゲスターポに逮捕された。反戦的な説教を行なったことと、非合法文書を配布したことが主な理由だった。ところが、彼はプロテスタントの牧師だったにもかかわらず、彼が配布した非合法文書というのは、カトリックの司教フォン・ガーレン伯の反ナチ的な説教だったのだ。それればかりではない。彼の共犯者としてゲスターポは三人のカトリックの助任司祭を逮捕し、この四人の聖職者たちの信徒で彼らと協力して非合法活動を続けていた青年や兵士を、次々と挙げていった。

取り調べは長引いた。容疑者たちが同志を裏切ろうとしなかったからである。ゲスターポは、教会から脱退するか、あるいは聖職者たちの罪状について証言するかすれば釈放してやろう、と青年たちや兵士たちに持ちかけたが、無駄だった。四人の聖職者は、これといった物証も一つの証言もないままに、四三年六月、死刑を宣告された。屈服を拒んだ信徒たちは、すべて刑務所や強制収容所に送られた。

一九四三年一一月一〇日、二つの宗教の四人の聖職者たちは、ともにハンブルク刑務所で断首刑を執行された。ナチスによる弾圧は、ちょうど不倶戴天の敵だった共産主義者と社会民主主義者を結び付けたように、数世紀にわたる分裂ののち、カトリックとプロテスタントの両教会の同志たちを、孤立した抵抗の実践のなかで一つにつないだのである。たとえそれが、圧倒的に大きな分裂と孤立のなかのほんの小さな結合にすぎなかったとしても。

第二章

血と土にまみれて

〈国民〉たちの日々

売国奴と呼ばれながら

影かと見まがうような姿が、夜ごとベルリンの街々を忍び歩いた。家々の外壁にぴったり身を寄せてすばやく動き、四方の様子をうかがった。塗料やチョークで、壁やショーウィンドーや平らなアスファルトの上に、スローガンを書き付けた。印刷したビラや手書きのビラが、あちこちの家の戸口や郵便受けや停車場に現われた。ベルリンの住民たちがここに読んだものは、徹底抗戦の決まり文句ではなかった。ファシスト墓掘り人どもに反対する行動の呼びかけ、闘争の呼びかけだった。

かつて社会主義青年同盟のメンバーだったハインツ・ミュラーは、兄が内心ではヒトラーに反対しながら結局イタリア戦線でドイツ兵として死んだのち、空軍兵士の自分がこれまで行なってきた単独のサボタージュという孤立した抵抗を、もっと大きな抵抗運動と結び付ける決意を固める。一九四四年一月のある日、クリミヤ半島で従軍していた彼は、病気になった副機関士の代わりに輸送機に搭乗することを命じられる。二度と巡ってこないこのチャンスを利用して、彼はその飛行機を乗っ取り、ソ連側に投じたのだった。翌四五年春、ヒトラーが最後の要塞にしようとしていたベルリンに潜入したミュラーは、地下の共産党員たちと連絡をとって、最後の一人になっても抗戦するというヒトラーの破滅作戦に対するサボタージュと抵抗を組織するのである。ドイツの敗戦後、彼はドイツ民主共和国(東ドイツ)の建設に参加し、一九五七年には〈反ファシズム闘士メダル〉を受けて、一九七三年、自分の体験を『ベルリンでの闘いの日々』という一冊の回想記にまとめる。

彼のように、ナチス時代を生き延び、敗戦後のドイツの再建に加わることができた反ファシズムの活動家も、もちろん少なくはなかった。ドイツ民主共和国の戦後の中心的な指導者のほとんどすべては、国の内外でナチスの——そして残念なことにはスターリン体制の——テロルから身をもって逃れてきた活動家だったし、ドイツ連邦共和国(西ドイツ)の戦後初の社会民主党首相ヴィリ・ブラントも、かつては社会民主党を除名されたり離党したりした左翼反対派によって一九三一年一〇月に結成された社会主義労働者党(SAP)の、中心的な反ナチ活動家の一人だった。

彼らがドイツの敗戦ののちまで生き延びることができたのは、偶然と幸運と、そしてとりわけ、逮捕された同志たちが死よりも苛酷《かこく》な拷問に逢ってなお自白しなかったおかげにほかならない。彼らの背後には、生き延びた者たちによって記録にとどめられただけでもほとんど無数の、〈死者たち〉がいる。

その死者たちの多くがドイツ共産党（ＫＰＤ）のメンバーやシンパサイザーだったのは、のちに彼らの名と仕事を記録する作業が、主として共産主義者や社会主義者によって、つまり政治的・思想的信念からナチズムに抵抗し、そして当然の勝利を勝ち取ったグループによって、最も精力的になされてきたこととも、関連しているのかもしれない。無党派の人々――党の同志たちの絆《きずな》も、政治的信念のよりどころも、世界史のなかでのファシズムの位置づけも、それを生んだ資本主義の最終段階の階級的情勢についての仮説も、なにひとつ明確には持たず、多くは記録のための言葉も持たなかった〈国民〉たち――の孤独な抵抗に関しては、たとえば一時ナチスにもてはやされた人気作家ハンス・ファラダが戦後に自分の生き方の総決算として書いた長篇小説『だれもが一人で死んでいく』（一九四七）に描かれているような、半ばフィクションとしての記録しかほとんど残されていないのである。

のちの時代が反ナチ抵抗運動のイメージを再構成しようとするときにもまた、歴史のあらゆる局面に登場するこのような限界に、直面せざるをえない。たとえ比較的大きな政党や歴史を生き延びてきた支配的な党派の活動の一環として行なわれたものではない場合でも、ある一時代の最も過激《ラディカル》な行動は、その敵によってすら記録にとどめられざるをえないだろう。だが、彼らと怒りや悲しみを同じくしていながら彼らと同じ行動をとることはできない人々のいっそう孤独な抵抗は、ほとんどすべて、歴史に存在しなかったかのように、かき消されてしまう。彼らの抵抗にあっては、だれもが一人で闘い、だれもが一人で死んでいくばかりか、死後もまただれもが一人きりなのだ。

こうした孤独な抵抗の真実を再構成することは、では、結局のところ不可能なのだろうか？　そして、生き残った同志たちによって記憶された共産主義者や社会主義者、あるいはキリスト者たちの抵抗を再現する作業は、ついに空しい虚像を追い求めることでしかないのだろうか？　この二様の抵抗の間には、埋めることのできない深淵《しんえん》が、いつまでも残されるばかりなのだろうか？

確かに、ナチス治下においてもなお共産主義者や社会主義者として、あるいは信仰に忠実なキリスト者として生きつづけるためには、人並みはずれた精神と肉体と感性の強靭《きよう》さが要求されたにちがいない。そして彼らのその信念と行動は、それゆえにまた、弾圧する側からは、一般の国民とは異質な存在として、売国奴、民族の敵として宣伝され、人々との間に深い断絶をつくることにも役立ったのである。しかし、このような切り離しの試み、彼らを〈国民〉から孤立させようとするナチスの側の努力は、これらの過激派が実は〈国民〉たちと同じ地平に立っているという事実を、逆に物語っている。だからこそ、感染を恐れた支配者たちは、見せしめと予防措置の意味を幾重にも込めて、ボリシェヴィキの手先たちを殲滅《せんめつ》しようとしたのである。ＫＰＤの非合法活動家たちに向

ゲスターポに身柄を拘束された〈非国民〉を積んで、
武装警官隊に警護された護送車が、秘密国家警察本部の裏庭に到着する。
ゲスターポの本部は、ベルリン市の中心部、
プリンツ・アルブレヒト・シュトラーセ（アルブレヒト王子街）の一角にあった。
ここが、抵抗者たちの新たな苦難の道の出発点となった。
出典：Zentner, Kurt: *Illustrierte Geschichte des Dritten Reiches.*

けられた弾圧は、〈国民〉全体を射程に収めて、〈国民〉をいわば仮想敵としてのみ展開されたのだった。世界大戦に突入したナチス当局が、一九三九年九月二七日、ゲスターポ高官ラインハルト・ハイドリヒの下に〈帝国治安本部〉を設置して反ファシストに対する体系的なテロルを強化し、さらに同年一〇月七日には、SS指導者ハインリヒ・ヒムラーを〈ドイツ民族性強化施策担当相〉なる新しいポストに任命して、「民族と異質な分子を排除する」という任務を特にゆだねなければならなかったことは、民族と異質な分子がナチス当局にとってどれほど大きな脅威だったかを証明しているのである。

このような関係は、だがしかし、現実にこうした弾圧が生活のあらゆる領域を覆い尽くしている時代そのもののなかでは、人々の目にはほとんど見えなくなってしまう。これまでの最も包括的な第三帝国の図版入り通史の一つ『図解第三帝国史』（一九六五）の著者クルト・ツェントナーは、一九四四年七月二〇日のヒトラー暗殺計画の首謀者たちですら、もしも自分たちがヒトラー暗殺に成功した場合でも国民全体が彼らの指導者を倒した自分たちに憎悪を向けるのではないかという危惧のために、計画を実行に移すのを何度もためらった、と伝えている。こうした恐れは、ボリシェヴィズムの脅威を根絶することを最も基本的な国是として掲げる国のなかで抵抗を行なう共産主義者にとっては、いっそう大きかったにちがいない。彼らの行為は、ナチスの破滅政策から国民とドイツを救うためというよりは、外敵に国を売り渡す国賊的行為と見なされねばならなかったからだ。そして事実、『図解第三帝国史』の著者ツェントナー自身が、一九六五年の時点でもなお、ナチス治下に摘発された最も大規模な共産主義者の抵抗グループの一つ〈シュルツェ＝ボイゼン＝ハルナック組織〉や、スカンディナヴィア半島のいくつかの港でドイツ軍の艦船を爆破したエルンスト・ヴォルヴェーバーの行為を、「これはむしろ〈抵抗〉とは言えず、〔……〕ある敵国勢力、つまりソ連の秘密情報組織と言うべきである」と規定しているのである。

すでに触れたように、共産主義者たちの抵抗運動は、ナチス・ドイツのソ連侵攻とともに再び強まった。一九四一年六月二二日のドイツとイタリアによる対ソ宣戦布告は、ドイツ国内と占領地域での反ファシストたちに対する大弾圧と手を携えて行なわれたのだが、これはまた、それまでドイツの各地にひそかに身を沈めていた共産主義者たちの、行動再開の狼煙《のろし》ともなったのだ。

一九四二年二月には、〈ウーリヒ組織〉と呼ばれる共産主義者のグループの二五〇人に及ぶメンバーが、ゲスターポによって相次いで逮捕された。グループの名称は、主犯と目された三八歳の機械工ローベルト・ウーリヒにちなんでいる。ウーリヒは、それよりさき、一九三四年六月に逮捕されて一年九カ月の懲役刑を言い渡されたが、刑期を終えて三八年に釈放されたのち、自分の職場をはじめとするベルリンのさまざまな工場や職場に広範な抵抗組織を創る活動を開始したのだった。彼の組織は、三九年夏までにベルリンに形成されていた大小さまざまな共産主義者の非合法グループとともに、KPDがほぼ三七年末ごろからベルリンに確立していた五つの地区委員会を通じて、ハンブルク、マンハイム、ライプツィヒなどの他の諸都市と連絡を持ち、さらにそのうえ、のちに述べるような特殊なルートによって、外国の反ナチ組織ともつながりを持つようになっていた。三九年八月末の独ソ不可侵条約締結によって沈滞した活動が四一年六月の独ソ戦開始で息を吹き返したとき、ウーリヒとその同志たちがベルリンに網の目のように張り巡らした抵抗組織は、KPDのベルリンにおける最も強力な活動基盤だった。

逮捕を免れた者も加えれば数百名に及んだと思われる彼らのグループには、当然のことながら、さまざまな道を経てこの運動に行き着いた種々多様な人々がいた。そのなかでも最年長者の一人ヨーゼフ・レーマーは、第一次世界大戦の敗北まで皇帝の軍隊の将校だった。崩壊ののち、しかし彼は軍服を脱ぐことができなかった。少なからぬ戦友たちと同じく、ドイツ革命に対抗する右翼武装組織〈義勇軍団《フライコール》〉の一つに将校として加わった。これらの組織のうちでも最も有名なものに、帝国海軍少佐ヘルマン・エーアハルトによって結成された〈エーアハルト旅団〉があったが、このグループは一九一九年春のミュンヒェン革命の鎮圧に当たって武勲を立て、翌二〇年三月の右翼反革命クーデター、いわゆる〈カップ一揆〉のさいには、その最先鋭部隊として、鉄兜に鉤十字《ハーケンクロイツ》の印を付けてベルリンに入城したのである。ヨーゼフ・レーマーが加わった組織〈オーバーラント〉も、敗戦後の革命期を似たような仕事によって暮らした。

だが、労働者運動の弾圧と資本家たちのための治安維持の仕事にささげた日々は、彼に満足をもたらさなかった。第一次世界大戦後の一時期を〈義勇軍団〉の一員として過ごしながら、のちに反ファシズム運動とプロレタリア革命文学の中心的な担い手となっていったボード・ウーゼやエルンスト・オットヴァルトのような作家たちと同様の道が、法学と政治学の研究者でもあった知識人ヨーゼフ・レーマーの前に待っていた。権力を掌握したナチスは、この転向者を見逃さなかった。一九三三年五月に最初の逮捕が、翌三四年六月には二度目が、彼を迎えた。二度目の逮捕は、五年間の強制収容所生活とつながった。三九年夏まで、彼はダッハウの強制収容所で過ごすことになる。釈放されたとき、彼は直ちにミュンヒェンで抵抗グループを組織し、ベルリンの〈ウーリヒ組織〉と連絡をとりながら、四〇年からは『インフォルマツィオーンスディーンスト（情報サービス）』という非合法文書の発行を開始した。一九四二年二月に逮捕され、四四年六月に死刑の宣告を受けて、同年九月二五日、ヨーゼフ・レーマーは、ベルリンのプレッツェンゼー監獄で断首刑に処せられた。五一歳だった。

〈ウーリヒ組織〉のなかの特異な存在は、一九〇四年生まれのヴェルナー・ゼーレンビンダーである。ヴェルナー・ゼーレンビンダーは、すでに一九二〇年代前半から共産党員としてよりはレスリングの選手として有名だった。労働者スポーツ運動の組織者だった彼は、ヴァイマル時代に六回、全国チャンピオンの座についていた。共産党員であることを理由に、ナチス当局は彼の出場資格を剥奪した。だがその間も、ゼーレンビンダーは活動をやめなかった。「人々の魂《ゼーレ》を結び付ける者《ビンダー》」という名前の通り、彼は全国のアマチュア・スポーツ選手と連絡をとる努力を続け、『ヴェストドイッチャー・アルバイターシュポルト（西部ドイツ労働者スポーツ）』という非合法新聞を出すところまで運動を育て上げるのに貢献した。

ベルリン・オリンピックに国威の高揚を賭けたナチスは、抜群の力量を持つこの選手に、いつまでも出場停止を適用しておくわけにはいかなかった。ゼーレンビンダーはオリンピック選手に選ばれ、四位に入賞した。しかし彼の仕事は、競技に勝ってナチス・ドイツに栄誉をもたらすことではなかった。会場の内外で行なわれる反ナチスの宣伝――鉤十字《ハーケンクロイツ》のナチス旗が引きずり下ろされ、ビラがまかれ、外国の選手や観客に第三帝国の実情を訴える試みがあちこちでなされていた――と呼応して、ヴェルナー・ゼーレンビンダーは選手の資格を利用しながら宣伝と情報活動に全力を投入した。オリンピック後も、彼には外国遠征の機会がたびたび訪れた。そのたびに、彼が加わっている〈ウーリヒ組織〉は、敵の出費で国外の諸グループと連絡をとることができたのである。

その彼も、一九四二年二月の一斉逮捕を逃れることはできなかった。四四年九月、大逆罪で死刑の判決を受け、一〇月二四日にブランデンブルク刑務所で処刑された。

〈ウーリヒ組織〉摘発の直後には、四二年五月、マンハイムで非合法の反ナチス新聞『フォーアボーテ（先駆）』を発行していた〈ライヒター組織〉のメンバー多数が逮捕され、バーデン州議会の元共産党議員団長ゲオルク・ライヒター以下、女性一人を含む一二人が死刑、三人が取り調べ中に虐殺された。

一九四三年一月から二月にかけて、ルール地方の非合法組織〈コーヴァルケ＝ガルスケ・グループ〉が逮捕された。チェコスロヴァキアに亡命していた共産党員アルフレート・コーヴァルケは、一九四一年、そこを訪れたレスリング選手のヴェルナー・ゼーレンビンダーを通じて〈ウーリヒ組織〉と連絡を付けたのち、ルール地方に潜入して、友人のエーリヒ・ガルスケ夫妻たちとともに『フライハイト（自由）』『フリーデンスケンプファー（平和の闘士）』その他の非合法雑誌を発行しながら、反ナチ統一戦線の創出に努めたのだった。彼らもまた、四三年暮れから四四年春にかけて、ブランデンブルクやプレッツェンゼーの刑務所で処刑された。

〈ベストライン＝ヤーコプ＝アプスハーゲン組織〉と呼ばれるグループは、ハンブルクの工場や船渠《ドック》に、すでに一九四〇年から強力な非合法組織を形成していた。しかも彼らの活動は、四二年秋の第一次逮捕ののちも、それどころか四四年春の残存メンバーの逮捕によっても、終わらなかった。ゲスターポが最初の逮捕に取りかかったとき、中心メンバーの一人、元ハンブルク市議会議員フランツ・ヤーコプは、それを察知していち早くベルリンへ脱出した。もう一人の中心メンバー、元国会議員のベルンハルト・ベストラインは、いったん逮捕されたものの、空襲の混乱に乗じて逃亡に成功した。その彼らが四四年にようやく逮捕されたとき、それでも組織の活動は終わらなかった。ザクセンハウゼンの強制収容所で、彼らは非合法のＫＰＤ組織の形成に着手し、共産主義者以外の囚人たちを含めた学習会や共同行動の実現に成功したのである。

共産主義者たちの活動は、記録が残されているだけでも、まだこれ以外に枚挙にいとまがないほど多い。それらの記録の中には、ローザ・ルクセンブルクやカール・リープクネヒトとともに第一次大戦中、KPDの前身となった左翼反対派グループ〈インターナツィオナーレ〉をUSPD（独立社会民主党）内に結成した最古参党員で、一八八六年生まれ、処刑当時六〇歳のゲオルク・シューマンから、〈インターナツィオナーレ〉グループ結成の翌年、一九一六年にようやく生まれて、処刑当時二六歳だったハンス・コッピまで、あらゆる世代の共産主義者たちの名がとどめられている。

だが、しばしば回想される彼らの行為の果敢さと情熱の豊かさは、彼らだけのものではなかったのだ。彼らに対する弾圧が、潜在的な売国奴たりうるかぎりでのすべての〈国民〉たちに向けられる弾圧の集約であったように、彼らの抵抗も〈国民〉たちの潜在的な抵抗との出会いと結合をまさぐり、その抵抗が顕在的なものとなることの困難さをともに体験することなしには、無に等しいものにすぎなかったのである。

わたしたちを支援してくれた多くの同志たちや無党派の反ファシストたちと、わたしたちは一度として顔を合わせたことがなかった。それが陰謀を巡らすときの常である、ということだけに原因があったのではない。間近に迫ったナチス支配の崩壊を前にして抵抗が盛り上がりを見せるとともに、すべての反ファシストは、戦争終結とひいてはまた民主的ドイツの建設をいっそう速やかに招来するうえで、有効な貢献をなそうと努力していた。けれども、かなり多くの者たちは、自分の妻の小心さや、途方もなく大きな神経の負担や、ヒトラー・ユーゲントに所属している息子が家に持ち込む脅威を、計算に入れねばならなかったのだ。彼らのすべてが冒していた危険は、わたしたちを脅かす危険よりも小さいわけではなかった。彼らをファシストのナイフに引き渡すためには、ほんの偶然、ほんのささいなことだけでこと足りたのである。連日、司令本部には何通もの報告書が提出され、その中では、狂信的なナチスが、逃亡者やただ疑わしいと思われるだけの人物を密告しているのだった。ファシストの命令は、逃亡者をあえてかくまうものはだれでも即座に射殺する、と脅迫していた。

(ハインツ・ミュラー『ベルリンでの闘いの日々——ある反ファシスト国際主義者の報告』)

ダヴィデの星と鉤十字

共産主義者たちが売国奴だとすれば、ユダヤ人は民族の敵であり、限りある資源と生活空間でゲルマン民族が生き延びようとすれば、当然抹殺されねばならぬ存在だった。ナチズムが成立の当初からユダヤ人に対してどのような政策を構想し、どのように実践し、理論づけ、そして政権獲得後それをどのように徹底的に貫徹しようとしたかについては、すでにあまりにもよく知られている。ナチスのユダヤ人迫害を理由づける試みも、さまざまな角度から繰り返しなされてきた。なかには、ヒトラー自身の家系を丹念に調べ、彼にユダヤ人の血が混ざっていることを立証し、これに対する彼の自己嫌悪なり近親憎悪なりに動機を求める、といった研究さえ現われたほどだった。ヒトラー個人に根拠を探らないまでも、ドイツ人の特殊性、平然とユダヤ人を殺して動じないゲルマン的特質に原因を見る説は、珍しくない。

けれども、日本人による中国や朝鮮や東南アジアでの残虐行為、関東大震災のさいのあの〈不逞《ふてい》鮮人〉や社会主義者の虐殺、戦時中の非国民狩り、冷静さと理性の一片もなくして唱和する過激派殲滅のキャンペーン等々を体験してきたわれわれにとって、ナチスのユダヤ人に対する蛮行は想像を絶する別世界の出来事ではないだろう。

一九三三年四月一日、政権を握ってから二カ月後に、ナチスはユダヤ人政策を実行に移しはじめた。この日、ヨーゼフ・ゲッベルスの指揮下に、〈ボイコットの日〉が実施された。ユダヤ人の商店、医師、弁護士のショーウィンドーや戸口にペンキで「ユダヤ人だ、買うな！」となぐり書きし、その前にSAが人垣をつくって客の出入りを阻止した。

これは、ほんの小さな、まだプライベートな一歩にすぎなかった。だが、すぐに公的な措置があとを追った。四月二五日、「ドイツの諸学校および大学の定員過剰に対処するための法律」が施行された。これは定員過剰対策の名目を持ってはいたが、実際には、小学校から大学に至る教育施設の定員に占めるユダヤ人生徒の割合を制限することが目的だった。

一九三五年九月、ニュルンベルクで開かれたNSDAP（ナチ党）党大会で、「帝国公民法」「ドイツの血とドイツの名誉を保護するための法律」が採択され、公布された。これらの反ユダヤ的人種法によって、ナチスとドイツ国民は、自分たちとユダヤ人を生活のあらゆる分野において明確に区別する法的根拠を与えられたのである。

一九三六年三月二九日の総選挙では、もはやユダヤ人有権者の参加は許されなかった。「国民の名誉と帝国の主権を復興させる」というヒトラーの基本政策に、九八・八パーセントの有権者＝ドイツ国民が賛成票を投じた。

一九三七年秋からは、「ユダヤ人財産のアーリア化」、つまりユダヤ人からドイツ人が財産を無償で強奪する行為が、系統的に開始された。

オーストリアとズデーテン地方の併合の年であり、同盟国日本で「国家総動員法」が発令された年である一九三八年には、ユダヤ人に対する施策は一挙に強化された。六月九日、ミュンヒェンのシナゴーグ（ユダヤ教の礼拝堂）が破壊され、八月一〇日にはニュルンベルクでも同様のことが行なわれた。六月一五日、一五〇〇人のユダヤ人が初めて集団的に強制収容所へ送り込まれた。八月十七日には、翌三九年一月一日以後ユダヤ人は男であればイスラエル Israel、女ならザーラ Sara という名前しか付けてはならない、という布告が出された。

一九三八年一〇月五日には、ユダヤ人のパスポートを没収する条例が施行され、以後、限定的に交付される旅券にはユダヤ人を表わすJの印を捺《お》すことが定められた。

一九三八年一〇月二八日、ドイツ国内に住むポーランド国籍のユダヤ人一万五〇〇〇人以上に退去命令が出された。彼らはドイツ＝ポーランド国境まで強制輸送された。

一九三八年一一月七日、ポーランド国籍のユダヤ人青年ヘルシェル・グリンスパンツによって、パリのドイツ大使館付書記官エルンスト・フォン・ラートが暗殺された。その二日後の一一月九日から一一日にかけて、ドイツ全土で反ユダヤ人の暴行と破壊と略奪が組織された。二八一のユダヤ教寺院や礼拝堂が破壊され、七〇〇〇に及ぶ家屋や店舗が破壊と略奪を被り、二万ないし三万のユダヤ人がダッハウやザクセンハウゼンやブーヘンヴァルトの強制収容所へ連行された。その過程ですでに九一人が虐殺されていた。〈水晶の夜《クリスタルナハト》〉と呼ばれるこの組織的蛮行は、それまでのユダヤ人に対する抑圧政策から抹殺政策への転換の一つの表徴だった。

一九三九年九月一日、ポーランド侵攻とともにドイツが第二次世界大戦に突入したとき、ポーランドに向けて兵員を輸送する軍事列車の車体には、兵士たちが自ら白く大書した文字が見られた。――「われらはポーランドへ行く、ユダヤ人をぶちのめすために！」（この列車の写真は、一九六一年に刊行されたローベルト・ノイマン編の興味深いドキュメント写真集『ヒトラー――第三帝国の興隆と没落』に収められている）。

一九三九年一〇月一二日、併合されたオーストリアとチェコスロヴァキアから占領下のポーランドに向けて、最初のユダヤ人移送が行なわれた。ナチスはここをユダヤ人の最終到着地に定めたのだ。

一九三九年一〇月二六日、ポーランドは〈総督管区〉とされ、総督には法務大臣で

〈司法指導者《レヒツフューラー》〉のハンス・フランクが任命された。フランクは一九二六年以来ヒトラーの顧問弁護士だった。

一九三九年一一月二三日、総督管区内にダヴィデの星が導入された。ユダヤ人は黄色い六芒星形のバッジを付けなければならなくなった。総督管区は、ユダヤの星と、そして鉤十字《ハーケンクロイツ》に埋め尽くされるかのようだった。そして、この状態はやがて、ナチス・ドイツが支配下に置くヨーロッパのあらゆる地域に広がっていった。

一九四〇年九月一三日、総督管区内でのユダヤ人居住制限が施行され、〈ゲットー〉が各地に設置された。同年一〇月に発足したワルシャワ・ゲットーには、約三五万人のユダヤ人が収容された。

一九四一年三月七日、ドイツ国内のユダヤ人に強制労働を課す制度が導入された。

一九四一年七月三一日、ヘルマン・ゲーリングはＳＳ軍団長《オーバーグルッペンフューラー》（陸軍大将に相当する）ラインハルト・ハイドリヒに、ヨーロッパにおける「ユダヤ人問題の全面的解決」の準備と組織化を委託した。

一九四一年九月一日、ドイツ国内の六歳以上のユダヤ人は、九月一九日以後、ダヴィデの星を付けることを義務づけられ、警察の許可なしに住居を離れることを禁止された。

一九四一年一〇月一日、ドイツのユダヤ人の国外移動が禁止され、一〇月三日にはユダヤ人の労働法上のあらゆる権利が廃止された。

一九四二年一月二〇日、ナチス国家の各官庁代表の会議――〈ヴァンゼー会議〉――

で、「ユダヤ人問題の最終的解決」、つまりユダヤ人の抹殺のための協力体制が決定された。

一九四二年五月一日、ドイツ国内のユダヤ人が公的交通機関を利用することが禁止された。

一九四二年五月二六日、〈ベーメン＝メーレン地区帝国保護官〉、つまり併合されたチェコスロヴァキアの行政長官で、〈帝国治安本部長官〉でもあるSS最高幹部ラインハルト・ハイドリヒが、プラハでチェコスロヴァキア人に狙撃され、六月四日に死んだ。

一九四二年六月二〇日、ドイツのすべてのユダヤ人学校を七月一日以後閉鎖するという布告が出され、ユダヤ人子弟のあらゆる教育が禁止された。

一九四二年十月一九日、ドイツ国内のユダヤ人に対する肉や牛乳の配給が禁止され、生活必需品の供給が大幅に制限された。

一九四二年一二月五日

被疑者　ハインツ・イスラエル・ロートホルツ
　　一九二一年五月二八日、ベルリン生。現住所　ベルリン－シャルロッテンブルク、ドロイゼン街一二

ハインツ・イスラエル・ビルンバウム
　　一九二〇年九月二二日、ベルリン生。現住所　ベルリン－シャル

ロッテンブルク、ヴィルマースドルフ街六〇　ゲルトナー方

右の両名は、警察による第一回尋問にあたり、自己の非合法的活動に関して虚偽の申し立てをなし、非合法の連絡網についてなおそれ以上関知していることを否認した。両名はさらに、共犯者およびその犯行および連絡に関して真実の申し立てをなすことを拒んだが、国家治安上、本件を至急解明する必要があるので、両名に対し、ベルリン秘密国家警察署長・SS大隊長・二級事務官ボーヴェンジーペンの許可を得て、棒叩きの形態による二倍の強化尋問手段を用いたものである。

ビルンバウムは一九四二年六月三〇日および一九四二年七月七日、強化尋問を受けた。

ロートホルツは一九四二年七月一日および一九四二年七月七日、強化尋問を受けた。

民族裁判所検事長殿

石炭運搬人夫だったユダヤ人青年ジークベルト・ロートホルツ――彼もまた、ひとしなみにハインツ・イスラエルという名前にされてしまっていたが――は、一九三八年ごろ、ヘルベルト・バウムを中心とするユダヤ人共産主義者のグループと知り合った。妻のロッテとともに、ジークベルト・ロートホルツは非合法のビラを配布する仕事に加わ

り、自分たちの住居を会議の場として提供した。一九四二年五月、反ソ・キャンペーン「ソヴィエトの楽園」の展示物をバウムたちのグループが焼き捨てたとき、ロートホルツ夫妻もまたそれに加わって、逮捕された。「強化尋問」と称する拷問のすえ、抵抗運動弾圧のために設けられた〈民族裁判所〉で死刑の判決を受け、四三年三月四日、断首刑に処せられた。妻ロッテは、抹殺収容所アウシュヴィッツ－ビルケナウに送られ、毒ガスによって殺された。

「わたしは当市で最大のブタです。どうかユダヤ人とだけ関係させて下さい」――こう記した大きなプラカードを首から吊るさせられた若い女性の周りに、SS隊員たちが口元に笑いを浮かべながら並んでいる一枚の記念写真が残されている（クルト・ツェントナー『図解第三帝国史』）。ユダヤ人であることは人間ではないことであり、ユダヤ人と人間的な関係を結ぶことは、もちろん性的関係も含めて、自ら人間であることをやめるに等しかったのだ。すでに一九三五年四月二四日には、あらゆる出版社主は、西暦一八〇〇年にさかのぼって自分の家系にユダヤ人の血が混入していないことを証明しなければならなくなっていた。両親のうち一方がユダヤ人であれば、もう一方はそれと「関係」したブタなのであり、子供はもちろん「アーリヤ人」とは認められなかった。

一九一〇年生まれのマリーア・テルヴィールは、父がカトリックの社会民主党員で母がユダヤ人の家庭に生まれた。公務員だった父は、ナチスの政権掌握とともに職を失った。法律を勉強していたマリーアは、母がユダヤ人であるために司法試験の受験資格を剥奪された。ベルリンにある外資系の繊維会社に勤めた彼女は、第二次世界大戦が始まったのち、〈シュルツェ＝ボイゼン＝ハルナック組織〉と呼ばれることになる抵抗グループと知り合う。このグループが印刷したミュンスターの司教フォン・ガーレン伯の精神病者殺害を糾弾する説教や、その他の非合法文書の配布が、マリーアの新しい仕事となる。彼女はまた、強制収容所へ送られる寸前のユダヤ人たちのために国外脱出用の旅券を偽造する仕事にも従事する。ゲスターポがこの組織の摘発に乗り出したとき、彼女もまた婚約者のヘルムート・ヒンペルとともに逮捕され、軍事法廷で死刑の判決を受けて、四三年八月五日に処刑された。獄中でもなお、彼女は自分の仕事をやめなかった。同室の囚人たちを励まし、死を目前にしながら、同じく確実な死を待っている彼らに、ナチスに対する最後の抵抗の勇気を与えようと努めつづけた、と伝えられている。

統合される〈少国民〉

「経済だけとか政治だけとか文化生活だけとかを改革したり変革したりするような革命など、存在しない。革命とは、新しい世界観である」。――一九三三年五月、非ドイツ的著作の焚書の直後に、この一連の行事のなかで中心的な役割を果たした大学生たちに向けて、ゲッベルスはこう呼びかけた。ナチズム革命が個別の生活領域の改変ではないこと、あらゆる領域を包括する生活全体の根本的な再編であることは、ナチスの指導者たちによって繰り返し強調されていた。こうした再編にとっては、物質的な裏付けだけでなく精神的・心理的・イデオロギー的な基盤の形成、つまり世界観の変革が不可欠であることも、もちろん彼らはよく知っていたのである。

世界観の変革という課題にとって、最も大きな機能を果たす手段の一つは、言うまでもなく教育であり、もう一つは広義のジャーナリズム、すなわち報道・出版や文学・芸術活動だった。政権獲得の三カ月後に、宣伝担当のゲッベルスの指揮の下で、学生たちの手によって書物を焼く儀式を各地で開催し、これを大々的に報道させたとき、ナチスは、自分たちが標榜する〈革命〉のためには何から始めればよいかを、はっきりとわきまえていたのだった。

ヴァイマル時代のドイツの大学は、それ以前にもそうだったように、自由主義と革新思想の牙城とはおよそ縁の遠い、保守主義と特権意識と国粋思想の堡塁《ほるい》だった。第一次世界大戦後の革命期には、大学は右翼反革命の〈義勇軍団《フライコール》〉に多数の人材を提供した。その後、ヴァイマル時代の経過とともに、大学と不可分なものと思われがちな知性とはおよそ相容れないナチズムの政治方針が、大学の学生層や教職員のなかに着々と地盤を築いていった。ちょうど現在の日本の大学で政府・与党の文教科学政策に無思考と無批判のまま迎合し追随する空気が支配的となりつつあるように。ナチスにとっては、それゆえ、大学対策は、自由主義的、社会主義的な少数の教授を解任し、ユダヤ系の教授たちに他の分野と同様の圧力を加えるだけでさしあたり十分だった。むしろ教育行政の眼目は、初等・中等教育にあった。これを完全に掌握すれば、時間の経過がおのずから高

〈総統〉と〈祖国〉に身も心も捧げることが、〈少国民〉の生き甲斐となった。
出典：Neumann, Robert: *Hitler. Aufstieg und Untergang des DrittenReiches.*

等教育の姿をも変えるのである。しかもナチスの指導者たちは、学校教育だけによっては人間は教育できないことを、正当にも認識していた。彼らは、生徒たちの全生活を、ほとんど二四時間を、管理する方向で、教育の実践に着手したのだった。

こうして、少国民の現時点での全生活ばかりでなく、今後の成長過程をも統制するような、一貫教育体制が形成された。国民学校から職業専門学校あるいはギムナージウムを経て、社会的労働あるいは大学に進む学校教育体系のうち、まず、「職業学校は批判的評価の対象となり、徒弟教育の期間は短縮され、形式的な資格・条件は引き下げられた」（D・シェーンボウム『ヒットラーの社会革命』、一九六七、大島通義・大島かおり訳による）。大工業に労働力を吸収する必要から、専門的な職業技術教育に多数の人材と時間を費やすわけにいかなくなったからである。そのかわりに、〈帝国職業競争制〉なるものが導入され、あらゆる分野の職業技術が、この競争試験で資格を認定されることになった。長い伝統をもつギムナージウム、つまり九年制の中・高等教育機関についても、修業年限の一年短縮が施行され、学生・生徒が社会に労働力として還元されるサイクルが速められた。

生徒たちは、一〇歳になると〈少国民団《ユングフォルク》〉に入団させられた。一四歳になると、〈ヒトラー青年団《ユーゲント》〉が待っていた。そして一八歳でこれを退団すると、能力と進路に応じてNSDAPか、唯一の労働者組織である〈労働戦線《アルバイツフロント》〉か、SAまたはSSかに加入することになっていた。もちろん、党員になる者は最も特権的なエリートと目された。〈ヒトラー・ユーゲント〉の指導者《フューラー》バルドゥーア・フォン・シーラッハ（詩人でもあった彼は、のちにニュルンベルク裁判で二〇年の刑に処せられ、刑期を完全に勤めたのち、一九七四年に死んだ）は、彼が二七歳だった一九三四年に刊行された著書『ヒトラー・ユーゲント』の中で次のように書いている。

> 国民社会主義には、ただ一つ国民社会主義的組織形態だけがある。これらもまた、われわれの運動のあらゆる機構と同様、世界観によって規定されている。組織《オルガニザツイオーン》というものは、人間を寄せ集めて作る任意の不特定な形式ではなく、その名がすでに示すとおり、有機的《オルガーニッシエス》なものであり、成長して出来るものである。すなわち組織とは、世界観がとる形姿にほかならない。

では、世界観の具象化としての〈ヒトラー・ユーゲント〉は、その形態のなかにどのような世界観を体現しているのか？　シーラッハは続けて次のように述べる。

> HJ《ハー・ヨット》〔ヒトラー・ユーゲント〕には、上司というものはない。ただ指導者《フューラー》だけがある。指導者は朝八時から夕方六時まで、ある一つの青年組織の指揮をとる個人ではない。彼の職務は、職業《ベルーフ》であるにとどまらず、使命《ベルーフング》でもある。彼はこの職務から、どこかの事務員と同じようには、離れるわけにはいかない。なぜなら、彼はこの職務の一部分だからである。この職務は、勤務時間の枠《わく》を超えて、彼に義務を負わせる

のである。〔……〕ＨＪの構成は、ＨＪ指導者が王座に鎮座ましましているようなものではなく、彼が同志たちのなかの同志であるような構成である。しかしながら、彼に従う者たちは、彼を仰ぎ見なければならない。なぜなら、彼は権威を持っているからであり、その権威は、上から任命されたことによってだけでなく、自己自身を強制下におく者の静かな優越性によってでもあるからである。

ただ一つの意思だけが、ＨＪを導いている。どれほど小さな単位においてであれ、最大の単位においてであれ、ＨＪ指導者の命令の力は絶対的なものである。すなわち、彼は無制限の責任を担っているがゆえに、無制限の命令権を有するのである。より高い責任はより小さな責任に優先することを、彼は知っている。それゆえに彼は、自己の指導者の指令には、たとえそれが自己自身の意に反するものであっても、黙って従うのである。

シーラッハが定式化しているこのような〈ヒトラー・ユーゲント〉の指導者理念は、言うまでもなく、生活のあらゆる領域にわたって、あらゆる段階の人間関係のなかに、浸透させられた。とはいえ、ヴァイマル時代に自己の生活スタイルと世界観を形成してきた古い世代が、形式的にだけでなく内実まで、このナチス的指導者理念の体制に同化させられることは容易ではなかっただろう。市民権を剥奪されて亡命の道を選んだ詩人・劇作家のベルトルト・ブレヒトは、三〇年代末に書かれた連作劇『第三帝国の恐怖と貧困』（初演＝パリ、一九三八）の中の一つ「スパイ」に、反ナチスと目されるのではないかと戦々兢々としながら暮らすギムナージウム教授の夫婦を登場させている。ヴァイマル時代にリベラリストだった彼らは、ナチ当局から目を付けられるのを避けるために、街区監督《ブロックヴァルト》、つまり隣組の組長に当たる人物の娘を家政婦に雇っているのだが、そのためかえって、この家政婦に立ち聴きされることを恐れて、自分の家にいながら自由な会話もできなくなってしまう。そろごころか、ギムナージウムの学生である自分たちの息子が〈ヒトラー・ユーゲント〉の指導者の指示に忠実に両親の言動を監視し、それを当局に報告するのではないかという疑念に、四六時中さいなまれるのである。カトリックの神父たちに対する裁判の記事の中で、「教会を舞台にして青少年相手に同性愛行為にふけっていた」と書き立てるナチ党機関紙『フェルキッシャー・ベオーバハター』について、批判的な言辞を息子の前でもらした父親は、家庭内に送り込まれたこのスパイがナチの機関に密告を行なったにちがいないと信じて、恐怖のあまりわれを忘れてしまう。そして、この恐怖のなかで、夫婦は互いに相手に責任をなすり付け、矛盾だらけの言い逃れの言葉を探し合う。

命令に服するという義務だけが、少国民たちに課されていたわけではない。彼らは常に、命令者になる道が開かれている、と教え込まれていたのである。「命令しようとする者は、まず服従することを学ばねばならぬ」というヒトラー好みのキャッチフレーズは、たとえば青少年のなかからエリートを選び出して指導者の後継者たちを養成することを目的とする施設〈オルデンスブルク〉（騎士団騎士の城）のような現実の昇進制度によって、裏打ちされていた。命令者に成り上がることを生きがいとする服従者たちのなかから、抑圧され差別される人間に対してはますます苛酷な命令者として立ち現われ、権力者に対してはますます忠実無私な服従者として対応するような生活パターンが、形成されていった。

　命令者に成り上がることを理想とする服従者たちには、また、手の届く範囲の英雄像が与えられた。ヒトラーは常に、自分が下層中間階級の出身であり、軍人としては上等兵（旧日本軍の下士官最下位の伍長に相当）にすぎなかったことを強調して、〈国民〉たち、とりわけ〈少国民〉たちの自己満足と競争心に媚《こ》びようとした。それとともに、極めて庶民的な、だれにでも実行できる程度の英雄が、神話の主人公に仕立て上げられた。ヒモとして売春婦を搾取し、商売上のもつれから射殺されたことが現在ではほぼ明らかになっている一ナチ党員ホルスト・ヴェッセルが、ヴァイマル時代末期の共産党との戦いで殺されたナチズム革命の殉難者として称揚され、彼が作ったと称せられる詩が「ホルスト・ヴェッセルの歌」として、ナチス治下のドイツの第二の国歌となった。

　比較的年齢の高い青年層や一般成年を対象としたこの神話と並んで、〈少国民団《ユングフォルク》〉や〈ヒトラー・ユーゲント〉のためには、〈ヘルベルト・ノルクスの神話が用意された。権力掌握前の暴力行動――一九二〇年代末から三〇年代初頭にかけて、SAやHJの街頭暴力によって毎年数十名の左翼労働者が殺害された――のなかで生命を落としたこの少年は、ナチスが政権をとったその年に、『ヒトラー少年水銀小僧《クヴィックス》』と題する映画の主人公となって、英雄の座に祭り上げられたのである。『アニリン』その他の工業小説で戦前の日本にも知られた御用作家K・A・シェンツィンガーの原作によるこの映画は、バルドゥーア・フォン・シーラッハの監修と銘打たれ、試写会にはヒトラー自らが出席し、鳴物入りで青少年のもとに送り届けられた（すぐその翌年、日本でもそれは『ヒットラー青年』の題で公開され、独和対訳のシナリオまで出版された）。この映画の中で、水銀小僧と呼ばれる少年ナチは、指導者が止めるのを押し切って危険な非合法のビラまきを買って出たまま二度と帰らない。第一次世界大戦当時将校だった指導者が、上官の命令には服従せよ、と言って彼を制止したとき、少年はこう反論するのである。——では指導者殿は、戦場で敵弾が飛んで来るときには、突撃しようとする兵士に前進を禁じられましたか？

　このような安っぽいヒロイズムを少国民たちのなかに吹き込むうえでナチス当局が最も恐れたのは、実は家庭だった。古い道徳観念に依拠して国家と社会の支配体制を確立しようとしていたナチス当局にとって、家族制度は最も重要な組織基盤だっただけに、これは極めて皮肉なことだった。しかし、この矛盾に直面してナチスが対策に苦慮したことは、すでに第三帝国の国民生活についての包括的な資料集『ナチ文化』（一九六六。ドイツ語版『国民社会主義の日常』一九七八）の著者ジョージ・L・モッセも指摘している。

　家庭という単位と青少年運動との調和をどう図り、双方がいずれも他方にとって障害とならないようにするにはどうしたらよいかという問題は、ナチス当局者にとって頭の痛い難問だった。ＨＪの最高指導者シーラッハは著書『ヒトラー・ユーゲント』の中で、青少年の正しい発展にとって決定的な意味をもつ「両親の家と学校とＨＪ」という三つの力のうち、両親の家とＨＪとの関係について次のような考察を展開する。

家庭は、民族総体の最小単位であるが、しかし最も重要な意義を持つ単位である。家庭での生活と両親の教育事業を妨げることは、決してＨＪの任務ではない。両親の家がＨＪの勤めに介入することも、その逆も、ともに許されないのである。〔……〕ＨＪ指導者は、青年たちの両親に対して責任を持ち、家族の信頼を受ける人間となるよう努めなければならない。その青年の父母や生活条件、家庭、彼らの喜怒哀楽を知る指導者だけが、自分の担当する青年たちを知っているのである。すべての青年運動は、両親の家の心情的な協力を必要とする。もしも双方が互いに権威をおとしめ合おうとするようでは、本当の指導者とは言えない。ＨＪの勤めが両親の権威を損なうようなことをせず、これを援護するなら、それだけますます両親の家はＨＪの勤めを無条件で承認することをいとわなくなるのである。

これは、だがしかし、いわば立て前にすぎなかった。実際には、こうした関係はなかなか実現されなかった。すでに就職している青少年は、勤務時間が一般に午後七時までだったので、夜八時以後しかＨＪの活動に参加できないため、学校に通っている団員もそれに時間を合わせなければならなかったし、日曜日の午前中は教会に行くことでつぶれ、おまけにプロテスタント教会との申し合わせで、月に二度の日曜日を教会活動のために空けておかねばならなかったのである。こうした諸条件によって、ＨＪの活動は毎晩短時間ずつしか行なえず、しかもこの連夜の活動のために、青少年が家庭で両親とともに過ごす時間はほとんど残らなくなってしまったのだ。短い目で見れば、これは、ナチズムに対して批判的であるかもしれぬ両親の影響から子供を隔離しておくうえで、プラスでないとは言えなかった。しかし、民族共同体の最小単位としての家庭を「神聖な絆」と称し、ここを最も基礎的な統制の場にしようと意図していたナチス当局にとって、青少年が家庭を顧みなくなることは、共同体全体の崩壊につながる危機を孕んでもいたのである。

バルドゥーア・フォン・シーラッハは、この難問とようやく見いだされた解決方法とについて伝えている。それによれば、教育相ベルンハルト・ルストの発案で、未成年の就労は週五日と定め、週の第六日目を〈国家青年日〉として休日にし、この日を全日ＨＪの活動に充てることにしたのである。そして、第七日目はもっぱら家庭のために使われることになり、同時にまた、ＨＪの指導者たちも、自分自身の家庭を犠牲にして毎晩ＨＪのために働くという負担から解放されたのだった。「こうして、青少年組織と家庭との関係は、ある程度バランスのとれたものとなっった。ドイツの青少年が自己の任務と使命をはっきりとわきまえるように、双方が協力して援助することになったのである。両親は、自己の人生の教訓を子供たちに伝え、青少年の心情をドイツの家庭生活という比類ない体験で満たしてやることによって。そして青年指導部は、若きドイツに対する国民社会主義の要求を告げ知らせ、それに形を与えていくことによって。」――フォン・シーラッハはこう書いている。

青少年組織と家庭との間には、任務分担と協力のための物理的保障が、このようにして与えられた。けれども現実には、両者は決して対等ではなかった。国家の組織である〈ヒトラー・ユーゲント〉や〈少国民団《ユングフォルク》〉のほうが個人の家庭より優位に立ったのは、当然のことだった。「シーラッハは勤めの分担を実現しようと試みたが、両親たちが異議を唱えるようなことがある場合、主張を引っ込めるのは実際には常に両親であって、組織ではなかった」（ジョージ・L・モッセ『ナチ文化』）。

当初からナチスがかなり浸透していた比較的高い年齢の青年層（大学生、青年労働者、中小企業の青年職員など）に加えて、十代前半や十代半ばの少年少女たちが、こうして国家に統合されていったのである。一九三三年一月当時、一五歳と一二歳だった〈白バラ〉グループのショル兄妹もまた、ヒトラーの首相就任を熱狂して迎える全体的雰囲気のなかで初めて政治を意識し、喜々として〈ヒトラー・ユーゲント〉に加わり、その後も永く熱狂的なヒトラー崇拝者だった同年輩の若者たちの一員だったのだ。彼らよりも年下の子供たちにとっては、ナチスの青少年組織のなかでの生活以外、およそ最初から想像すべくもなかっただろう。

だからこそ、〈白バラ〉のような青年たちの抵抗グループの出現は、たとえそれが砂漠の中に注がれた数滴の水のように空しい孤立した試みだったとしても、ナチスの教育体制と、ひいてはまた彼らが意図した第三帝国の統合政策全体の、破綻を意味したのである。しかも、〈白バラ〉や〈バウム・グループ〉や一六歳のヘルムート・ヒューベナーのような青少年の抵抗は、実はそれほど少なくはなかったのだ。すでに歴史の闇のなかに埋められている無名の抵抗者たちのなかから、ハンノー・ギュンターを中心とする青年たちのグループの記録が残されている。

「最後まで読んでください。そして、タイプライターか印刷機をお持ちなら、たくさん複写して他の人に渡してください」――欄外にこう記した何枚かのビラが、一九四〇年七月、当局の手に入った。『ダス・フライエ・ヴォルト！（自由な言葉！）』と題するタイプ印字のこんにゃく版新聞――と言うにはあまりにも粗末な一ページの紙片――だった。それは、ヒトラーが繰り返し唱えている平和への意志がまったくの欺瞞《ぎまん》であり、いかなる戦争からでも利益を得る大資本家たちと手を携えて彼が行なう戦争は必ずその付けを国民に支払わせることになるだろう、と訴えていた。ベルリンで数百枚まかれたこの新聞は、ゲスターポの懸命の捜査にもかかわらずその後も何度か現われたのち、痕跡を残さぬままふっつりと姿を消してしまった。

ベルリンが『自由な言葉！《ダス・フライエ・ヴォルト》』を忘れようとしていたころ、一九四一年六月二二日、あの新聞が予言したとおり、ヒトラーは戦争を拡大してソ連に軍を進めた。すると、あの非合法紙がふたたび姿を現わした。――「自由とパンと平和のために！　狂気の戦争に反対する戦争を！　ヒトラーの勝利は永遠の戦争だ！　民衆の勝利は戦争の終結だ！」。だが今度は、ゲスターポもドジを踏まなかった。一カ月もたたぬうちに、二〇歳の製パン職人ハンノー・ギュンターをはじめとす青年たちが逮捕された。〈民族裁判所〉は、彼らのうち五人の若者に、反逆罪ならびに大逆予備罪で死刑の判決を下した。刑は、一九四三年一二月三日、ベルリンのプレッツェンゼー監獄で執行された。

処刑に先立って母に送った別れの手紙で、ハンノー・ギュンターは書いている。「ぼくが最後の一瞬まで自制心を失わないだろう、ということを確信していてください。そしてぼくのほうでも、どんなことが訪れようともあなたは決して絶対に絶望なさらないだろう、と固く信じています。」

ハンノー・ギュンターの両親は、確信をもった反ファシストだった。彼らに残されたわずかな機会と可能性を使って、彼らは、ナチス国家の青少年組織が子供に及ぼす圧倒的な影響と闘い、そして勝利したのである。生命を代償にして。

「わたしを焼け！」――亡命と国内亡命

ベルリンを皮切りに各地で焚書が開始されてから一週間足らずのちの一九三三年五月一六日、ドイツ書籍業組合の新刊案内誌に、公立図書館から除去されることになった書物の最初のリストが掲載された。プロイセン州の科学・芸術・民衆教育省の指示でこのブラック・リストに付された声明は、同州のすべての公立図書館がそれに従う義務を課せられていると指摘して、この措置の趣旨をこう説明していた。――「この闘争は、人種と不可分のわれわれの思考形式および生活形式を破壊するような諸現象、すなわちアスファルト文学に対して向けられている。このアスファルト文学は、主として大都市の人間のために書かれ、こうした人間が周囲の世界や民族やあらゆる共同体との関係を喪失している状態をますます著しくさせ、彼を完全な根無し草にしてしまおうとする。それは、知的ニヒリズムの文学なのである」。

ブラック・リストは三つのグループに分かれていた。第一グループは抹殺（火刑）に処せられるもので、これには反戦文学としてヴァイマル時代末期の大ベスト・セラーとなった『西部戦線異状なし』の著者エーリヒ・マリーア・レマルクらが含まれていた。第二グループは、全部を焼いてしまわずに、研究と批判のための資料として主要な図書館や研究施設に各一冊保存するもの。これにはマルクスやレーニンが含まれた。そして第三グループは、まだどちらとも最終的に決められていないが、もっと詳しく検討したのちに第一グループに入れるか第二グループにするかを決定するもの。これの例としては、あの『白バラ』の作家ブルーノ・トラーヴェンの名が挙げられていた。

間もなく全国に適用されることになるこのリストは、最終的には一万二四〇〇点の本と一四九人の作家の全著作を含む膨大なものとなった。アスファルト文学の総称のもとに、批判的、左翼的、平和主義的、反排外主義的、等々、ナチズムの意に添わないあらゆる種類の図書——思想上のマルクス主義、文芸思潮上の表現主義や新即物主義、ユダヤ系の著者によって書かれたもの——が排撃され、その代わりに〈血と土〉の民族文学なるものが推奨された。都会ではなく農村や郷土《ハイマート》一般が、インターナショナルな視点ではなくゲルマンの血に対する忠実さが、文学や芸術や思想に要求された。そして、こうした精神に反するものとしてブラック・リストに名を記されるということは、同時に、すでに一カ月半以上も前から公式に稼動しはじめていた強制収容所への送致を意味したのである。

　最初のブラック・リストが発表された日の前日の五月一五日、ザール地方の新聞『フォルクスシュティンメ（人民の声）』に、「わたしを焼け！」と題する作家オスカー・マリーア・グラーフの抗議文が掲載された。それは最初、一九三四年の〈二月闘争〉にも加わることになる詩人エルンスト・フィッシャーが主筆をしているオーストリア社会民主党の新聞『アルバイター・ツァイトゥング（労働者新聞）』の三三年五月一一日号に発表されたのだが、ドイツ国内での掲載が不可能であるため、当時まだドイツに復帰していなかったザール地方から、改めてドイツに向かって呼びかけたのである。

　わたしがたまたまミュンヒェンを留守にしている間に、そこにあるわたしの住居に、警察がわたしを逮捕しに現われた。彼らは、二度と同じものを得ることなどできない原稿の大部分と、苦労して集めた文献資料と、業務上の書類いっさいと、わたしの本の大部分を押収していった。このすべては、いまごろ焼かれるのを待っているのだろう。それゆえわたしは、強制収容所行きから逃れるために、自分の家と仕事と——そしておそらくこれが最悪なのだが——故郷の地を捨てねばならなかったのである。ところが、いまになってはじめて、なんともすばらしい驚きがわたしに授けられたのだ。『ベルリーナー・ベルゼンクーリエ〔ベルリン業界報知〕』紙によれば、わたしは新ドイツの作家のホワイト・リストに載っていて、わたしの全著作が、代表作『ぼくらは囚人だ』を除いて、ご推薦にあずかっているのである！　つまりわたしには、〈新しい〉ドイツ精神の代表者の一人たるべき資格があるというわけだ！　いくら自分に問うてみても、自分が何故にこの恥辱を受けねばならぬのか、とんと合点がいかない。〔……〕

オスカー・マリーア・グラーフは、製パン職人の修業を終えたのち、自由な生活を求めて放浪者となり、さまざまな労働をしながら各地を流れて歩いた。第一次大戦で前線に送られたが、命令不服従で死刑の判決を受けた。ところが彼は、銃殺刑を前にしてハンストに入り、それを一〇日間も続けたため精神病院送りとなって、危うく死を免れたのである。釈放後、一九一八年一月のドイツ最初の反戦行動に加わって、ふたたび逮捕され、一八年の一一月革命を迎えた。一九年春の〈ミュンヒェン・レーテ共和国〉に積極的に協力したため、〈義勇軍団《フライコール》〉と国防軍の圧倒的な兵力の前に革命政権が崩壊したとき、またもや逮捕されねばならなかった。その後、ミュンヒェンの労働者劇場運動に参加し、いくつかの自伝風の小説を書いた。その一つで一九二七年に出版された『ぼくらは囚人だ』は、主人公の批判精神と反逆心、こまやかな感性で活写される個々のシーンの具象性、主として実在の人物から成る登場人物たちの生彩などの点で、グラーフの代表作と目されるばかりでなく、自伝小説あるいはドキュメンタリー小説の二〇世紀における最良の収穫の一つとされている。

〔……〕第三帝国は、ドイツの有意義な著作のほとんどすべてを追放し、真のドイツ文学に絶交を言い渡し、最も重要な作家たちの大多数を亡命に追いやり、彼らの作品のドイツでの出版を不可能にした。幾人かのもったいぶった投機的物書きたちの無知無感覚と、目下のところは支配を握っている権力者たちの際限もない文化破壊欲とが、わが文学と芸術のうち世界的評価を得たすべてのものを撲滅し、〈ドイツ的〉という概念を偏狭なナショナリズムで置き換えようとしている。それを吹き込むことによって、どんなに小さな自由の活動さえも抑圧されてしまうようなナショナリズム、その命令によって、わたしの誠実な社会主義者の同志たちのすべてが追跡され、投獄され、殺害され、あるいは絶望のあまり自殺に追い込まれるようなナショナリズム！

そして、ドイツ的であることとなにひとつ、まったくなにひとつ関係のないこの野蛮なナショナリズムの代表者どもが、あつかましくもこのわたしに、彼らの〈精神的人士〉の一人となるよう要求し、彼らのいわゆるホワイト・リスト、世界の良心の前では単に一枚のブラック・リストでしかありえないこのホワイト・リストに、わたしを載せようというのだ！　わたしには、こんな不名誉な目に遭わされるいわれなどない！

中途で圧殺された一九一九年のバイエルン革命このかた、永く住み慣れたミュンヒェンにもはや戻ることができなくなったグラーフは、そのままヴィーンへ亡命した。彼を共犯者として抱え込もうとして果たせなかったナチスは、直ちに市民権剥奪をもってこたえた。オーストリアで一年を過ごしたのち、一九三四年の二月闘争の敗北とオーストリア・ナチスによるドルフース首相暗殺を見て、彼はチェコスロヴァキアへ逃れる。ヒトラー・ドイツが三八年九月にズデーテン地方を併合して東ヨーロッパ侵略の第一歩を踏み出した年、彼はさらにアメリカ合州国に新たな亡命の地を求めねばならなかった。

作品を焼かれ、市民権を奪われた多くの亡命作家たちを待ち受ける困難な他国の生活が、グラーフをも待っていた。それでも彼は、第二次世界大戦を生き延び、ナチズムのさしあたっての崩壊を見届けて、一九六七年にニューヨークで静かに死ぬことができた。しかし、若い日の彼が自己のすべてを挙げて加担したバイエルン・レーテ共和国の評議会議長《レーテ》（革命政府首班）、詩人で劇作家のエルンスト・トラーは、ナチスに追われて各国を転々としたのち、一九三九年五月、グラーフと同じ空の下、ニューヨークの一隅で、自ら生命を絶っていたのである。やはりあの革命政権の中心メンバーだったトラーヴェンが、彼らと同じアメリカ大陸で名前を変えて生きていたことなど、もちろん彼らの知るよしもなかったのだが。

〔……〕わたしの全生涯、わたしの全著作に照らして、わたしは、自分の本が薪《まき》の山の曇りなき炎にゆだねられ、褐色の殺人団の血まみれの手と腐り切った脳髄には届かないことを、要求する権利を持っている！

ドイツ精神の著作を焼け！　この精神そのものは、消し去られることなどないであろう。お前たちの恥辱と同じように！

（すべてのまともな新聞がこの抗議を転載されるよう、お願いする。）

オスカー・マリーア・グラーフ

ナチス・ドイツからの亡命は、二〇世紀にもそれ以前の時代にも他にほとんど例を見ない〈亡命文学〉という一ジャンルを、人類の文化にもたらすことになった。一九三三年から四五年までのドイツの文学や芸術（および科学や思想）のうち、いまなお普遍的な価値を持っているとみなされるものはほとんどすべて、亡命のなかで生まれたのである。

だがしかし、一九三五年六月にパリで開かれた〈文化擁護国際作家会議〉の席で、ナチス・ドイツから非合法にやって来て黒眼鏡で顔を隠しながら演説した一作家が述べた言葉、「ドイツは断じてヒトラーではない」というのが真実だったように、亡命者によって担われたものだけがドイツのすべてだったわけでもない。『エーミールと探偵たち』『ファービアン』『点子ちゃんとアントン』『飛ぶ教室』などで知られる作家エーリヒ・ケストナーは、例のブラック・リストで第一グループに分類されて、『エーミールと探偵たち』以外の全著作に火刑の判決を下されたが、病身の老母を案じてドイツにとごまる道を選んだ。焚書が行なわれたとき、彼は、「デカダンスと道徳的頽廃《たいはい》に反対して！　家庭と国家の規律と風紀のために！　ハインリヒ・マン、エルンスト・グレーザー、エーリヒ・ケストナーをわれは炎にゆだねる！」という学生代表の死刑宣告とともに自分の本が火に投じられるのを、群衆にまじってじっと目撃していたのである。

さまざまな理由でドイツにとごまった知識人たちは、ケストナー以外にも少なくはなかった。古くからの愛国主義者や民族主義者もそのなかにはいた。しかし多くは、ナチ党員でもなければ、ナチスの支持者でもなかった。ドイツの土地とドイツ語以外では生活の糧を得ることはできないと考えた者もいただろうし、嵐が吹き過ぎるまで頭を下げてじっと待っていようと考えた者もいただろう。いずれにせよ、ナチス治下のほとんどすべての〈国民〉たちにとっては、亡命者は無に等しい存在だったのだ。第三帝国の崩壊後、国内にとどまった作家や知識人たちの一部について、インネレ・エミグラツィオーン、つまり国内亡命あるいは内面的亡命という概念を適用する試みがなされた。国外に亡命することはしなかったが、第三帝国のなかにいながら精神的には亡命同様の時を過ごしたのだ、というとらえ方である。確かに、執筆禁止の状態に置かれながらなおドイツにとどまったケストナーのような例や、初めはナチスを支持して活動を許されたものの、やがてナチス当局との間に矛盾をきたして執筆を禁止されるに至った詩人ゴットフリート・ベンや、元ナチ党員作家アルノルト・ブロンネンのような例は、いくつか存在している。

　ナチスの友党だった〈鉄兜団《シュタールヘルム》〉のメンバーで、貴族主義的な立場からナチスと一線を画し、芸術アカデミーの会員となることを拒否しながら、しかもその作品の愛国的・軍国主義的性格ゆえに作家活動を許されたエルンスト・ユンガーは、第二次世界大戦に大尉として参加し、フランスを占領したドイツ軍の司令部で働いたが、一九四四年七月二〇日のクーデター計画に連座して解任された。〈血と土〉の郷土文学を代表するナチス作家の一人と目されていたエルンスト・ヴィーヒェルトは、いくつかのベスト・セラー小説を書いたのち、牧師マルティン・ニーメラーの逮捕と拘禁に抗議したため自らも逮捕され、強制収容所に送られた。ブーヘンヴァルトで二カ月を過ごしたのち釈放されたが、ゲスターポの監視下におかれ、もちろん執筆は禁止された。ブーヘンヴァルトでの体験を、ヴィーヒェルトは『死者の森《トーテンヴァルト》』という一冊の本に描いて、ナチス体制が崩壊したのち間もなく発表した。

これらの顕著な例以外にも、少なからぬ作家たちが多かれ少なかれナチス当局との摩擦を体験しながら第三帝国の時代を生きたことは、間違いない。しかし、国内亡命という言葉で彼らを免責してしまうことには、問題がある。確かに彼らは、国外に亡命した作家たちと比べれば、自己の作品が〈国民〉に届く可能性をいっそう多く持っていた。ナチス治下の生活を人々とともにし、それゆえにその現実をリアルに描いて人々を揺り動かす可能性を、いっそう多く与えられていた。だがこの可能性が、ナチスの御用作家たちや投機的・時局追随的作家たちのベスト・セラーに抗しうるだけの作品として結実したかどうかと言えば、事実はほとんど絶望的でさえあった。ナチスの弾圧を招かずに、一方ではナチス作家以上に、他方では焚書の炎以上に、人々に強く訴えるようなイソップの言葉、パルチザン的表現を創出しえてはじめて、国内亡命あるいは内面的亡命という概念は意味を持ってくるはずなのだ。

必ずしもすべての作家や知識人が、ましてやすべての人間が国外に亡命できたわけではない状況の下で、ファシズムの日常のなかに生きながらなお、この日常に抗する言葉と行動を、しかも自己の内面に沈潜する言葉や行為ではなく、人々の魂を揺り動かしながらこだまする言葉や行動を、いかにして見いだしていくか?――この観点から亡命と国内亡命の問題をとらえ直す作業は、日本における転向ないしは擬装転向の問題と同じく、本質的にはなおこれから、しかも直接あの時代を体験しなかった世代によって、なされなければならないのである。

国民と非国民のあいだ

ユダヤ人迫害や焚書は、国民一般に対する弾圧の集中的・象徴的な表現にほかならなかった。ひとたび〈生きる価値のない生命〉あるいは〈国賊〉と見なされれば、だれもが同様の運命をたどりえたのである。それだけに、ヒトラー治下で抵抗を実践に移すということは、途方もなく困難なことだった。しかももう一つ、ほとんど絶望的な困難が待ち構えていた。統制と抑圧にもかかわらず、〈国民〉たちがそれほど不幸とは感じておらず、むしろヒトラー体制のなかでの生活を幸福と感じていた、という事実である。

ユダヤ人に対する施策と同じく、〈ドイツ民族〉を対象とする施策も、急テンポで進められた。一九三三年三月一二日には、大統領ヒンデンブルクによって、国旗を黒赤金の三色旗から黒赤白に変えることが宣言された。ヴァイマル民主主義を象徴した黒赤金に対して、黒赤白はプロイセン軍国主義に領導された旧ドイツ帝国の旗の色だったのである。しかもヒンデンブルクは、この決定に加えて、ナチ党のマークである鉤十字《ハーケンクロイツ》を、もう一つの公式の国旗として認めるむね、宣言したのだった。こうして、祝典や公式行事のたびごとに、通りに面した建物の窓々から赤地に白く染め抜いた円の中に黒い鉤十字のある〈国旗〉が垂らされる光景が、現出することになった。そしてもちろん、一つだけこの旗が出ていない窓があれば、それは非国民の住む家だったのだ。

一九三三年四月二四日には、〈民族裁判所〉が設置された。従来の州裁判所や帝国裁判所とは別に設けられたこの法廷は、大逆罪および反逆罪を裁くための特別の法廷で、もっぱら反ナチスの抵抗者たちを刑場や強制収容所に送り込むことを任務とした。

一九三三年一〇月四日、すべての出版社の編集者は国家公務員となり、ユダヤ人は原則として排除されることが定められた。文化に対する統制は、芸術アカデミーの改組や、〈帝国文化院〉の設置となって現われた。とりわけこの後者は、七つの専門部会から成り、ゲッベルスの支配下で、あらゆる領域の文化活動を国家の管理下に置くためのものだった。

〈帝国文化院〉が開設されたのと同じ三三年一一月、SS全国指導者ハインリヒ・ヒムラーは、ハンブルク、リューベック、メクレンブルク＝シュヴェーリンの各州の政治警察長官に任命された。同年暮れから翌三四年初めにかけて、他の諸州もこれに倣い、ヒムラーは全国の政治警察（その中心部門は秘密警察だった）を一手に掌握することになった。ヒムラーはさらに、やはり三三年一一月にプロイセンで初めて設置されたゲスターポ、つまり秘密国家警察を手中に収め、三四年四月二〇日、全国ゲスターポ長官となり、三六年六月一七日にはあらゆる種類の警察機構の最高責任者〈ドイツ警察長官〉に任命された。

同じく三三年一一月、唯一の労働者組織〈ドイツ労働戦線〉の下部組織として

〈歓喜力行団《クラフト・ドゥルヒ・フロイデ》〉が新設された。「歓びを通して力を」という意味のこの団体は、成年労働者や地域住民のための集団的レクリエーション組織で、これによって国民は余暇までも管理されることになったのである。

一九三四年一月二〇日には「国民労働の秩序のための法律」が施行され、ヴァイマル時代までに獲得された労働者の種々の権利や、ドイツ革命の形式的遺産の一つだった職場評議会《レーテ》の制度が廃止された。

ヒトラー内閣成立の一周年である一九三四年一月三〇日には、「帝国の再建に関する法律」によって州議会が廃止され、その権限が国会に移された。邦国分立《ラント》の封建時代の名残りでもあったが、また地方自治の表現でもあった州《ラント》の主権は、これによって国家に集中されることになった。

一九三四年六月三〇日から七月二日にかけて、SA（突撃隊）指導者エルンスト・レームを中心とする党内反対派や、権力掌握の過程でヒトラーの党をさまざまな方法で助けた人物たちが、SS（親衛隊）や軍部の手によって一斉に殺害された。この〈長いナイフの夜〉以後、それまでSA内の一下部組織だったSSは独立の組織となり、その一部は〈SS髑髏《どくろ》団〉として強制収容所の管理に当たることになった。

一九三四年一二月二〇日、「国家と党に対する陰謀攻撃に対処し党の制服を守るための法律」によって、反ナチス抵抗活動に対する刑法上の措置が強化され、ナチ党員への攻撃はすなわち国家に対する反逆とみなされることになった。

一九三五年三月一六日、ヴェルサイユ条約の規定に違反して、一般兵役義務制、すなわち徴兵制が復活された。

一九三五年七月一六日、〈帝国教会省〉が設置され、キリスト教に対する管理がいっそう強化されることになった。

ベルリン・オリンピックが閉幕してから八日後の三六年八月二四日、兵役義務をそれまでの一年から二年に延長することが発表された。

一九三六年一一月二七日、民衆啓発宣伝相ゲッベルスは、ドイツにおけるいっさいの芸術批評を禁止するむねを布告した。

一九三七年一月三〇日、国会の承認なしで行政権を行使する権限をヒトラーに与えた「全権委任法」（一九三三年三月二十三日採択）が、さらに四年間延長されることになった。これは、三九年一月三〇日の国会でさらに一九四三年まで延長するむね、決定された。

一九三七年七月十九日、ミュンヒェンで〈頽廃芸術展〉が開幕された。表現主義、キュビスム、新即物主義《ノイエ・ザッハリヒカイト》、シュルレアリスムなど、あらゆる現代芸術、抽象芸術が、〈血と土〉と相容れない頽廃芸術――アスファルト文学の芸術版――として、見せしめのために展示された。開幕式に会場を訪れてこのさらしものを見物したヒトラーとゲッベルスは、展覧会の閉幕後、莫大《ばくだい》な価値をもつこれらの芸術作品を火に投じるかわりにひそかに外国に売り渡した。カンディンスキー、フランツ・マルク、ルートヴィヒ・キルヒナー、パウル・クレー、オットー・ディックス、ショルシュ・グロスらの多数の絵が、ドイツから姿を消した。それらに代わって、鎧《よろい》を着たヒトラーだの、狩猟をするゲーリングだの、兵士だの農民だのヴァイキングだのの陳腐な画像や、デスマスクのように実物と寸分たがわぬナチ党幹部の彫像が、〈国民芸術〉としてもてはやされた。

一九三八年三月二日、ニーメラー牧師に対する裁判が終結し、牧師はザクセンハウゼンの強制収容所に送られることになった。

一九三九年四月二〇日、ヒトラー生誕五〇年の祝典が大々的に行なわれ、ベルリンで国防軍が大分列行進を披露した。

一九三九年九月一日、ナチス・ドイツ軍のポーランド侵攻。外国放送を聴く者は処罰されることになり、反ファシストの大量逮捕が行なわれた。

一九四四年八月一日、抵抗運動に関しては、犯人だけでなく一族の全員が処罰されるという制度が導入された。

――こうした一連の数え切れないほどの施策によって、非国民たちに対する抑圧が法的・制度的な裏打ちを与えられた。元養鶏業者だったSS長官・警察長官ヒムラーは、自分の管理下におかれた三〇〇を超える強制収容所とその付属施設や全国の警察署で、おそらく養鶏業者当時に彼が殺した鶏の総数に数千倍する人間を、ありとあらゆる方法――ガス殺から人体実験まで――で合法的に殺害させることができた。そして、さまざまな人種と傾向の非国民たちがこうして殺されていたとき、彼らが残していった衣類の配給を受け、彼らの毛髪で紡いだ毛布を買わされ、彼らの肉や内臓や灰を肥料にして育った食物を与えられた〈国民〉たちは、ヴァイマル時代の宿痾《しゅくあ》だった大量失業、左右の政治的対立、青少年の非行、敗戦国としての国際的コンプレックス等々を一掃してしまった国民社会主義時代を、ヴァイマル時代よりはましと考え、やがては、最良の時代と感じるようにさえなったのである。

国民と非国民の間には、それゆえ、埋めることができない断絶があるように見える。抵抗者たちがいかに声を高くして訴えてみても、その声は国民に届くことはない。そして国民たちは、どう間違っても、現在の生活から非国民への転回を遂げることなどないだろう。〈少国民団〉から〈ヒトラー・ユーゲント〉を経てきた彼らの前には、六カ月間の〈帝国労働奉仕〉の期間が待っている。工場や土木工事現場などでの集団労働を終えると、男子は一年（のちに二年）の兵役に就く。これでようやく成長過程に応じた集団生活の義務が終わるのだが、もちろん、国家は彼らを離さない。〈歓喜力行団〉や〈帝国婦人会〉の団体行事が、街区組織（隣組）による相互監視体制と相まって、個人の全生活をしっかりと把握する。

こうした体制のなかで抵抗活動を行なうこと、あるいは行なう決意を固めることは、およそ超人的な強さを人間に要求するものではあるまいか？　キリスト者たち、それも神のみに仕えることを使命とする神父や牧師たちが、信仰の力によって現世の権力者に抵抗したことはまだしも理解できないことではない。マルクス主義者たちの驚異的な抵抗も、彼らにとって自己の世界観や思想がほとんど宗教的な信念となっていたとすれば、想像を絶する事柄では必ずしもないだろう。しかし、確固たる信条も、生命よりも重要なほどの信仰も、ましてやナチスに対するぬぐいがたい憎悪も持たぬ〈国民〉たちが、どうして現在の生活を捨てて自己と家族や友人たちを危険にさらすだろうか？　結局、非国民と言われる人間たちは、非国民ではないにしても、いわば「人種が違う」のではないだろうか？

多くの抵抗者たちは、だがしかし、国民と非国民の間にはほんの小さな一歩しか存在しなかったこと、両者の間を分けていたのはほとんど取るに足らぬその小さな一歩を踏み出すかどうかの差でしかなかったことを、彼らの言葉や行為によって示している。

当局から〈赤いチャペル〉と呼ばれ、人々からは――戦後にもなお――国を売る者、ソ連の手先となじられた〈シュルツェ－ボイゼン＝ハルナック組織〉は、ドイツに潜入して一九四二年八月に逮捕されたソ連の一工作員の自供によって、大多数のメンバーが当局の手に落ちることになった。逮捕された七五名のうち、四九人が死刑に処せられ、そのうちの一九人は女性だった。首謀者の一人と目されたハロー・シュルツェ－ボイゼンは、もともと共産主義者ではなかった。それどころか、〈青年ドイツ騎士団〉という反動的な組織のメンバーだった。その彼をＫＰＤの非合法組織と結び付けたのは、ヒトラーとその所業とに対する抑えがたい怒りだったのだ。まったく毛色の違う彼と共産主義者たちとの共闘は、彼らの活動に種々さまざまな思想と経歴の人々を結集させる結果となった。秘密印刷所で刷られた雑誌『ディ・フォーアトゥルップ(前衛部隊)』と『ディ・インネレ・フロント(内部の戦線)』と並んで、外国の指導者や国内国外のドイツの抵抗者たちの発言を収録したパンフレットやビラを作製したが、それらには、チャーチルとともにスターリンの演説が、国外亡命のトーマス・マンとともに国内にいるエルンスト・ヴィーヒェルトの言葉が、あるいはガーレン司教のナチス糾弾の説教が、収められていた。この多彩さは、このグループのメンバーの多彩さでもあった。

一九四二年一二月二二日、三人の女性を含む一一人が、まずプレッツェンゼーで処刑された。三三年に復活されたもののほとんど使われずじまいだった絞首刑が特に用いられた。最大の敵であるソ連と通じたということが、ナチス当局にとって許しがたかったのだ。だが、売国奴と言われた彼らの行為がほんの小さな平凡な一歩によって支えられていたことを、メンバーの一女性で二一歳の書店員エーヴァ＝マリーア・ブーフは代弁している。

エーヴァ＝マリーア・ブーフは、グループのなかでも特に、ドイツの軍需工場で強制労働に従事させられているフランス人捕虜たちの間での工作に携わった。彼らに配布する非合法の『ディ・インネレ・フロント』のために、彼女は文章をフランス語に翻訳する仕事を引き受けた。一九四二年一〇月に他のメンバーとともに逮捕され、大逆罪で起訴されて、ありとあらゆる汚名を着せられながら法廷に立った。公判のとき、「なぜグループのことを当局に通報しなかったのか?」と問われた彼女は、激怒してこう答えた。

――「そんなことをすれば、わたしは、あなた方がわたしをそういう人間だと見せたがっているのと同じような、卑劣で腐った人間になってしまったでしょう!」

エーヴァ－マリーア・ブーフは、一九四三年八月五日、やはりプレッツェンゼーで絞首刑によって殺された。

第三帝国の女性たち

〈赤いチャペル〉の場合にかぎらず、反ナチの抵抗グループのなかには女性のメンバーが少なくなかった。これは、青少年の抵抗と同様、ナチ党の指導者たちが女性に対してどのような考えを抱いていたかを見れば、極めて特徴的な出来事だったと言わねばならない。

一九三五年九月、ナチ党婦人部会議で行なわれた演説の中で、ヒトラーは女性の任務についてこう述べている。

いつか戦争が起こった場合、たとえ一人たりとも女性が戦線に出て行かねばならないようなことがあるとすれば、わたしはドイツ男性であることを恥じるであろう。女性にはまた女性の戦場があるのだ。彼女が国民のために生み出す子供の一人ごとに、彼女は国民のための闘いをたたかっているのである。男性は民族に責任を持つ。まったく同じように、女性は家庭に責任を持つのである。

（ジョージ・L・モッセ『ナチ文化』）

同様の考えを、挫折した文学者だったゲッベルスも、一九二九年に刊行された自作の小説『ミヒャエル』の中で述べている。

女性は、美しくあり、子供を産むという任務を持っている。これは、そう聞こえるほど粗野で非近代的なことではない。鳥の雌は、男性のために身を飾り、男性のために卵をかえす。そのかわり、男性は食糧を調達する。それ以外のときは、見張りに立って敵を防ぐのである。

ゲッベルスが妻マグダに理想の女性を演じさせ、理想のドイツ家庭を彼女とともに共演して見せたがったことは、よく知られている。ドイツのファースト・レディ、ゲッベルス夫人は、イギリスの新聞『デイリー・メール』の女性記者の問いに答えてこう語った。「ドイツの娘が結婚か就職かという選択に直面すると、必ず結婚のほうをとるよう励まされます。なにしろ、こちらが女性にとって最善のものであることは、疑いないからです。〔……〕わたくしは、ドイツの女性を美しくしようと努めているのでございます」（ジョージ・L・モッセ『ナチ文化』）。

ヒトラーを本心から崇拝していたゲッベルスは、六人の子供にすべてHで始まる名前

――ヘルガ、ヒルデガルト、ヘルムート、ホルディーネ、ヘートヴィヒ、ハイドゥルーン――を付けた。その子供たちは、ヒトラーの跡を追ってゲッベルスが自殺したとき、夫妻自らの手でまず毒殺された。ヒトラーを崇拝する理由について、ゲッベルスはすでに一九二六年六月一六日の日記の中で書いている。

デュッセルドルフ。ヒトラーが二日前から当地にいる。〔……〕ヒトラー、古い懐かしい戦友。だれもが人間としての彼を好きにならずにはいられない。そのうえ、卓越した精神的な個性。この独自な頭脳からは、いくら学んでも決して学び尽くすことがない。演説家としては、身ぶりと表情と言葉との三和音。生まれながらの煽動家だ。この男となら、世界を征服することもできる。彼に自由にやらせてみろ。この腐り切った共和国の屋台骨を揺り動かすにちがいない。きのう彼が語った最も美しい言葉――「神はわれわれの闘争のために、あり余るほどの恵みを与えたもうた。なかでも、最もすばらしい贈り物としてわれわれにもたらしたもうたのは、敵に対する憎悪である。われわれは常に全心込めて敵を憎むのである」。

美しくなり、迷わず結婚して、家庭という戦場で責任をもち、子供を産み、〈母性《ムター》十字《クロイツ》勲章〉を授けられる――という理想の女性像に背いて自分たちに刃向かってくるような女性に対しては、それゆえ、ナチスの指導者たちはいっそう激しい憎悪をもって立ち向かった。すでに一九三八年六月二〇日、一人の若い母親が四歳の息子を残して断首刑に処せられた。リゼロッテ・ヘルマンというこの女性は、三五年一二月に、共産主義者の抵抗グループの一員としてゲスターポに逮捕された。まだ生物学と薬学の研究生だったこのリーロ・ヘルマンの生命のために、国の内外で合法・非合法の救援活動が繰り広げられた。もちろん、ナチス当局はそれに耳を貸さなかった。逮捕されてから二年半ののち、リーロ・ヘルマンは処刑された。それは、ナチス時代になって最初の女性に対する死刑執行だったばかりでなく、ドイツ近代史上初の女性政治犯に対する公式の死刑執行だった。

友人たちからリーロの愛称で親しまれていたリゼロッテ・ヘルマンの処刑以後、ナチス・ドイツでは、女性に対する死刑判決と執行はなんら珍しいものではなくなった。国民生活のなかで女性をはっきり男性と区別し差別したファシストたちは、非国民の女性に対してはなにひとつ差別しなかった。男性の反ファシストに対するのとまったく同じ憎悪とその表現をもって、彼女たちに臨んだのである。それは、自らの対女性政策の根本的な破綻を、自ら確認するためのようでさえあった。

模範的な国民たちの間ですら、ナチスの理想とする女性像がどれほど実現されたかは疑わしい。強制収容所という世界をヒトラーの言う家庭と見なすか戦線と見なすかは別として、ここで働く女性看守たちの残忍さについては、多くの証言が残されている。国民のエリートたるＳＳ隊員の彼女たちは、囚人を虐待することにおいて、男性のＳＳたちに少しもひけをとらなかったどころか、男性たちがしりごみするような拷問さえ、平然と買って出たのである。彼女たちの美しさに関しては、収容所内で撮影されたスナップ写真や、誇らしげな記念写真が如実に物語ってくれる。個性的な容貌のいっさいの輪郭を喪失して、そこにあるのは侮蔑と残虐と憎悪と荒廃の凝縮でしかない。

このような人間たちが支配する世界に囚われ、このような人間たちによって死を宣告されながら、なお女性と人間の未来とについて希望を抱きつづけるということは、容易なことではないように見える。だが、やはり死刑に処せられた女性の一人ユーディト・アウアーは、死に先立つ最後の手紙で、まだ幼い自分の娘に宛てて、この容易ではない希望を書き送ったのである。彼女は、娘の幸福な結婚を祈らなかった。そのかわり、だれにでも実行できる簡単なことを教えたのだった。

わたしのかわいい、かわいい、いちばん良いお友達！　もう一つだけ、特にあなたの心にとどめておいてほしいことがあります。あなたは、幼稚園の保母さんになりたいと言っていたわね。あなたの願いを心から支持しますよ。でもそのときには、あなた自身の経験をよく振り返って、ただ教えられただけのことはたいてい忘れてしまうようになさい。いつでも、愛によって自分を律するようになさい。本当の愛から犯した誤りは、決して罪ではありません。あなたはこれから、大きな苦しみを背負わなければならないのです。わたしがもうこれからあなたのために与えてあげ

ラーヴェンスブリュック強制収容所の女性看守。ヒトラーいわく、「余の教育方針は厳しい。弱い心は叩き出されねばならぬ。〔……〕世界が恐れをなすような若者たちが育つであろう。暴力的で、支配者にふさわしい、臆することなく残忍な若者たちを、余は望むのである」。
出典：Neumann, Robert: *Hitler. Aufstieg und Untergang des DrittenReiches.*

ることのできないすべての喜びを、あなたの小さな生徒たちに分かつようになさい。

それがあなたを慰めてくれるでしょう。

もう終わりにしなければなりません。強く勇敢でいてください。わたしのかわいい子。あなたが一人ぼっちになることなど決してないのを、わたしは知っています。

わたしはすべてを静かにしっかりと耐え抜きますからね。

さようなら。キスをしてあなたを抱きしめます。

あなたのお母さん

名前からすればユダヤ系だったと思われるユーディト・アウアーとは別の、もう一人のドイツ人女性が、これまただれにでも簡単にできる一つの行為についての記録を残している。

イルゼ・コッホは、ブーヘンヴァルトの強制収容所司令官の夫人だった。この世界で、彼女はファースト・レディだった。司令官コッホにもましてこの女性が囚人たちに恐れられていたことは、多くの体験者によって怒りと悲しみを込めて回想されている。彼女たちがSSや収容所の医師たちに命じて行なわせた数々の所業のなかでもとりわけ有名になったものに、彼女の蒐集品があった。

強制収容所やその付属施設で生体実験が行なわれていたことは、周知の事実である。あまっさえこの行為は、純医学的な目的でのみなされたとはかぎらなかった。イルゼ・

コッホは、珍しい入れ墨をしている囚人たちに目を付けた。その皮膚をはがし、それをなめすことを命じた。美しくなめした模様入りの人間の皮で、彼女はランプのシェードを作ったのである。飽きることを知らぬ彼女のこの蒐集癖は、司令官コッホの失脚によって終止符を打たれ、以後、人間の皮でランプの笠を作ることは禁止された。

命令されてやったにすぎない、もしも命令を拒めば自分自身が殺されたのだ——という理由づけが、第三帝国のドイツや天皇制下の日本の残虐行為に関してなされるのが常である。だが、たとえばパンフレット『追憶の場プレッツェンゼー』は、この理由づけが単なる言い逃れにすぎず、嘘でしかないことを、指摘している。命令に服従しなかったSS隊員は、決してその場で、あるいは裁判を経て、処刑されたのではなかったのだ。彼らは戦線送りになったのである。危険な戦線に狩り出されるよりも、自分に立ち向かってくるはずのない無防備な人間を相手にするほうを、彼らは選んだだけだったのだ。

国民と非国民の間には、必ずしも初めから、越えることのできない死線が横たわっていたわけではない。ユーディト・アウアーの手紙もイルゼ・コッホの趣味も、ある状況の下で、だれもがなしうる簡単な行為にすぎなかった。しかも、多くの回想や証言が伝えているように、命令にそぐわぬほんの小さな行為は、必ずしも常に密告と逮捕を招来したわけではない。ひそかな共感のまなざしと、さらに小さな一歩を進めるための連帯を、それはしばしば呼び起こしたのである。

第四章

あらかじめ見捨てられた抵抗

戦争と崩壊

文化の再生を求めて——亡命知識人たち

一九三六年二月一六日、スペインの総選挙は人民戦線派の大勝に終わった。ちょうど一カ月前の一月一六日に、社会党、共産党をはじめとする反ファシズム諸党や市民グループが人民戦線協定を結び、共和派と親ファシスト派との間で数年来繰り返されてきた激しい闘争に、一つの決着をつけたのだった。

同じ三六年一月、フランスでも人民戦線綱領が発表された。その実践の努力は、五月三日の総選挙での人民戦線派の勝利となって結実した。投票総数の七〇パーセントを獲得して完勝した人民戦線派を基盤にして、六月四日、ブルム内閣が成立したのである。スウェーデンでは、九月二〇日の総選挙が共産党、社会党、独立社会党から成る人民戦線の圧勝に終わった。アジアでも、この年、中国共産党は蒋介石の国民党に対して、内戦を停止し抗日合作に同意するよう、さまざまな手段で働きかけていた。ドイツの反ファシズム諸党、とりわけ最大の左翼勢力だった社会民主党と共産党の間でも、三五年秋以後、主としてパリを舞台に繰り返し人民戦線のための準備交渉が行なわれ、ついに三六年暮れには、この準備委員会によってドイツ人民への統一戦線結成の呼びかけが発表された。

コミンテルンが一九三五年夏の第七回世界大会で提起した反ファッショ人民戦線の戦術が、世界各国で着々と実現し、ドイツと日本とイタリアのファシズム政権に対する包囲網を密にしていくかに思われた。

だが、この趨勢《すうせい》はつかの間のことでしかなかった。すでに三六年七月一七日には、スペインの植民地モロッコでフランコ将軍に率いられた軍隊が人民戦線政府に反乱を起こし、翌日にはスペイン本土の北部でも反乱軍が蜂起した。人民戦線政府は直ちに労働者・市民の武装を決定、ここに国際的な対決の代理戦争の様相を呈しながら、二年八カ月にわたるスペイン内戦が始まったのである。代理戦争の性格は、反乱が勃発してからわずか一週間後にドイツが直接的な軍事介入を開始したことによって、当初からあまりにも明瞭に示されていた。七月二六日、ナチス・ドイツは〈コンドル部隊〉と称する精鋭をスペイン戦争のために編成し、フランコ軍に送り込んだ。これに助けられたフランコ軍は、各地で共和派の抵抗を撃破しながら一一月にはマドリードを占領し、共和国政府は同市からバレンシャへ撤退した。翌三七年四月二六日、スペインの空を制圧したナチス・ドイツ空軍機は、スペイン北部のゲルニカを爆撃し、この小さな町を数瞬にして廃墟《はいきょ》に変えた。それは、人類の歴史上最初の、非戦闘員を対象とした空襲だった。

スペイン人民戦線を擁護することは、各国の人民戦線支持者や反ファシスト、とりわけ国を追われたドイツの反ナチ亡命者たちにとって、当面の最も大きな課題の一つとなった。ナチス・ドイツの〈コンドル部隊〉に対して、各国から駆けつけた義勇兵たちの部隊が共和国政府軍のなかに次々と形成された。アーネスト・ヘミングウェイ、ジョージ・オーウェル、イリヤ・エレンブルク、アンドレ・マルロー等々の名前が、これら外人部隊の戦いと結び付いている。将来を嘱望《しょくぼう》されたイギリス・マルクス主義の文化批評家クリストファー・コードウェルは、この戦争で生命を落とした多数の外国人反ファシストの一人だった。三〇歳の彼は一九三七年二月、押し寄せてくるファシスト側のモール人傭兵《ようへい》を阻止する任務を受け持って、撤退する共和国軍の最後列に据えた機関銃の引き金を握りしめたままハラマ河畔で息絶えた。彼が遺《のこ》した『幻想と現実』は、人間の内面と外的世界とのかかわりとその表出という観点から文学表現を考察した画期的な詩論集として、いまなおその価値を失っていない。

数々の感動的なエピソードを伝えるスペイン戦争は、だがしかし、全体としては、感動と高揚に数倍するほどの暗い側面をも孕んでいた。ここで実現されたかにみえた統一戦線と国際連帯は、共産党員と社会党員や社会民主党員との間の、社会主義者＝共産主義者とブルジョア民主主義者との間の、深い溝を埋めるはずだった。前線では、事実、政治的立場の差異は同志愛によって後景に押しやられた。至る所で、自発的な連帯が行為となって実践された。しかし戦線の後方では、依然として三つのインターナショナル組織が闘争の主導権を巡って抗争を続けていた。とりわけ、スペイン戦争の反ファシスト軍に翳《かげ》を落としたスターリン派のトロツキストに対する追撃は、しばしば、ファシストたちに向けられる憎悪よりも激しいかとさえ思われるほどだった、と多くの証言者は語っている。トロツキー派に対しては、「ファシストのスパイ」というレッテルさえ貼られたのである。スペイン戦争そのものが、やがて第二次世界大戦となって噴出した矛盾の先取りであり、一つの大きな代理戦争だったとすれば、ここにあったのは、ただ単にファシズムと反ファシズムという二項対立ではなく、反ファシズム勢力と総称される人民戦線・統一戦線内部の、そしてとりわけ最も断固たる反ファシズムの体現者をもって自認する共産主義者たち内部の、さまざまな矛盾でもあったのだ。ドイツのナチズム、オーストリアの教権主義《クレリカリスムス》（教会国家主義）、日本の天皇制等々を含む広義のファシズムは、現状打破とある意味での変革を求める国民の広範な願望を委嘱されることによってのみ成立し存立しえたのであり、むきだしの暴力だけが彼らの武器だったわけではない。それと同じように、反ファシズムを標榜する勢力はいっさいの暴力や欺瞞や抑圧と無縁であるとするような黒白二色の色分けは、現実の歴史の重層性、多義性とはほど遠い。むしろ、一方ではファシズムの日常のなかに息づいていた国民の体制支持——たとえそれが恐怖と逃避によるものであれ——と、他方では反ファシズム勢力のなかに存在した反対派抑圧やイデオロギー操作などを、ともに現実の姿としてとらえることが不可欠だろう。そしてこのような現実のなかでなお、何故にファシズムに対する抵抗がなされねばならなかったのか、そしてその抵抗は、ファシズムのなかにある敵を撃つだけではなく、反ファシズムの隊列のなかにも潜む一種のファシズム的要素――それは〈スターリン主義〉という名で呼ばれているものだけにとどまるものではないのだが――をも、ともに克服する方向でなされたのかどうかを、とらえ返してみなければならないだろう。

スペイン人民戦線は、歴史の年表に記された現象としては、一九三九年三月二八日のフランコ軍によるマドリード制圧をもって終わりを告げた。二カ月後の五月二二日、フランコの政権奪取を助けた〈コンドル部隊〉は、勝利者たちの前でお別れのパレードを繰り広げたのち、ナチス・ドイツへ引き揚げていった。彼らと逆の側、つまり人民戦線の共和国軍の側に立って戦った亡命ドイツ人は、約五〇〇〇人に上った。そして、彼らのうちのおよそ三〇〇〇人は、スペインの解放のために生命をささげたのである。しかしスペインでの体験は、反ファシストたちにとってばかりでなく、ナチス・ドイツにとっても、フランコ政権の誕生で終わったわけではない。むしろスペイン戦争の終結は、第二次世界大戦の開始の合図だったのだ。

人民戦線の勝利と敗北は、ファシズムに対する直接的な闘争の進め方についての再考を促しただけではなかった。ファシズムの本質や、ファシズムによって破壊された文化についての再検討と、さらにはファシズムの対極にあるような新しい文化への模索を、ますます緊急な課題としたのだった。亡命ドイツ人たちの間で、この課題にアプローチするようないくつもの作業が繰り広げられた。ヒトラーとその協力者によって代表されている〈ドイツ文化〉に対して、自分たちが国外で代表しているものこそが真の伝統的なドイツ文化なのだという自負が、しばしば亡命ドイツ知識人たちから表明された。「詩人《ディヒター》と思想家《デンカー》の国は、裁判官《リヒター》と死刑執行人《ヘンカー》の帝国となった」と、一九三五年にパリで開かれた文化擁護国際作家会議の席にナチス・ドイツから出席した黒眼鏡の作家ヤン・ペーターゼンは述べた。好んで用いられる表現を使えば、ゲーテやカントやベートーヴェンのドイツは、ドイツ国内にとどまった者たちによってではなく、亡命を余儀なくされた人間たちによって、引き継がれたのである。

過去のドイツの良き遺産が引き継がれただけだったとすれば、反ナチの亡命者たちは、歴史にしばしば登場する亡命政権や時運を逸した単なる反対派とさして異なることはなかっただろう。亡命など思いもよらない大多数の〈国民〉たちと離れる道をあえて選んだ亡命者たちが、ほとんど決定的とも言えるこの遊離にもかかわらずなお亡命を正当化しうるとすれば、それは、亡命という対応そのものをも含むドイツの歩み、ナチズムという帰結を生んだいわゆるドイツ文化の総体を、根底からとらえ直す作業に彼らが着手したからにほかならない。

さまざまな文化領域で着手されたこの試みは、ナチズムに敗北したヴァイマル文化の特質についての一連の優れた研究（たとえば、ジークフリート・クラカウアー『カリガリからヒトラーまで』、ピーター・ゲイ『ヴァイマル文化』、エルンスト・ブロッホ

『この時代の遺産』など）や、ナチズムの生成を象徴的に描いたトーマス・マンの小説『ファウスト博士』、ドイツの歴史を問い直そうとする多数の歴史小説（ハインリヒ・マン『アンリ四世』シリーズ、リオン・フォイヒトヴァンガーや、スペイン戦争で国際旅団の政治委員として重傷を負ったグスタフ・レーグラーその他の作品）、ファシズムに統合される大衆の心理を分析しながら抑圧的な体制からの解放の社会的・心理的な基盤を探ろうとしたヴィルヘルム・ライヒの試行（『ファシズムの大衆心理』『階級意識とは何か？』など）等々、ナチス体制下のドイツの現実に視点を定めながら、しかもナチス支配に一つのあからさまな帰結を見いだした近代の歴史そのものに対する批判にもつながるようなものだった。社会的現実への対応と芸術・文学の表現方法との間の緊張関係を真っ向からテーマにして、マルクス主義の理論の枠内にとどまらぬアクチュアリティをいまなお保っている〈表現主義論争〉（一九三六年秋〜三七年秋）や、国外に研究の場を移しながらナチズムとスターリニズムをともに克服するような文化批判理論の形成と取り組んだ〈フランクフルト学派〉などによってしばしば代表させられる三〇年代のこうした模索は、それらが直接の対象としたナチズムの非合理主義に対する批判や、それらが当面の目標とした第三帝国からの解放にとどまらず、近代合理主義と資本主義の抑圧管理体制からの人間の自己解放と、この解放のための闘いのなかで生じたスターリニズムとの対決という二〇世紀末の中心的な課題に向かって、早くも歩を踏み出すものだったのである。

〈自由ドイツ〉の結成と活動

スペインにおけるファシズムの勝利は、人民戦線という民衆の総意がファシストの軍事力、物理的暴力に対して無力であったことを、ファシストたちにもまた教えた。デマゴギーと操作によって〈国民〉の同意を組織することと並ぶもう一つの手段、異を唱える者に対する容赦ない暴力行使という手段が、ナチスの世界戦略の中心に据えられることになった。すでに空軍の設置や兵役義務の復活によってヴェルサイユ条約を事実上破棄していたナチス・ドイツは、スペインからの撤退のわずか二カ月後に、新たな軍事行動に乗り出した。チェコスロヴァキアのズデーテン地方の奪取である。この年の三月に強行されたオーストリア併合に続いて、大ドイツ帝国構想をさらに一歩推し進めたのだった。

ヒトラーの権力掌握後、国境をドイツと接し言語もドイツ語が通じるチェコスロヴァキアを亡命先に選んだドイツ人は、少なくなかった。ズデーテン地方の占領と翌三九年三月のチェコ制圧は、これらの亡命ドイツ人をさらに他のヨーロッパ諸国やソ連に追いやることになった。ソ連に行かなかった多くの者は、第二の亡命地をフランスに選んだ。しかし、三九年九月にポーランドに侵攻して第二次世界大戦に突入したナチス・ドイツは、開戦後九カ月に及ぶ〈まやかし戦争《フォニー・ウォー》〉、つまりフランス側のマジノ線とドイツ側のジークフリート線をはさんで対峙《たいじ》する無戦闘状態ののち、一挙に攻勢に転じ、わずか一カ月でパリまで到達した。フランス人の人民戦線政府は降伏し、国は二分されて、半分をナチス・ドイツが占領し、半分を傀儡《かいらい》政権が担当した。亡命者たちは、スカンディナヴィアの国々や、海を渡って南北アメリカ大陸まで逃れなければならなくなった。ある者はとりあえずピレネーを越えて、スペインに逃げ場を求めた。このピレネー越えの途上、ファシスト・スペインにももはや逃げる道は残されていないことを予感して、優れたマルクス主義思想家ヴァルター・ベンヤミンは自ら生命を絶った。

あらゆる国々との協定や条約、そして弱小諸国に対して自ら与えた中立保障を次々と行為によって破棄しながら、ナチス・ドイツはヨーロッパを席捲しつづけた。オランダ、ベルギー、ノルウェーがフランスに先立って降伏し、イギリスに対する空襲が開始された。翌四一年春には、ギリシア、ユーゴスラヴィアなど東南ヨーロッパも、鉤十字の旗の支配下に置かれた。ドイツ国外の反ナチス運動に働きかけるためのヨーロッパの根拠地はほとんどすべて奪われ、海を隔てぬ土地としてはソ連を残すのみとなった。

そのソ連も、ついに一九四一年六月二二日、国境を越えてなだれ込んで来るナチス・ドイツ軍を迎えねばならなかった。三九年八月の不可侵条約、同年九月の国境協定、四〇年二月の経済条約など一連の対ソ平和攻勢の陰で、ナチス・ドイツはソ連侵略の手はずを着々と整え、四一年五月には、ソ連に侵攻したさいに大量虐殺を実行するための四つの機動部隊まで編成していた。そしてこの計画は、同年六月、対ソ戦では赤軍の政治委員《コミサール》を第一の抹殺対象とし、彼らを「分離したのち処分する」よう指示した〈コミサール命令〉によって、いっそう具体化されていた。こうした計画に沿って、ナチス・ドイツ軍はソ連侵攻と同時に機動部隊による住民や共産党活動家の大量虐殺を開始した。緒戦の一年半の間にすでに一〇〇万人が殺され、なかでも四一年九月から一二月までにバルト海沿岸のリガで行なわれた虐殺では二万五〇〇〇ないし三万人が、同じく九月にウクライナのキエフでなされた虐殺ではわずか四日間で三万四〇〇〇人が処分されたと言われている。ソ連侵攻の一カ月後に、ナチス政府には新たに〈東部地域占領地区担当省〉が設置され、その大臣にはナチズムの人種理論とその実践の主要な根拠となった『二十世紀の神話』の著者、アルフレート・ローゼンベルクが就任していた。ユダヤ人や、日本を含むすべての東洋人（ただし、一九四二年に刊行されたヒトラー『わが闘争』の眞鍋良一による全訳版では、東洋人に関するこの記述は故意に訳出されなかった）や、スラヴ民族を劣等人種、生きる価値のない生命とみなす人種理論と、マルクス主義を最大の敵とする政治理論とに従って、ナチス・ドイツはソ連と人民の存在そのものを消し去ろうとしたのである。

統一戦線の発展とともに高揚した亡命ドイツ反ファシストの活動は、独ソ協定によって打撃を受け、独ソ戦の開始でふたたび盛り上がりを見せたものの、その生命はソ連人民の生命とともにほとんど風前のともしびだった。それがふたたび息を吹き返すためには、一九四三年二月のスターリングラードでのドイツ軍の敗北を待たねばならなかった。

ソ連軍が決定的に攻勢に転じ、次いで北アフリカ戦線でもドイツ＝イタリア軍が敗退すると、ナチス・ドイツの敗戦と新しいドイツの再建という未来像が急速に現実性を帯びてきた。すでに一九三九年一月三〇日から二月一日にかけて、KPD（ドイツ共産党）のベルン会議――パリ近郊で開かれた党大会が、敵の目を欺くためにスイスのベルンで開催されたように見せかけられたのだった――は、ヒトラー以後の民主主義ドイツ再建に向けた「綱領」を発表していた。第二次世界大戦の開始によって遠のいたかに見えたその計画が、ここでふたたび意味を取り戻したのである。緒戦での勝利によって高揚していた〈国民〉の気分とヒトラー支持の雰囲気は、戦況の悪化とともに著しく変化した、と考えて差し支えなかった。共産主義者や社会主義者以外による抵抗運動も、急速に増加しつつあった。処刑が行なわれるたびに職場や街頭に〈民族裁判所〉の公示が掲出されるので、抵抗運動の存在は、少なくとも摘発され処刑された者に関するかぎり、だれでも知ることができたのである。しかも、たとえば〈白バラ〉グループのビラは、非合法活動家に運ばれて国外へ持ち出されていた。イギリスのBBC放送のドイツ向け電波に乗って、それはドイツへ逆輸入され、さらにそのうえ、イギリス空軍の宣伝機によって、ドイツ各地の上空からビラとなってまかれた。

こうした明らかなドイツ国内の気分の変化と、ヨーロッパ、アフリカ、ロシアの各地でのドイツ軍の相次ぐ敗退に伴う多数の捕虜が、新生ドイツに向かっての行動を開始する可能性を与えた。ソ連で活動していたKPDのメンバーと、KPDを支持する亡命反ファシストたち、それに戦争終結とナチスの支配の打倒を願う捕虜将兵たちによって、一九四三年七月一二日から一三日にかけて、〈国民委員会「自由ドイツ」〉が結成された。

もろもろの出来事は、われわれドイツ人に躊躇なく決断することを要求している。ドイツの存立と未来にとってこのうえない危険を孕んだこの時にあたり、国民委員会〈自由ドイツ〉が結成された。この国民委員会に所属しているのは、労働者と作家、兵士と将校、労働組合員と政治家、一年前であればこのような団結など不可能だと考えたであろうような、あらゆる政治的・世界観的傾向の人間たちである。

この国民委員会は、前線や故郷にいて祖国の運命を気遣う数百万のドイツ人の考えと意思とを担っている。

この国民委員会は、この運命の時にあたって、状況が要求するまま明瞭に容赦なくドイツ人民の名において語ることが、権利であり義務であると考える。

結成大会で採択された宣言は、国防軍の兵士たちに向かってこのように呼びかけ、ドイツとその人民を全面的な破滅に導いて行こうとするヒトラーに反対して、戦争の終結のために闘うよう訴えていた。「直ちに平和を！　ドイツ人民を救うために！　自由な独立ドイツのために！」――この宣言は、一九四三年七月末に一枚のビラに印刷され、各地の前線に送られるとともに、モスクワの自由ドイツ放送の電波に乗せてヨーロッパ各国に向けて流された。イギリス、スイス、フランスや、メキシコをはじめとするラテンアメリカ諸国で、同じ内容のビラが作られ、さまざまな傾向の亡命者たちに配布された。さらに、ドイツ各地の上空からソ連の飛行機によってまかれた。

〈自由ドイツ〉の運動は、モスクワの放送局から流される電波と、ドイツの亡命者たちが住んでいるあらゆる国と地方で印刷されるビラや通信と、ナチス・ドイツ軍の前線兵士たちのもとへひそかに運び込まれる非合法のビラ、それにドイツ国内の抵抗グループによって配布される同様の文書を、表現手段として展開された。なかでも、最も困難なドイツ国内での活動は、やがて逮捕され処刑されることになるベルリンの〈ゼフコフ＝ヤーコプ＝ベストライン組織〉や、元KPD国会議員のテーオドール・ノイバウアーを中心とするグループ、同じく元国会議員のゲオルク・シューマンのグループなど、共産主義者の非合法組織によって行なわれたのである。

社会民主主義者や自由主義的な反戦平和主義者、民主主義者など、軍隊の成員と同じく多種多様な傾向の反ファシストを結集したこの〈自由ドイツ〉運動は、やがて、連合国軍によってナチス・ドイツが壊滅させられたとき、主としてソ連占領地区、つまりのちのドイツ民主共和国で、彼らが反ナチス抵抗運動のなかで築き上げた新生ドイツのイメージを実現する機会を持つことになる。

連合国の対応

連合国の軍事的勝利にナチス体制の粉砕をゆだねるのではなく、ドイツ人自らによってヒトラー体制に終止符を打とうという意思の点では、一九四四年七月二〇日の暗殺計画参加者も、〈白バラ〉グループの学生たちも、〈自由ドイツ〉の亡命者たちも、おそらく違いはなかっただろう。この彼らの共通した願いは、緒戦でナチス・ドイツ軍が収めたあまりにも大きな軍事的成果と、四三年二月以降のこれまた急速な敗退と、それにもかかわらずナチス幹部が徹底抗戦以外の道を考慮する意思をいささかも持たなかったことによって、実現されなかった。ドイツの解放と再建は、こうして、もっぱら連合国の対ドイツ政策によって決定されることになったのである。

連合国のヒトラー・ドイツに対する対応と政策については、第二次世界大戦後、多くの研究がなされている。しかし、ドイツの反ファシズム抵抗運動との関連でそれをとらえたものとしては、ソ連とコミンテルンに関するものを別とすれば、今後の研究の出発点ないしは基盤となるような決定的な作業はほとんどなされなかった。その意味では、一九七七年に刊行されたロータル・ケッテンアッカー編『第二次世界大戦時の〈別のドイツ〉』は、興味深い。

これに収められているのは、一九七四年九月に西ドイツのデュッセルドルフで行なわれたイギリスとドイツの歴史家たちによるシンポジウム「国際的視野で見た亡命と抵抗」の記録と、そこで論じられたテーマに関する資料である。シンポジウムでは、まず三人の研究者（二人のイギリス人と一人のドイツ人）が第二次世界大戦中にイギリスとアメリカがナチス・ドイツとそれに対する抵抗者たちにどのような姿勢で臨んだかを報告し、それを巡って歴史学者や外交官、反ナチス抵抗運動の体験者などが批判や自己の見解を述べている。

最初の報告者ピーター・W・ラドゥローは、「和平工作への巻き返し」と題して、大戦初期のいわゆる〈まやかし戦争《フォニー・ウォー》〉の時期（一九三九年九月〜四〇年五月）に、ドイツの側から行なわれた和平工作に対して、イギリスのチェンバレン内閣とそのあとを引き継いだチャーチルの戦時内閣がどう対応したかを、内閣の秘密文書を含む資料に基づいて克明に考察する。第二の報告者ロータル・ケッテンアッカーは、「第二次世界大戦中のドイツ抵抗運動に対するイギリスの態度」において、ドイツ国内の反対派とイギリス政府とをつなごうとする種々のルートからの働きかけに対して、チャーチル首相とイーデン外相が示した姿勢を、詳細に追っている。最後の報告者アンソニー・J・ニコルスの「第二次世界大戦中にアメリカが描いていたドイツの未来像」では、当時イギリスが懸念したようにアメリカはドイツに対して多少とも同情的だったのかどうか、またどのような抵抗グループを支援したのか、等々が考察されている。

報告者たちの見解も、また討論参加者たちの証言や意見も、個々の点についてはもちろん完全に一致しているわけではない。しかしそれらを総合してみると、連合国のナチス・ドイツに対する基本的な姿勢と、反ナチスの抵抗グループに対する態度が、ほぼ明らかになってくる。

第二次世界大戦が始まった当初は、ドイツ側からさまざまなルートを経て伝えられてくる和平工作に対して、チェンバレン政府は極めてあいまいな態度をとりつづけた。それは何よりもまず、ドイツ国内の反ヒトラー勢力の実態がつかめなかったためで、もしもヒトラーに代わる勢力が権力を握って戦争を停止する可能性が本当にあるのなら和平工作のルートを切ってしまうのは得策でない、と考えたからだった。しかし、ナチス・ドイツの当面の侵略目標になっている同盟国フランスから強い不満が寄せられ、一方またドイツ国内の反ヒトラー勢力の無力さについて確信が深まったことで、イギリス政府はドイツの無条件降伏まで戦い抜くという強い姿勢を表明するに至るのである。この姿勢はチャーチルの戦時内閣によって引き継がれ、チャーチルはイーデンに対し、いっさいの和平工作をきっぱり斥けるよう繰り返し指示を与える。

アメリカの態度について、そのイギリスは、ドイツからの多数の亡命者とドイツ系の住民たちに影響されてアメリカがドイツに対して柔軟な姿勢をとるのではないかという懸念を抱いていた。しかしアメリカは、ドイツの最終的な敗北によってしかナチズム体制に代わる新しい秩序は形成できないと考える点で、イギリスやフランスとなんら異ならなかった。亡命者について言えば、なるほどシャーナリズムでは亡命ドイツ人たちに対する同情が強く表明されていたが、それによってアメリカの政策が影響を受けるほどではなかったし、反ナチス亡命者そのものが単一のグループではなく、種々さまざまな傾向に分かれていただけに、なおのことだった。

『第二次世界大戦時の〈別のドイツ〉』に収められた報告と討論から明らかになることは、ドイツ国内の反ナチス抵抗運動は、もちろん自らの弱さのためもあって、最初から連合国の政策になんらの影響も及ぼしえなかった、という事実である。確かに、ナチスによるユダヤ人迫害や反体制派への残虐な弾圧に対しては、繰り返し国際的な抗議と糾弾の声が上げられた。すでに三三年九月には、国会放火事件のでっち上げと見せしめ裁判に抗議して、ロンドンで対抗裁判が行なわれ、ここでの真相糾明とともに、『国会放火事件とヒトラーのテロルに関する褐書《ブラウンブーフ》』が作成された。一九一九年のバイエルン・レーテ共和国の中心メンバーの一人でヴァイマル時代の優れた作家エーリヒ・ミューザムが、一九三三年二月末に国会放火事件を口実に逮捕され、翌年七月オラーニエンブルクの強制収容所で虐殺されたときには、共産主義者やアナーキストたちによってばかりでなく、国際的な怒りの声が沸き起こった。ヴァイマル共和国における批判精神を代表するジャーナリスト、カール・フォン・オシエツキがパーペンブルク－エスターヴェーゲンの強制収容所に送られたときには、一九三六年度のノーベル平和賞によって彼を支援することさえなされた。しかし、イギリスやフランスにとってもアメリカにとっても、そうしたドイツ国内の抵抗は、無条件降伏の要求という戦争目標の前で、もちろんなんの政治的意味も持たなかった。ドイツ人自身による解放の希望を与えねばならないとい

うスターリンの考えに反対だったチャーチルは、敵に誤った希望を抱かせてはならない

という見解で、アイゼンハワーに宛てた手紙にも、「戦争は悪しきトリックによって勝

つべきものではなく、容赦なく打ち負かすことによって勝利しなければならない」と書

いていたのである（ロータル・ケッテンアッカー「第二次世界大戦中のドイツ抵抗運動に対するイギリスの態度」）。

抵抗運動に対する連合国側のこのような態度にもまして興味深いのは、連合国の首脳たちの目にいったい何がドイツの抵抗運動として映っていたのか、という問題である。彼らがヒトラー体制に抗する反対派として視野と考慮に入れていたのは、少なくともこのシンポジウムの報告者と討論参加者の発言から判断するかぎり、もっぱらヒトラー体制のなかの枢要な地位を占めている政治家や軍人たち、つまり体制内の政敵だけだったのである。しかも、ヒトラーに取って代わりうる反対派の筆頭としてイギリスで思い描かれていたのは、空軍最高司令官の地位に就いていたナチ党ナンバー2のヘルマン・ゲーリングだったのだ。

SA指導者のエルンスト・レームがヒトラーの命令で殺されて以後、ナチスとヒトラー政府の顔は、ヒトラー本人を別とすれば、とりわけゲッベルスとゲーリングだった。しかし、ゲーリングが必ずしもナチ党幹部たちの信頼を全面的に得ていなかったらしいことは、たとえばゲッベルスの一九四三年九月二三日の日記の次のような一節からもうかがえるのである。――「ゲーリングの芸術観は、総統の気に入っていない。特

に、ゲーリング夫人がつねづね演劇問題にくちばしを突っ込み、この問題でかなりみじめな個人政治をやることに対しては、腹を立てておられる」。日記の編注者ルイス・P・ロッチナーの注によれば、かつて女優エミー・ゾンネマンだったゲーリング夫人がその影響力を使って昔の同僚をユダヤ人も含めて庇護《ひご》したことは、ドイツでは周知のことだったが、文化政策における最高指導者を自任するゲッベルスにしてみれば、これは自分の領域への干渉と感じられたのである。

イギリスをはじめとする連合国が、ゲーリングを反ヒトラー抵抗運動の首領として想定していたばかりではない。「大戦の最初の数年間、再三にわたって、ゲーリングの野心と、ある国防軍グループのクーデター計画のことが〔イギリス政府首脳の間で＝筆者注〕取りざたされた。カール・ゲルデラー、ウルリヒ・フォン・ハッセル、ヨーゼフ・ミュラーのような首謀者たちは、クーデターの用意がある将軍たちの名において語っているような様子だったし、同時にまた、彼らがゲーリングに希望を託していることを隠そうとはしなかった」（ロータル・ケッテンアッカー「第二次世界大戦中のドイツ抵抗運動に対するイギリスの態度」）

ゲーリングに対するイギリス首脳の幻想は、空軍の最高責任者である彼が一九四〇年九月にイギリスに対する空爆を開始させたことによって、完全に消え去ったという。だが、自ら描いたこの幻想は、ドイツの体制内反対派に対する不信の念をぬぐいがたいものにした。一九四四年七月二〇日にクーデター計画がついに実行に移されたとき、イギリス政府はそれをあらかじめ知らされていたが、本気で受け止めようとはしなかった。イギリス政府は、あまつさえ、第一次世界大戦でドイツが敗北したさいに右翼の側から唱えられた〈匕首《あいくち》伝説〉、つまりドイツは軍事的には勝利していたのに国内の反戦運動によって背後から匕首で刺されたために負けたのだ、という主張が今度もまた現われて、それがドイツの再度の右傾化を惹起することになるのを恐れていたので、あくまでもドイツを軍事的に撃滅する決意だった。もしも暗殺計画が成功していたとしても、それゆえ、ドイツを破局から救おうとする反逆者たちの意図は、連合国の無条件降伏要求の方針をなにひとつ変えることはできなかっただろう。彼らの計画と実行は、あらかじめ見捨てられ、無視された行動にすぎなかったのである。

だが、問題は、体制内反対派やゲーリングに対する連合国側の幻想や幻滅それ自体ではない。ゲーリングを頭目とする体制内反対派だけしかヒトラー・ドイツの敵として見ることができない連合国の構造そのものが、問題なのだ。共産主義者たちのドイツ国内での抵抗運動を常に視野に入れつづけねばならなかったソ連は別として、連合国にとっては、〈国民〉たちの包囲と相互監視の海のなかで続けられる国民たち自身の抵抗は、存在しないも同然だった。少なくとも、そうした抵抗は政策決定の契機とはなりえなかったのである。——そして、そうした小さな抵抗が政策決定の大きな契機となりえたほとんど唯一の国、ソ連は、ナチス・ドイツで捕らえられた模範的な党員たちをナチの強制収容所からソ連へ送らせる代償として、ソ連国内の強制収容所にいるドイツ人トロツキストやユダヤ人の反対派的共産主義者たちをナチスの収容所へ送り込んだのだった。

オットー・クヴァンゲルの小さな抵抗

一九四〇年六月、フランス降伏のニュースがベルリンに伝えられ、アパートの一階のナチ一族の家でばか騒ぎが始まっているとき、二階に住む家具工場の職場長オットー・クヴァンゲルと妻アンナのもとに、一通の手紙が配達される。たった一人の息子が戦死したという通知だった。

ご子息は総統と民族のために英雄の死を遂げられた、まことに兵士と戦友の鑑《かがみ》である、という文面を見て、アンナは叫ぶ。――あの子はラジオを組み立てるのが何より好きで、兵隊に行かなくてはならなくなったとき、泣いていたのよ。新兵になったばかりのころ、あいつらから逃げられるなら右腕一本やってしまったってかまわない、と言っていた。「それがこんな、兵士の鑑で英雄の死だなんて！　ウソだ、何もかもウソだ！　あなたたちが勝手にひどい戦争をやって、こんなことにしてくれたんだわ、あなたとあなたの総統がね！」

いくらなんでもこれはあんまりひどすぎる、と老オットー・クヴァンゲルは思う。わしとわしの総統だなんて。わしは党になど入っていない。そりゃあ、労働戦線《アルバイツフロント》には入っている、だってだれもが入らされるのだから。それに、わしらがあいつに投票したのは、たった一度きりだ。わしら二人でな。彼には、どうして妻が突然そんなことを言いだしたのか、まるっきり合点が行かないのである。だが、妻は熱くなって言う。――「あなたはこそこそと身を隠している。自分の平安だけを欲しがっている。ただもう、人目に立ちたくないのよ。みんながすることをして、みんなが〈総統が命令を下された、われらは従う！〉とわめけば、まるで去勢牛みたいにあとについて行ったんだわ。そしてあたしたちも、そのあなたのあとから、駆けずり回らなきゃならなかった！」

オットー・クヴァンゲルはいさかいを好まない。それどころか、むだ口を少しでもきくことを好まない。ヴァイマル時代の最後に四年間の失業生活を味わって、第三帝国になってまた職を与えられ、職場長にとり立てられて職工たちや管理者から一目おかれながら、つつましく生きている。入党を勧められても、党費に充てる金などないので……と言って断り、ナチス時代になってから何かと増えた各種の募金もすべて断固として拒みつづけた。それはケチと紙一重の節約心のためにすぎない。同僚や近所の人々も、その彼の性格をよく知っているので、鳥のような顔つきをしたこの無口で静かな頑固者をそっとしておくのである。――だが、世間の出来事にすべて自分のかたわらを素通りさせ、だれとも事を構えず、家では自分の意思を貫き、妻と口論をしたことなどないこのオットー・クヴァンゲルが、「あなたとあなたの総統」という妻の一言をどうしても頭から追い払うことができなくなってしまったのだ。

この日は午後一時から一一時までの勤務になっているクヴァンゲルは、工場に行く途中で息子の許嫁者《いいなづけ》トゥルーデ・バウマンの職場に寄って、息子の死を知らせる。妻は、今夜ぜひ来てくれとだけ伝えて用件を知らせてはいけない、と彼に命じたのだが、廊下に出て来て彼の前に立ったトゥルーデがたまたま背にした一枚の掲示が、彼を極度に動揺させたのだった。それには、「ドイツ民族の名において」に始まる文字が肉太の書体で印刷されていた。その下に三人の名前があって、それから、「……は、反逆罪ならびに大逆罪のかどにより絞首刑を宣告された。刑は今朝プレッツェンゼー刑務所において執行された」と書かれていたのである。彼からオットーの戦死を聞いて(息子も父親と同じ名前だったのだ)、トゥルーデは「ドイツ民族の名において……」の掲示に額《ひたい》を押し当てて泣いた。声を立てずに肩を震わす彼女を見ているうちに、老オットー・クヴァンゲルは、彼女の頭で隠されている三つの名前の所に自分と妻とトゥルーデの名が記される日が必ず来るだろう、という幻想にとらわれていたのだった。

トゥルーデは、受けた衝撃の大きさに負けて、自分が職場の非合法抵抗組織の一員であることを彼に打ち明けてしまう。だが、その行為の誤りにすぐさま気付いて、同志たちにそのことを報告する。組織は、他の同志を危険に陥れるのを避けるため、トゥルーデを直ちに活動から外す。

この日から、オットー・クヴァンゲルは変わったのである。他人からは、その変化はいささかも見えなかった。相変わらずの鳥のような容貌で、無口に頑固に、そしていっさいの募金を断って、同じように歩き、同じように仕事をした。だが、金を支払うことを好まぬ彼が、私製ハガキと、ペン先とペン軸とインクと、薄手の手袋をそれぞれ別の店で買い求めてきて、日曜ごとにたった一枚ずつ、筆跡を隠した大きな字で、書きはじめたのである。夫にもっと大胆な、もっと直接的な抵抗行動――たとえば総統の暗殺といったような――を期待していた妻アンナは、なんとも生ぬるく臆病で小さなこの仕事が開始されたとき、思わず夫を非難する。けれども、「大きかろうが小さかろうが、なあアンナ、もしもやつらがわしらをかぎつければ、わしらは首を失わにゃならんのだよ」と夫が言ったとき、彼女は思わず震えが止まらなくなったのである。――こうして、最初の一枚が書かれた。

お母さん！　総統はわたしの息子を殺してしまいました。お母さん！　総統はあなたの息子たちも殺すでしょう。世界中の家に悲しみをもたらし終わっても、まだ彼はやめないでしょう。

これを人の目に触れやすい所にそっと置くのだ。おそらく、多くの人は、これをすぐさま警察なり街区監督なりに届け出るだろう。しかしそれでも、いっこうに差し支えない。届ける前に必ず読むのだから。まだ抵抗がなくなっていない。全部が総統に従っているわけではない、ということを人々が知るだけでもよい。そして、従わない人々は次第に多くなるだろう。われわれによって多くなるだろう。われわれと同じようなカードを書こうとする者も出てくるかもしれない。「最後には、何十人も何百人もがわしと同じように座って書くだろう。わしらはベルリンをこのカードで埋め尽くすだろう。機械の進行を阻止し、総統を打倒し、戦争を終わらせるだろう……」。

こうして、オットー・クヴァンゲルとアンナ・クヴァンゲルとの、二人だけの小さな抵抗が始まったのである。アパートや共同住宅の階段に置かれたカードは、発見者によってすべてゲスターポの手に入ったが、週に一枚、のちには二枚だけ現われるこのカードの作製者と配布者を突き止めることはできなかった。この件を担当したエッシェリヒ警部は、だれとも知れぬ謎の犯人に、船の難破に先立って必ず現われるという妖怪《ようかい》にちなんで「難船小僧」の名を与えた。下の階に住むナチ一家の末の息子——一六歳でヒトラー・ユーゲントの指導者《フューラー》をしている秀才で、青年運動の最高指導者バルドゥーア・フォン・シーラッハにちなんでブルーノという名をバルドゥーアに改名したこの生え抜きの青年ナチ——も、同じアパートに住むあの影の薄い老人がベルリン中を騒がせている犯人だとは、夢にも思ってみなかった。

オットー・クヴァンゲルとアンナとの仕事が始められてから六カ月が過ぎ、一年が過ぎ、やがて二年が経過した。エッシェリヒ警部は犯人を逮捕できない責任をとらされ、後任の警部もまたその轍《てつ》を踏んだ。だがクヴァンゲル夫婦にも、不運の兆しが訪れはじめた。

最初の兆しは、死んだ息子の許婚者だったトゥルーデとともにやってきた。ある日、いつものようにとある建物の階段にカードを置いた現場を、まったく偶然にトゥルーデに見られてしまったのだ。非合法活動からまったく離れて、いまでは夫とともに近づく子供の誕生を待っている彼女は、もちろん老クヴァンゲルを裏切らなかった。しかし、この話を聞いた妻アンナは、暗い予感に押しひしがれるような気がした。

第二の兆しが間もなくやってきた。カードを置こうとしているところを一人の男に見とがめられ、とっさに入り口の名札のなかで見て覚えていた医者の名を口にしたところが、それが当人だったのだ。妻が病気だと偽ったため、その男を案内していかねばならぬ羽目になり、偽名と嘘の住所を言ってあったので、もはや露見を待つのみとなったのだった。ところがこのときは、まったく運良く、夫を外で待っていてこの事態を見たアンナが知人を装って声をかけたため、医者は教えられた住所へ一足先に行ってくれることになったのである。

そのあとに訪れた第三の兆しは、容易なものではなかった。妻の弟夫婦を訪問してくつろいだ気分になったオットーは、妻の制止も聞かずにある一軒の家に入って行き、ついに現場を目撃されてしまったのだ。すぐに跡を追って通りでオットーを捕まえた証人とともに、夫婦は警察へ連行された。だがしかし、奇跡的な幸運によって危機を逃れることができた。オットー・クヴァンゲルがカードを置くのを確かに見たと主張するその証人は、警察でも持て余している有名な密告マニアだった。この事実に加えて、クヴァンゲル夫婦の平然たる態度、特に、夫は自分のそばを一瞬たりとも離れなかったのだからあんな建物になど入るはずはない、人違いだ、と主張するアンナの抗議が取り調べの警部を動かして、彼らは調書も取られずに家に帰ることができたのだった。

しかしついに、破局がやってきた。別の就労時間を割り当てられている職場長が急病になったため、オットーが代理を命じられ、迎えに来た労働者とともにすぐさま出かけねばならなくなった。ちょうど置きに出かけようとしていた二枚のカードをしまう暇がなかったので、やむをえずそのまま身に付けて行った。ただ一つ、便所に入って粉々に引き裂き、流してしまう方法があった。だが、日曜日を一日費やして書き上げた二枚のカードは、抹殺するにはしのびなかった。こうしてついに、彼はそれを工場のロッカーまで持って来てしまったのである。仕事着や着替えた服にしまうには大きすぎたので、書類カバンの中にすべり込ませた。だが、これまで彼を守ってきた偶然が、今度は彼を裏切った。書類カバンの底の糸が切れて、口を開けていたのである。それに気付かなかった彼は、カバンを持って作業室を横切り、ロッカーに納めて鍵をかけた。

仕事を始めたとき、彼は信じられないものを目にした。仕事台の下に、二枚のカードが落ているのである。それは、確かに彼が書いたカードに間違いなかった。いまさら拾い上げて隠すわけにはいかなかった。これまで二年間、一度も自分で目にしたことのない人々の反応、カードを読んだときの最初の表情をぜひ一度見てみたい、という奇妙な願いも彼を襲った。初めて見付けたような態度を装って、それを職工の一人に拾い上げさせた。

若い職工の顔に浮かんだのは、正真正銘の恐怖だった。

直ちに警察に通報され、例の密告マニアのときに容疑者夫婦を名前も尋ねずに帰らせてしまった責任で解任された警部に代わって、ふたたびこの件の責任者に復帰していたエッシェリヒ警部がやって来た。警察がそれまでにつかんでいた犯人像と、老クヴァンゲルはぴったり一致した。重い風邪で家に寝ていたアンナも、続いて逮捕された。アンナの弟夫婦も同様だった。彼らと直接の関連はなかったが、ふとした機会からふたたび非合法組織と関係をもつようになっていたトゥルーデも、やはり逮捕された。取り調べ中に夫が虐殺されたことを知った彼女は、監房に訪ねて来た刑務所付きの牧師のすきを見て廊下に飛び出し、獄舎から身を投げて死んだ。アンナの弟は、ショックのあまり精神に異常をきたして、病院へ収容された。

死刑を宣告されたオットー・クヴァンゲルは、ギロチンで処刑され、夫の死を知らされないまま死刑を待っていたアンナは、ある日、刑務所を直撃した空襲のために一瞬にして死んだ。

だれもが一人で死んでいく……？

ハンス・ファラダの小説『だれもが一人で死んでいく』は、ゲスターポの記録に基づいて書かれている。

敗戦の年、一九四五年一〇月に、ある知人がファラダのところへ一綴じの書類を持って来た。それは、ベルリンの労働者の夫婦に関するゲスターポの捜査資料で、その夫婦はおとなしく続けてきた平穏な生活を突如として捨て、ヒトラーに反対する呼びかけを記したカードを作って人がたくさん住んでいる建物の階段の踊り場に置いて歩き、およそ二年間もこの非合法活動を続けたすえに逮捕されて、一九四二年に二人とも死刑に処せられたのだった。これを読んだファラダは、この簡単な資料から長篇小説を作ることは無理だと考え、雑誌に掲載するために事実を主眼とした短いエッセーを書いた。

ところが、この文章を読んだ一映画会社が、これを基にして映画を作りたいのでその原作となる作品を二カ月のうちに書いて欲しい、と申し入れてきたのである。ナチス時代末期の彼自身の混乱した生活から立ち直ろうとしていたファラダは、これを引き受け、五五〇ページを超える大長篇を、一九四六年九月末からわずか二四日間で書き上げてしまったのだ。

この本の中のさまざまな出来事は、大体において、一九四〇年から一九四二年までの間のあるベルリンの労働者夫婦の非合法活動に関するゲスターポの書類に従っている。もちろん、ただ大体においてである。――小説というものはそれ固有の法則を持っており、あらゆる点で現実に従うというわけにはいかない。だから作者は、この二人の人物の私生活について信頼できる事柄を聞き出すことも避けた。自分の目に浮かぶままに描かざるをえなかった。それゆえ、彼らは空想が生んだ二つの姿である。同様に、それ以外のこの小説の人物たちもみな、自由に考え出されたものである。にもかかわらず、たとえ多くの細部は実際の状況と完全に合致しているとは言えないとしても、物語られたことには内的な真実がある、と作者は信じている。

小説『だれもが一人で死んでいく』の序言で、ファラダはこう述べている。初め気が進まなかったこの小説は、人物たちと状況との内的な真実が彼の前に浮かび上がってくるにつれて、彼をますます強くとらえるようになった。ナチス時代の末期にこの内的な真実を回避することによって毒にも薬にもならぬ作品を書きつづけていたファラダは、ふたたび、ヴァイマル時代の終わりと第三帝国初期に現実との緊張関係のなかで生きる人物たちを創造したときのような、憑《つ》かれた状態に陥っていった。

ナチスが権力を握った当時、ハンス・ファラダは、最も将来を期待されるドイツ作家の一人に数えられていた。一九三二年に出版された長篇『おっさん――どうする?』は、ヴァイマル時代が生んだ典型的な社会階層、サラリーマンを主人公にして、彼らの貧困化と絶望と安定への希求を描き、〈黄金の二〇年代《ゴールデン・トウエンティーズ》〉がナチス時代へとなだれ込んでいくありさまを、同時代のドイツのどんな文学作品よりも、どんな社会科学的研究よりも、生きいきと描き出した。これと比べられるものは、ファラダ自身が『おっさん――どうする?』を書くうえで刺激を受けたジークフリート・クラカウアーの研究『サラリーマン』くらいのものだろう。『おっさん――どうする?』は、刊行とともにたちまちベスト・セラーとなった。

ナチスは、このベスト・セラー作家を禁書にしなかった。ファラダは、亡命作家たちから繰り返し批判を受けながら、ナチス・ドイツにとどまり、次々と小説を書きつづけた。だが彼の作品は、もともと、無力な小市民を主人公にするという特徴とともに、社会の底辺で生きる人間のしばしば反社会的な形態をとる小さな反抗をも、中心的な主題として含んでいた。彼自身が、ギムナージウム（高等中学）の時代に級友と決闘のまねごとをして相手を傷つけ、苦しさのあまり殺してくれと頼む友人をピストルで射殺した体験の持ち主だった。成人してからも、しかも作家として二冊の作品を出してからも、詐欺罪で二度にわたって刑務所暮らしをしていた。作者自身のこうした経歴を多少とも投影された彼の人物たちは、やがて第三帝国では許されない一匹狼に育つ可能性を含んでいた。〈少国民団〉から〈ヒトラー・ユーゲント〉を経て、六カ月の〈帝国労働奉仕〉と二カ年（当初は一カ年）の兵役ののち、SSなりナチ党なり〈労働戦線〉なりのメンバーになるという定められ踏み固められた大道を、これらの人物たちは踏み外していたのである。

けれども、ファラダは慎重だった。亡命者たちにののしられながらナチス・ドイツにとどまることが何を意味するのか、彼はよく知っていたのだ。彼には読者が必要だった。数十年後、数百年後の読者などではなく、また「おっさん」たち、しがない小市民たちと切り離された少数の選ばれた読者などでもなく、まさに〈国民〉そのものが、〈血と土〉にまみれてファシズムの現実のなかで生きることを余儀なくされている人々が、ファラダには必要だったのだ。この人々こそは、彼の読者であり、そして同時にまた彼の人物たちでもあったのだから。――それゆえファラダは、この読者たちや人物たちから自分が切り離されることのないよう、あらゆる策を巡らして慎重に振る舞った。作品と人物たちの基本的な性格を曲げることなく、しかもナチの検閲に引っかからないような表現を、彼は追求しつづけた。この試みは、文学表現にとって本質的な意味を持つ一つの重要な特質を、彼の作品に与えることになった。作者自身が明確な態度を示すことは、ファラダの場合、極めて危険だった。それゆえ、さまざまなカモフラージュをこらした注釈によって、真の意図を隠さねばならなかった。しかも、尻尾をつかまれまいとする努力が作品そのものの性格を変えてしまっては、水の泡だった。尻尾をつかませず、しかも読者との絆は保持できるような表現を、彼は創り出したのである。それは、作者の思想や主張を読者に対して説得するような小説形式ではなく、最終的な判断を読者にゆだねるようなスタイルの小説だったのだ。

最も多く読者参加の余地を残した探偵小説というジャンルが、しばしば、仕組まれた読者操作の形式でしかないように、ファラダのこうした表現もまた、一つの擬似的な参加の形式になる危険を孕んでいないことはない。つまり、ファラダの主人公のなかに反逆と現実批判を読み取った読者は、自分自身にはとうてい不可能なこの批判と反逆を行なう主人公のなかに自己を投影して、一種の代償行為に甘んじてしまいかねないだろう。だが、こうした危険を含みながらも疑いもなく自分たちにとっての危険がそのなかに潜んでいるのを読み取ったナチス当局は、この人気作家に執筆禁止や逮捕をもって対処するのではなく、彼を半ば強制的に自己の陣営へと囲い込む方針を採った。出版許可と引き換えに作品の書き変えを要求し、ファラダがもっぱら頼っている出版社を取りつぶして、新しい出版の可能性と屈服とを交換させようとした。ファラダは、限定的なカモフラージュではもはやなく、現実と一切のかかわりを持たない童話《メールヒエン》のなかにまで後退した。そして、やがて破局が訪れた。兆しを見せていたアルコール中毒はやがてモルヒネ中毒へとエスカレートし、もはや作品を書かなくなってから四年にもなっていた一九四四年、彼は、強制収容所とさして変わらぬアル中矯正施設へ送られた。

第三帝国の末期は、ハンス・ファラダにとってもまさに末期的な一時期だった。三カ月半を施設で過ごした彼は、やはりアルコールとモルヒネの中毒患者だった一女性と再婚した。半年余り前、『おっさん——どうする?』の女主人公とされている妻と離婚し、彼女によって殺人未遂で告訴されたばかりだった。空襲のさなかに行なわれた結婚式のあと、ナチス・ドイツの崩壊がやってきた。ハンス・ファラダも、ほとんど廃人同様だった。亡命先のソ連からKPD中央委員の一人となって帰ってきた反ファシスト詩人ヨハネス・R・ベッヒャーが、あれほど才能豊かだったファラダに再起の機会を与えようと努力した。ファラダは、ソ連軍によって北ドイツの小さな町の市長に任命され、一九四五年の六月から一〇月までその任を務めた。ちょうどそのころ、あのゲスターポの書類を知ったのである。

ハンス・ファラダがナチス時代の自分自身の生き方とこの老労働者夫婦の抵抗とをどのように関連づけ、あるいは対照的にとらえたか、それは分からない。しかし彼は、自分の体験をも含めた第三帝国の現実とそのなかでの人々の生き方を、いっさいの楽天的な幻想ぬきに描こうと決心していたのだった。一九四五年のクリスマスに、〈自由ドイツ〉の中心メンバーの一人で帰国後KPD委員長に選ばれたヴィルヘルム・ピークやソ連の作家コンスタンチン・フェージンらとともに詩人ベッヒャーの家に招かれたファラダは、ヒトラー・ドイツの克服とドイツの未来の展望を巡ってピークに激しく食ってかかった。ニュルンベルクの戦犯裁判など、素朴なドイツの民衆にとってはなんら重要ではない。彼らは、これからどうなるか、ということが知りたいのだ。自分たちが欺かれていたことは分かっている。過去を憎んでいる。しかし、未来がどうなるか分からないのに、未来のほうがあの過去より良いなどとどうして言えるか？――ファラダがこう主張したのに対して、ピークは、「労働者階級を先頭とするドイツ人民」が「より良い未来」を創るのだ、「つまり――社会主義ですよ！」と、いつもの決まり文句を持ち出した。するとファラダは、こう反駁したのである。――「そういったことは、人間が生きる目的とするものから、はるかに遠く隔たっている。今日のドイツ人は、自分に言われたことではなく、自分が目で見たことを事実として認めるのだ。現実を自分に従属させるのは政治家の仕事だが、現実をあるがままに形象化するのは、芸術家の仕事だ」。

いらだたしげなこの発言のあと、ファラダが『だれもが一人で死んでいく』の中であ、るがままに形象化しようとした現実とは、だがしかし、物語が進行する一九四〇年から四二年の間のナチス・ドイツの制度や実在の人物などにとどまるものではなかった。なるほどそうした実在の事柄や人物も、この小説には至る所に登場する。反ナチス抵抗運動のメンバーに対する処刑の告示の文面も、こうした告示が掲出されたという事実も、作者の想像力の産物ではない。主人公たちと同じアパートの上の方の階にひっそりと住んで、周り中から迫害されている老ユダヤ人のローゼンタール夫人は、「ローレ、いえ、正しくはザーラ・ローゼンタールでございます」と自分の名前を名乗る。ユダヤ人は、女性であればすべてザーラだったからだ。処刑の手順も、裁判の進行も、さまざまな資料からわれわれが知っている事実とぴったり一致している。とりわけ、この小説の〈民族裁判所〉の裁判長として登場するファイスラー Feisler が、ナチ党幹部で一九四二年から四五年まで実際の〈民族裁判所〉の裁判長だったフライスラー Freisler をモデルにしていることは明らかである。ズボン吊りを取り上げられて絶えず両手でズボンを押さえていなければならない被告オットー・クヴァンゲルに対しても、妻アンナに対しても、ファイスラー裁判長は繰り返し意地の悪い嘲笑的な言葉を投げ付け、およそ法も秩序もないような暴力的な訴訟指揮をやってのける。実在のローラント・フライスラーも、国賊たちに対する憎悪と冷酷さの点で、この作中人物そのままだった。七月二〇日のヒトラー暗殺未遂事件の公判で、被告の一人、六二歳の陸軍元帥エルヴィン・フォン・ヴイッツレーベンに向かって五〇歳のこの裁判長が投げ付けたあざけりの言葉は、よく知られている。ズボン吊りを取り上げられている被告席の将軍を、フライスラーは裁判長席からこうののしったのである。——「そこのうす汚ないおいぼれ、いったいなんでそうやってズボンをいじくり回してばかりいるんだ?」。だがこの侮辱に対して、老将軍は敢然と応酬した。——「あなたはわれわれを死刑執行人に引き渡すことができるかもしれない。だが三カ月もすれば、苦しめられて激昂《げっこう》した民衆が、あなたに借りを返して、あなたの生きた身体《からだ》を道路の泥の中で引きずり回すだろう」。

ハンス・ファラダが形象化したありのままの現実は、こうした種類の事実との近さにとどまるものではなかった。このような個別的な具体性ではなく、もっと無名の、もっと一般的な現実性が、このファラダの最後の小説には形象化されていたのだ。

オットー・クヴァンゲルは、工場の仕事台の下にカードがあるのに気付いたとき、恐怖と同時に、このカードを読んだときの人々の反応が見たいという抑えがたい好奇心に取り憑かれてしまう。だが、二年間にわたる行為のなかで彼が初めて目にすることのできた発見者の顔は、たとえようもない恐怖の表情にほかならなかった。彼の呼びかけは、彼と彼の妻が最初に夢に描いたような連帯の反応を、実は一度として喚起しなかったのである。発見者は、最初の数語を読むか読まないかのうちに、自分に最も害が及ばない方法でそれを当局に提出するにはどうすればよいか、ということだけをひたすら考えて、このようなカードを作った者を憎んだのだ。

楽天的な未来像など民衆にはなんのかかわりもない、とファラダがKPD委員長ヴィ

反ナチ分子を裁くための〈民族裁判所〉は 1934 年 4 月 24 日制定の法律によって設置された。
42 年 8 月 23 日からはローラント・フライスラーがその裁判長となった。
鉤十字旗とヒトラーの胸像を後ろ盾にして、民族の敵たちを大量に断頭台や絞首台に送った彼は、
「血まみれ判事」と綽名されたが、敗戦3カ月前の45年2月3日、
連合軍の空襲によって民族裁判所の地下壕で死んだ。51 歳だった。
出典：Neumann, Robert: ***Hitler. Aufstieg und Untergang des DrittenReiches.***

ルヘルム・ピークを批判したとき、彼は、ナチス治下で常に至る所に見られた民衆のあの恐怖の表情を思い描いていたのである。公判の傍聴席でこの国賊たちを見物し、裁判長ファイスラーの嘲笑と声を合わせて笑い、被告の冷静な陳述には不平を鳴らし、被告席になだれ込んで被告を袋叩きにする〈国民〉たちを、思い描いていたのである。クヴァンゲル夫婦の呼びかけは、このような〈国民〉たちに対してなされ、そして当然のことながら、空しく虚無のなかへ消えていった。消えていったばかりでなく、彼らの拒絶と怒りと憎悪を招いた。この圧倒的な虚無と敵意のなかで、大きかろうが小さかろうがなんらかの一歩を踏み出そうとした者は、だれもが、一人で死んでいかねばならない。

ファラダがありのままに形象化したのは、こうした絶望的な現実だった。この現実を無かったことにして、いかなる未来もありえない。この現実を支えた人間たちが自らを変え、自らの力でヒトラーを倒したのではなく、連合国の軍事力によって外から解放されたまま、そのまま涼しい顔をして、今度は自力で新しい未来を建設する——などということがどうしてありえようか。民衆は過去のことなど忘れたがっているのだ、とファラダがヴィルヘルム・ピークに言ったとき、彼はただそういう事実を確認し容認したのではなかった。ひたすらより良い未来を語ることによって、過去を忘れたいと思っている〈国民〉たちの願望に期せずして迎合していく共産主義者たちへの批判をも、彼の言葉は含んでいたのである。過去を誤りとして未来の新たな希望を語るだけではなく、その誤りのなかでしか生きることができなかったのは何故かを問うこと、この誤りの真っただ中で生きながら、なおこの誤りと対決することがそもそも可能だったのかを問い直すこと――反ファシストたちに批判され嘲笑されながらナチス・ドイツにとどまり、圧倒的多数の読者たち、あの〈国民〉たちとともにいることを選んだハンス・ファラダの、それは避けることのできない課題だったのだ。

一人から千人へ

『だれもが一人で死んでいく』の中で模索されたこの問いの答えは、小説の表題そのものに示されているとおり、否定的で悲観的なものだった。生命を賭した小さな行為に、だれ一人、連帯の手を差し延べようとはしなかった。クヴァンゲル夫婦は、結局、空しい行為によってあらゆるものを失っただけだったのだ。だが作者は、取り調べの警部とオットー・クヴァンゲルとの間に、次のようなやりとりをさせている。

「いったい、何をまたあんたは考えたんだね、クヴァンゲル？　ただの一労働者にすぎんあんたが、党だの国防軍だのＳＳだのＳＡだのをずらっとうしろに従えている総統を相手に闘おうだなんて？　もうすでに世界の半分を征服して、一、二年もすれば最後の敵の一人まで征服してしまおうという総統を相手に？　お笑い草じゃないか！　だって現にあんたも最初から、失敗するにちがいないって言わざるをえなかったんだろうが！　蚊がたった一匹で象に向かって戦いをいどむようなもんじゃないか。わしには分からんねえ、あんたみたいな分別のある男が！」
「そう、あなたは決してお分かりになりますまい。たった一人で闘おうが千人で闘おうが、そこに違いはないのです。もしもその一人が自分は闘わねばならないということに気付いたら、共闘者がいようといまいと、闘わずにはいられないのです。わたしはこれからだっていつでもそうするでしょう。ただ、別のやり方で、まったく別のやり方で」。

クヴァンゲルたちは、二年間に二七六通のカードと九通の手紙を書いた。エッシェリヒ警部によれば、そのうち一八通が当局に届けられていない。「一八通、これが二年以上にわたるわたしの仕事なのです。これがわたしの希望のすべてなのです。生命と引き換えの一八通。でもとにかく一八通もねえ！」とオットー・クヴァンゲルは言う。警部は、その一八通はあんたが考えているような拾われ方をしたとはかぎらない、ただ届け出なかっただけで、残りの全部と同じようになんの効果なかったのかもしれない、なにしろそいつの効果があったという話は聞いたことがないから、とクヴァンゲルに言う。解任され、自ら逮捕された経験からナチス体制の正体が見えはじめているこの警部は、なんとかしてクヴァンゲルの生命を助けたいと思っているのである。なんの効果もなかったとなれば、せいぜい一五年か二〇年の刑で済むだろう、と彼はクヴァンゲルに話す。するとクヴァンゲルは、それを断固として拒否するのである。象に立ち向かう蚊の譬《たと》えを含んだやりとりが、そのあとに続く。

オットー・クヴァンゲルは自分の行為を悔いてはいなかった。ただ、これからやるとしたらまったく別のやり方でするだろう、と言う。その別のやり方について、彼はすでに、エッシェリヒ警部に語っている。

「はらみなさい、クヴァンゲルさん」と警部は自分のかたわらに陰気な顔をして突っ立っている男に言う。「いまあんたは白状してしまったんですよ、あんたの罪を。しかも自分ではまるでそれに気が付いていない!」

「わたしの罪ですって? わたしは罪など犯していません、少なくともあなたがおっしゃるようなものは。わたしの罪は、自分のことをずるがしこいと思い込みすぎて、一人きりでやろうとしたことです。だって、一人は無だということが、自分でも分かってるんですからね。いや、わたしはなにひとつやらなかった。だからこそ、わたしは恥じなければならないのです。しかし、わたしがそれをしたやり方、それが、間違っていたのだ。だからわたしは、罰を受ける資格がある、そのためになら喜んで死にます……」。

一人であろうが千人であろうが同じだという見解と、一人きりでやったのが誤りだったという反省との間には、矛盾はない。たった一人でも、始めなければならないのだ。

しかし、その単独の行為は、常に、単独にとどまることを自ら否定するものでなければならないだろう。手を差し出すとき、あるいは一瞥《いちべつ》を投げるとき、その手を握りしめまなざしを返すかどうかは、相手の決断にゆだねられている。だが、相手が握り返すことのできる手の差し延べ方、まなざしを返すことのできる一瞥の送り方は、最初に一歩を踏み出す者の責任なのだ。オットー・クヴァンゲルは、一歩を踏み出した。だが彼の一歩は、人々をおじけづかせた。それは陰謀の匂いを帯びていた。送り手の姿はまったく見えなかった。受け手はそこに罠《わな》の危険をかぎつけざるをえなかった。彼のカードは、彼の呼びかけよりも自分を陥れる策略をそこに読み取ってしまう発見者たちによって、警察に届けられた。当局にだけではなく、共闘者たりうる者たちからも、クヴァンゲルの姿は見えなかったからである。ただ一人、彼の姿を見て彼の真意を知ったエッシェリヒ警部だけを、彼の行為はつかむことができた。この国賊との出会いによって第三帝国における自己の役割をはっきりと悟ったエッシェリヒは、「オットー・クヴァンゲルが彼のカードによって改心させたおそらく唯一の人間」として、自ら生命を絶つ。

オットー・クヴァンゲルとその妻は、実は、他人との連帯をまったく見いださなかったわけではなかった。しかし、それは、直接彼らのカードによってではない。発覚ののちすでに死刑が確定してから、同じアパートに住む一人の退職判事が夫婦に小さなガラスのカプセルを一つずつ、当局の目を盗んで手渡す。それは、いざというときに自ら安んじて生命を絶つための青酸カリだった。死刑を前にした者に最大の安らぎを与えたこの好意は、もう一つの小さな行為と関連していた。クヴァンゲル夫婦が退職判事と親しくなったのは、夫が連行されたのち途方に暮れているユダヤ人のローゼンタール夫人をナチスの迫害から庇護するために、ひそかに協力し合って以来のことだった。

まったく自然発生的だったこの連帯は、カードによる抵抗の行動と、鮮やかな対照をなしている。作者がどのような意図でこの二様の抵抗を作品の中に設定したのかは、分からない。だが、これを読む者は、この二つの形の実践がついに分離したままであるところにクヴァンゲルの敗北の根拠があることを、予感することができるだろう。

『だれもが一人で死んでいく』は、勝利ではなく敗北に終わった抵抗の一時代の形象化だった。作品の内容がそうだったばかりではない。この小説そのものの存在がそうだった。これを一気に書き上げ、それ以上の労力を注ぎ込んで推敲《すいこう》し終えたとき、ハンス・ファラダのなかですべてが崩壊した。アルコールとモルヒネの中毒で破壊し尽くされた彼の肉体と神経は、もはや回復不可能だった。ベルリンの慈善病院へかつぎ込まれ、さらに別の病院へ移されたのち、一九四七年二月五日、ファラダは五三歳で死んだ。死のわずか一カ月前に完成していた『だれもが一人で死んでいく』が初めて出版されたのは、ようやく一九四九年になってからのことである。ふたたびかつての生彩を取り戻したファラダの作品は、彼の再起の出発点となることなく終わった。そしてヒトラー後のドイツは、過去との対決をファラダの作品の中で行ないつづけるという希望を、永久に実現することができなくなった。

うである。

この希望の逸失、この手遅れを、ファラダはあらかじめ作品の中で描いていたかのよ

オットー・クヴァンゲルは、退職判事からひそかに手渡された青酸カリに自己の主体的な行為の勝利という最後の希望を託して、死の恐怖と敗北を克服しようとする。ついに処刑の日が訪れたとき、さまざまな儀式をひとつひとつこなしながら、彼は、まだ早いと自分に言い聞かせて、カプセルを嚙み砕く一瞬を引き延ばす。ぎりぎりいっぱいというときまで、いったいどんな様子で死刑が行なわれるのか自分の目で確かめておきたい――という強い願望が、彼をとらえたのだった。とうとう処刑の部屋に到着し、断頭台の前に立たされ、背中で両手を縛られる。しかし彼は、嚙み砕くのを先へ延ばす。台に横たえられる。しかし、その先をさらに見ておきたい、と考える。彼は嚙み砕くのを、さらに先へ延ばす……。

彼は聞いた、死刑執行人が低声《こごえ》で「いまだ!」とささやいたのを。

だが、とても低声で、どんな人間もそれほど低声でささやけないほど低声でささやいたのに、クヴァンゲルには、この「いまだ!」が聞こえたのだった。

彼はまた、ブーンというような物音も聞いた……。

いまだ!――と彼のなかの何かも、こう考えた。そして彼の歯は、青酸カリのカプセルを嚙み砕こうとした……。

すると、のどが絞めつけられた。嘔吐が奔流のように口を満たし、あの小さなガラス管を引きさらっていった……。

南無三、と彼は考えた、おれはあまりに永く待ちすぎてしまった……。

ブーンという音はゴーッという音に変わっていた。ゴーッという音は耳をつんざくばかりの絶叫に変わっていた。それは、星々までも、神の玉座の前までも、聞こえるにちがいないと思われた……。

それからギロチンの刃が彼の首をバサッと通り抜けた。

クヴァンゲルの頭はかごの中へ落ちた。

一瞬の間、彼は静かに横たわっていた。まるで、自分に加えられただまし討ちに、この頭のない身体が呆然としてしまっているかのようだった。それから、胴体がビクッと起き上がった。皮バンドと鋼鉄の金具の間でのたうち回った。死刑執行人の助手たちが、彼の上にのしかかって彼を押さえ付けようと試みた。

死者の両手の静脈が太くなり、さらに太くなって、そしてそれから、いっさいがくずおれた。

ただ血だけが聞こえた。シューという音とザーという音を立てながら、むっとするような臭いで下へ落ちる血だけが。

ギロチンの刃が落下してから三分後、青ざめた医師がいくらか震え声で、処刑者の死を宣告した。

彼らは死体を片付けた。

オットー・クヴァングルはもういなかった。

ファシストたちによる死から自分を守るための最後のよりごころを、彼は逸してしまったのだった。彼があまりにも飽くことなく、すべてを自分の目で見ておこうとしたからである。

だが、この飽くことない好奇心、すべてを自分の目で見て確かめたいというこの意思こそは、自分自身の目よりもゲッベルスの言葉を信じた〈国民〉たちと、彼を区別するものだったのだ。〈少国民団〉から前線での死まで、労働奉仕や募金活動から日常のさまざまな挨拶の言葉まで、そのすべてが管理され統制されている第三帝国にあって、それは、小さな一歩を踏み出すための小さな足がかりとなるような、生活スタイルの一つだったのかもしれない。そして、鳥のような顔をした偏屈な男が、自分の目を信じるがゆえにユダヤ人の老婦人や退職判事との出会いを持つことができたように、孤立する少数者のほうにこそ、実は、さまざまな官製の組織や国家の行事によって一体感を味わう圧倒的多数の〈国民〉よりも、いっそう大きな連帯の可能性が残されているのかもしれないのである。

終章

最初の蜂起

ブーヘンヴァルト・一九四五年

強制収容所の歌

昼がようやく目をさましゃ
お陽《ひ》さま笑うより早く
隊列組んでお出かけだ
毎日毎度の苦しみに
ほのぼの明ける朝のなか
森は黒々　空紅く
おいらの袋にゃパンのくず
心には
　心にはただ憂《う》さばかり

おおブーヘンヴァルト
　忘れはしない
お前はおれの運命さ！
お前から出てはじめて分かる
自由の尊さありがたさ
おおブーヘンヴァルト
　嘆きはしない
どんな運命こようとも
人生はかなむことはせぬ
いつかその日がやってくりゃ
　きっと自由になれるのさ！
人生はかなむことはせぬ
いつかその日がやってくりゃ
　きっと自由になれるのさ

夜は夜とて寝苦しく
かわいあの娘《こ》は遠い空
風は静かに歌かなで

おれはあの娘に惚れてるさ
裏切るなよと空頼《そらだの》み
石は固いがひるみはせぬぞ
つるはし持って鋤《すき》持って
心には
　心にはただ恋ばかり

おおブーヘンヴァルト
　忘れはしない　（以下、繰り返し）

けれども夜は短かくて
果てなく続くは昼ばかり――
歌が聞こえるあの歌が
故郷でみなが歌ってた
くじけはしないぞ負けはせぬ――
勇気を出そう戦友よ
血に流れるは生きる意志
心には

心にはただ信念を
おおブーヘンヴァルト
忘れはしない　（以下、繰り返し）

ブーヘンヴァルトの強制収容所は、歌を持っていた。いつしか囚人たちの間で歌われはじめ、だれが作ったとも知れぬまま、彼らの心を代弁するものとして静かに口ずさまれた――というような種類の歌ではない。

　一九三八年末、ブーヘンヴァルトの第一保護検束棟指導者レードゥルが、突如として、歌を作る命令を出したのである。どこの強制収容所にも歌があるのに、自分のところにないのは恥だ、とでも考えたのだろう。彼は一〇マルクの賞金を付けて囚人たちに作詩作曲を命じたのだった。多くの作品が寄せられ、そのなかから「昼がようやく目を覚ましゃ」に始まる一作が採用された。SSに忠実な一人のカポ（当局に任命されて囚人の監視と統合に当たる囚人）の作であるとされた。だが実は、詩も曲もユダヤ人の音楽家の作品を盗んだものだった。

　どこの収容所も、いわば収容所歌とでも言うべき歌をもっていた。最も有名なのは、〈沼の収容所〉という別名をもつ北ドイツのエムスラント強制収容所の『沼の兵士たち』と題する歌だったが、これらの歌は、朝夕の点呼のときやさまざまな行事のおりに、収容所当局者の命令によって歌われたのである。強制収容所におけるこのような歌の役割は、それらの歌そのものの内容を見るとき、なんとも奇妙な感慨をわれわれに与えずにはいないだろう。現在の苦しみと未来への希望を歌い込んだこの歌が、一種の抵抗の歌として囚人たち自身のなかから生まれ、ひそかに口ずさまれたのであれば、それはまだ理解できる。あるいは逆に、当局によって強制された歌が現実を肯定し美化するものであれば、それはそれでまた理解できる。しかし、ナチの強制収容所では、囚人のなかのエリートが囚人たちを監視する役目を与えられただけでなく、当局によって下付された現実否定の歌が公式の歌として斉唱されたのだった。

ブーヘンヴァルト強制収容所は、一九三七年七月一六日、ちょうどニーメラー牧師が逮捕された日から半月後に、ヴァイマル市のすぐ近隣に開設された。たとえばダッハウの収容所の門には「労働は自由をもたらす!」という標語が記されていたが、ブーヘンヴァルトの正門に掲げられたモットーは、「正義であれ不正であれ——わが祖国!」というものだった。徐々に施設が拡充されたが、三八年春には囚人数はまだ二九〇〇にすぎなかった。それが、敗戦直前の四五年三月には五万人にふくれ上がっていた。その間にほかにも多くの収容所が建設されていたことを考え合わせるなら、第三帝国がまさしく版図内にもう一つの別の国を抱えていたという事実が、明らかになるだろう。

強制された歌をもつ強制収容所は、あらゆる意味において、現実のなかにあるもう一つ別の現実だった。「正義であれ不正であれ」どころか、人間社会の正義はそこでは悪であり、不正が正義でさえあった。人間の皮でランプのシェードを作らせる女性が模範的な国民であり、送り込まれてきたユダヤ人に優しい言葉をかけるドイツ人が、制裁のための密室に閉じ込められ、食物と水を差し止められ、拷問を受けるのだった。こうした現実は、しかし、実はもうわれわれになんの感慨も起こさせないのである。一九四五年に衝撃だったアウシュヴィッツは、いまでは日常性のほこりのなかに埋もれている。忘れ去られて埋もれているのではない。日常そのものの一要素になってしまったのである。強制収容所はナチス・ドイツにのみ存在したのではないことを、すでにわれわれは知っている。いまもなおそれらが世界の各地に存在していることも、われわれは知っている。

だがしかし、これらの強制収容所の存在について考えるとき、われわれは、その別世界がふつう現実と呼ばれる世界とどれほど遠いかということに、衝撃を受けるだけではない。そのような別世界でも人間は生きることができるのだという事実に、むしろいっそう大きな衝撃を受けるのである。

ナチス・ドイツの一二年間は、人間はあらゆる事態に唯々諾々として従うことができるという事実を、われわれに教えてくれる。抵抗者たちに正義があり、ナチス体制とその追随者に不正があったというわれわれの常識があるとすれば、それはわれわれの常識にすぎない。正義と不正との転倒どころか、正義とか不正とかはもはや存在しないのだと為政者自らが公言する世界が、そこにはあったのである。――抵抗者たちは、そのような世界に生きていたのだ。われわれがいまわれわれの世界であると考えているような世界に生きていたのではない。彼らを非国民としてののしった人々は、その人々の世界の正義を体現していたにすぎない。被告を堂々と嘲笑し憎悪する裁判官は、その世界の最も公正な正義の番人だったにすぎない。彼の嘲笑に対してわれわれの嘲笑を、彼の憎悪に対してわれわれの憎悪を向け返すだけでよいなら、問題は簡単だろう。だが、もしもそのような対決の仕方ではファシズムを内的に批判することはできないとすれば、われわれは、「総統が命令を下された——われらはそれに従おう！」という掛け声にただ去勢牛のようについて行った人々を、その追随のゆえに非難するだけではなく、その追随の根拠そのものを掘り崩す作業を要求されるだろう。そのような作業は、そもそも可能だろうか？

ナチス・ドイツの版図のなかに生まれたもう一つの国としての強制収容所は、いわば別世界のなかの別世界だった。強制的な歌や拷問や飢えによって、ナチスはここにもまた彼らの世界の法則を支配させようとした。だがここでは、第三帝国の現実における正義と不正との、国民と非国民との、多数者と少数者との関係が、逆転せざるをえなかったのだ。ここを管理するSSは、実は監視者ではなく監視される者たちだった。彼らは武器を独占していたが、もしも彼らを監視する多数者が武器を握れば、彼らの武力は無に等しかっただろう。第三帝国の現実のなかでは、ナチスが自ら導入した兵役義務制によって、国民は武器を与えられていた。だがその武器がヒトラーに向けられることは、稀有の例外でしかなかった。強制収容所の中で囚人たちが武器を取るとすれば、それは、ナチスに向けるためのみだったろう。

ナチスが自らの支配をまっとうするために創り出した強制収容所は、こうして、ナチズムにとって一つの宿命となったのである。彼らが囚人たちにあてがった歌は、いまや、まったく別の意味を込めて歌われることができたのである。

解放とその後

一九四五年四月初め、ブーヘンヴァルトには約四万七〇〇〇の囚人がいた。ナチス・ドイツの崩壊はもはや時間の問題であることが、収容所の中にいてもはっきり分かった。周辺部の各収容所から、次々とこのドイツ中部の大収容所へ、囚人たちが移送されて来たからである。もちろん、収容所の撤去にさいして、ユダヤ人をはじめとする大部分の囚人は殺され、収容所の撤去ということは囚人の皆殺しに等しい意味を持っていた。

ブーヘンヴァルトの囚人たちの間でも、近々ここをも訪れるその破局にどう対処するかが、焦眉の問題となった。この収容所では、すでに数年前から、共産主義者を中心とする広範で強固な抵抗組織が作られていた。SSの側にもこの事実は周知の事柄だったが、囚人たちは団結して壊滅作戦に立ち向かい、損失を最小限に食い止めてきていた。一九四四年八月二四日に収容所が連合国軍の爆撃を受けたとき、その混乱に乗じて、囚人側は多数の武器を奪うのに成功した。小銃、ピストル、手榴弾など、奪取した武器は、壁に塗り込めるというような方法を含めて、あちこちの安全な場所に隠された。チャンスの到来を待つだけだった。

一九四五年三月末になると、SSがこの収容所をなんらかの方法で殲滅しようと計画していることが明らかになった。考えられる皆殺しの方法としては、銃殺、焼殺、ガス殺、毒殺、空爆による抹殺などがあった。種々の条件を考慮すれば、このうちガス殺の方法がとられる可能性が最も大きかった。実行に移されればもはやほとんど防ぎようがないこの方法を初期段階で食い止めるために、抵抗組織は、毒ガス貯蔵庫を中心に厳しい監視体制を敷いた。あらゆる国籍の囚人から成る抵抗組織では、共産主義者の指導グループとそれ以外の囚人たちの代表者グループとが密接な連絡をとって、日夜協議を繰り返した。SSは末期的な混乱に陥っているとはいえ、武器の量から見て、時機を誤れば一時間程度の戦闘しかできそうになかった。敵が最後の断を下す瞬間をつかんで、一挙に反撃に転じるのが、ただ一つ勝利する可能性であると見られた。

その間にも、この収容所の囚人が次々と外へ送り出されていった。別の施設への移送と称されてはいたが、死への出発であることはだれもが知っていた。そのうえSSは、抵抗組織の不穏な動きを抑えるために、イギリス人グループの全員抹殺という威嚇をかけてきた。直ちに、イギリス人囚人はあらゆる秘密の隠れ場に隠された。指示された隠れ場にもぐり込んでみると、すでにもうずっと何日も前からそこに潜んでいた活動家と鉢合わせするというケースもあった。このころすでにブーヘンヴァルトには、三歳の男の子が一人隠されていたことが、いまでは分かっている。反ファシスト作家ブルーノ・

アーピッツが自己の体験を基にして書いた長篇小説『裸で狼の群のなかに』（一九五八）は、組織壊滅の危険を冒してこの子供をSSから隠しおおせた囚人たちの闘いを、当時のブーヘンヴァルトの全体的な状況のなかで感動的に描いている。

ついに四月一一日、やり直しの許されない最後の瞬間がやってきた。アメリカ軍はもう間近まで迫っていた。突然、SS隊員はすべて施設外に出るように、との命令をスピーカーが伝えた。外の仕事に集中的に当たるためという理由だったが、囚人だけを中に閉じ込めてなんらかのことが行なわれようとしているのは、疑いもなかった。直ちに武装蜂起の合図が出された。

戦闘は長くは続かなかった。押し寄せてくるアメリカ軍とぶつかることを恐れたSSたちは、早々に武器を収めて逃亡にかかったからである。アメリカ軍が入ってきた。ブーヘンヴァルトは、数瞬の差で、ナチス・ドイツに対する初めての自己解放を成し遂げたのだった。解放されたとき、収容所にはなお二万八〇〇〇の囚人たちが生きていた。

他のどこよりも厳しい監視と弾圧の下におかれた強制収容所という世界の中で、第三帝国の一二年間に他のどこでも一度として達成されたことのない自己解放がなされたのは、象徴的なことだった。もちろん、戦争の最終段階と外国軍隊の肉薄という条件は、無視できない。もしも蜂起がなされなかったとしても、遅かれ早かれ、それどころかほぼ同時刻に、連合軍はブーヘンヴァルトに足を踏み入れたのである。だがしかし、そのときには大量の死体と死体同様の生存者しかいなかっただろう。蜂起がなされたことと、外からの解放をただひたすら待ったこととの間には、二万八〇〇〇人の生命以上の大きな差異があったのだ。そして、この蜂起の前には、敵の武器を奪う行動があった。それもまた、空襲という偶然に助けられてのことにすぎない。しかし空襲は、ブーヘンヴァルト以外でも、それこそ無数にあったのである。

ブーヘンヴァルトを解放したものは、もちろん、この四月一一日の一回の蜂起ではなかった。象に立ち向かう蚊のような抵抗から始まって、オットー・クヴァンゲルとその妻が想い描いたような大きな流れに至るまでの全過程が、ここでは現実のものとなったのだった。この過程のなかで、ナチス体制の切り札だった強制収容所という世界は、ナチズムとSSを包囲する世界へと、機能転換を遂げたのだ。

この機能転換が強制収容所ではなく第三帝国の日常そのもののなかで行なわれなかったことは、歴史的な事実である。そしてこの歴史的な事実は、たとえ何千もの英雄的抵抗の実例を引き合いに出そうとも、彼らの人間的な豊かさと誠実さをどれほどナチズムの残虐さや卑劣さと対比して描こうとも、変わるものではない。

だがしかし、そうした歴史的事実の前ではますます絶望的に見る小さな個別的抵抗と、それに対する全国民的な殲滅作業とが演じられたほかならぬ第三帝国の現実こそ、実は最大の強制収容所でしかなかったことを見るなら、そしていまわれわれが生きているこの現実もまた、その外に特殊ケースとして種々の強制収容所を備えた世界というよりは、むしろ新たな巨大な一つの収容所であり、その中ではブーヘンヴァルトとまったく同じように、この現実にふさわしい歌があてがわれているということを見るなら、第三帝国とそれへの抵抗は、また別の相貌を帯びてくるかもしれないのである。

後章

解放ののちに

自由と共生への遠い道

亡命者たち

一九四五年四月三〇日午後三時半、アードルフ・ヒトラーはベルリンの総統官邸地下壕で自殺した。翌日、最後まで総統に忠実だった民衆啓発宣伝相ヨーゼフ・ゲッベルスが、四歳から一二歳までの六人の子供たちと妻とを道連れに、そのあとを追った。

ヒトラーの死の一週間後、五月七日の未明に、ドイツ防衛軍《ヴェーアマハト》参謀本部長アルフレート・ヨーデル大将は、西側連合国軍の参謀本部が置かれていたフランス北東部のランスへ赴き、降伏文書に署名して、翌五月八日の二三時〇一分までにドイツ軍は戦闘を停止するむね確約した。戦闘停止後の五月八日深夜、東から進撃してすでにベルリンの全市を制圧していたソ連軍の司令部で、ドイツ防衛軍最高司令官のヴィルヘルム・カイテル元帥が、イギリス、アメリカ、ソ連の各司令官を前にして、無条件降伏の文書に署名した。署名の時刻は、五月九日午前〇時一六分だった。依然としてアジアでは日本と連合国との戦いが続いていたが、ヨーロッパと中近東とアフリカでの第二次世界大戦は終結したのである。

その年の秋、一一月二〇日に、〈ニュルンベルク裁判〉の国際軍事法廷が開廷した。翌四六年一〇月一日に終結するこの戦勝国による裁判では、従来から戦争犯罪とされてきた行為に加えて、国内と国外の民衆に対するナチスの残虐行為が〈人間性《ヒューマニティー》に対する罪〉という新しい概念を援用して裁かれることになった。アウシュヴィッツを始めとする強制収容所での出来事も、この法廷を通じて広く全世界に知られたのである。死刑宣告を受け、四六年一〇月一六日に絞首によって処刑された一二人の戦犯には、降伏文書に署名した防衛軍最高首脳のカイテルとヨーデルも含まれていた。一二人の死刑囚の一人、ナチ党ナンバー2と目されたヘルマン・ゲーリングは、死刑執行の直前に獄中で服毒自殺した。

だが、一二年三カ月にわたる〈第三帝国〉の日々は、総統《フューラー》を筆頭とする最大の責任者たちの自殺と処刑とで終止符を打たれたわけではなかった。それが一九三三年一月三〇日のヒトラー内閣誕生で突如として生まれたのではなく、そこに至る前史によって育まれていたように、ヒトラー時代の日々は、崩壊ののちに来た日々のなかになお生きつづけた。ヒトラー治下のドイツで暮らした国民はもとより、亡命して国外でドイツの敗戦を迎えたものも、ドイツとヨーロッパ各地の強制収容所・絶滅収容所で生きながらえて奇跡的に解放を迎えたものも、ナチス時代がなかったかのようにまったく新しい生活を始めることなどできなかった。ナチズムを拒否し、あるいはナチズムによって自由と生命を蹂躙された人々の待ちわびた日がついにやってきたとき、彼らは、〈第三帝国〉の後史を生きるという困難の前に立ったのである。

生きてその日を迎えよう

ヴィーラント・ヘルツフェルデ

生きてその日を迎えよう——
ひょっとするとその知らせを読むためには
度の強い眼鏡が要《い》るかもしれない、
あるいは一人前になった息子が
椅子から助け起こしてくれなければなるまい、
私が——喜びに打ち震えながら——
窓から外を眺められるように。
あるいはまた私の孫が、
年老いて目が見えなくなった私に
新聞を読み聞かせてくれるのか——

それがいつのことになろうと、
私は生きてその日を迎えよう、
そのときはヨーロッパの町々を——
それまで警官の笛だけが鳴り響いていたそこ、
私についても、友人たちについても、
憶えているということ自体が
一つの犯罪だったそこ、
心のねじまがった連中だけが笑い、
そして泣くものは
暗がりで泣かなければならなかったそこ——
私は生きてその日を迎えよう、
そのとき、そこを、正義の旗のもと
何千もの町々を埋め尽くして
行進するのだ、あいつらではない兵士たちが、
押しとどめることのできない足取りで、
ますますふくれあがる流れとなって、どよもしながら幅広く。
そうするうちに何千もの町々から
地下室から洞穴から

山々から森のなかから
（そこで血を流す野獣さながらに生きていたのだよ）
何百万人もが引きも切らず列をなして
その軍勢に合流する、
一つの新しい世界の、
もっと良い世界の軍勢に。

生きてその日を迎えよう、
そのときやつら、国境を越えて押し入り
ヨーロッパの民族民衆を奴隷にしたやつらは、
パニックにおちいり、
額《ひたい》に恐怖の汗を浮かべて、
逃げ延びるために国境をさがす、
自分をかくまってくれる奴隷をさがす。
けれどもそこにはただ一つの国境しかないだろう、　海しか、
そして何百万人ものなかに
一人の奴隷も見つかりはすまい。
全ヨーロッパが容赦のない一つの軍勢となっているだろう。

そして世界はこの闘士たちを理解するだろう、
彼らが百もの言葉を話しているとしても。
たとえまだ見慣れない姿であっても——
彼らの顔は兄弟たちのそれだ。
つねに、どこにいようと、ファシズムを憎むものには、
私と同じようにわかるだろう、
これは私の兵士たちなのだと。

そんなことはと肩をすくめるな——
私は生きてその日を迎えよう。そしてきみも。

一九四〇年六月にドイツ軍がパリを占領し、次いでフランスの全土を制圧してから一カ月余りのちの八月四日、アメリカ合州国ニュー・ハンプシャー州のマールボロで、ヴィーラント・ヘルツフェルデはこの詩を書いた。

一八九六年四月一一日に生まれたヴィーラント・ヘルツフェルデ（本名＝ヘルツフェルト）は、一九一八年一一月に始まるドイツ革命を、最左翼の〈スパルタクス同盟《ブント》〉とともに闘った。革命初期の激動のさなか、同年一二月三〇日から三日間にわたって開かれた〈ドイツ共産党〉創立大会に参加して、ローザ・ルクセンブルクやカール・リープ

クネヒトらとともに同党の創立メンバーの一人となった。だが、一九二三年春まで続いたドイツ革命の過程で、彼は、いわば政治革命ではなく文化革命における中心的な存在の一人となる。革命に先立つ欧洲大戦（第一次世界大戦）の時期に、彼は二度にわたって軍隊から逃亡したが、兵役に服する間にも、反戦の志を同じくする仲間たちとともに前線劇団を組織し、演劇を通じて兵士たちのなかに戦争に対する疑念と反対を醸成しようとした。その仲間たちというのは、彼の実兄でのちに著名な写真《フォト》モンタージュ作家となるジョーン・ハートフィールド（本名＝ヘルムート・ヘルツフェルト）、やはり一世を風靡する風刺漫画家となったジョルシュ・グロス（本名＝ゲオルク・グロース）、『三文オペラ』の作者ベルトルト・ブレヒトにも大きな影響を与えた俳優・舞台監督で演劇理論家のエルヴィン・ピスカートルなどである。

帝国崩壊後のドイツで、彼らは、多数派の社会民主党が議会制民主主義を推進して資本主義体制を維持しようとしたのに対し、そして〈国民〉の多数がそれを支持したのに対し、労働者評議会《レーテ》の制度に基づく社会主義共和国の樹立を目指す運動の一翼を担った。政治に支配され大資本に搾取される客体でしかなかった民衆が、真に社会の主体となるためには、支配者によって与えられる文化の受容者であることをやめて、自分たち自身の文化を創造する表現主体にならなければならない。こう考えた彼らは、ドイツ革命のなかで、文化の革命を推進しようとした――あるいは革命の文化を創出しようとしたのである。

ヴィーラント・ヘルツフェルデは、そのために、〈マリク書店〉(Der Malik-Verlag)という名の小さな出版社を創立し、ジョーン・ハートフィールドやジョルシュ・グロスらとともに『ダダ』(*Der DADA*)を始めとするまったく型破りの雑誌を世に送り出した。彼らのグループが一九一〇年代中葉に発明したと自負するモンタージュの手法を駆使して、反革命の市民、あるいは革命に無関心な市民たちを挑発したのである。彼らのこの表現活動は、同時多発的にヨーロッパ各地で展開されたダダイズムのうちでも最も過激な〈ベルリン・ダダ〉として、世界的な注目を集めることになる。折りからドイツに留学していた日本の画家・演劇家、村山知義は、ベルリンのダダイストたちに触発されて、帰国後に〈マヴォ〉という前衛芸術家集団を設立し、大正デモクラシーの時代におけるモダニズム文化の旗手となった。村山知義がそうだったように、ベルリンのダダイストたちは、雑誌や展覧会というメディアだけで自足してはいなかった。彼らは〈プロレタリア劇場――大ベルリン労働者舞台〉という劇団を開設して、労働者のための、そして労働者によるこの演劇の場を、ドイツ革命の文字通り一つの舞台としたのである。

　だれかに答えを与えてもらって、それに従って生きるのではなく、自分(たち)で答えを、それどころか問題をさえも探し、さしあたり見出した答えの実現に向かって試行錯誤を続けるという、自分の生き方の主体である人間の自己形成を、彼らは実現しようとしたのだった。それは、国会議員たちやその妥協によって成り立つ政府に、あるいはだれか力のある指導者《フューラー》に、自分の生活と運命を委ねるのではなく、可能なかぎり身近な代表からなる〈評議会《レーテ》〉に自分たちの主体性を反映させることによって、直接民主主義の実現を目指そうとする革命派の志向と、軌を一にしていた。正解を舞台から観客席に送るのではなく、問いを投げかけ観衆を挑発して、客席そのものを演劇の舞台に変えようとする演劇。美や感動を描いて見せるのではなく、描かれているものを前にした人間が立ち止まり、作品が伝えようとしているものを自分で再構成して、自分自身で意味づけしなければならないような絵画や写真や彫刻——。彼らが模索しながら実践した表現は、二〇世紀の前衛芸術の先駆けの一つとなった。

　革命の勃発に乗じて政府の権力を握った社会民主党は、レーテ革命派を抹殺するために軍部と手を結ぶ。そして既存の国防軍《ライヒスヴェーア》を使って叛乱を防止し鎮圧しただけでなく、〈義勇軍団《フライコール》〉と呼ばれる非正規のボランティア部隊を創設し、これを国防軍の別働隊として革命派虐殺のために駆使したのである。ミュンヒェン、ブレーメン、ハンブルク、ライプツィヒ、ブラウンシュヴァイクなど、ドイツ各地で生まれた〈評議会《レーテ》共和国〉——つまり社会民主党を中軸とする〈ヴァイマル共和国〉などというものを容認しない革命派の政権——は、義勇軍団《フライコール》を主力とする政府軍の武力行使によって次々と殲滅された。社会民主党の最高幹部で、やがてヴァイマル共和国の初代大統領となるフリードリヒ・エーベルトは、のちに明らかになったように、革命勃発の直後から、秘密の直通電話で国防軍最高司令部と緊密な連絡を取り合っていたのだった。ヴァイマル共和国は、じつは、社会民主党と保守派諸政党との連立政権によって成立した国家ではなかった。この国家の政治体制として名高い〈ヴァイマル連合〉は、実質的には、社会民主党と保守派諸党と国防軍首脳とによる連合だったのである。

戦後処理の〈ヴェルサイユ条約〉が発効し、ドイツの軍事力が大幅に削減されることになったとき、解散を余儀なくされた義勇軍団の将兵たちの少なからぬものが、擡頭しはじめたナチスの武闘集団、SA《エス・アー》（突撃隊）に吸収され、あるいはSAの軍事顧問となって軍事訓練を指導した。

ヴァイマル時代の末期、ヒトラーのナチ党が急速に国会と地方議会での議席数を伸ばし、街頭宣伝でも社会民主党や共産党としのぎを削るようになると、〈マリク書店〉を中軸とするヘルツフェルデと同志たちの表現活動は、ますますその意味を大きくすることになった。ジョーン・ハートフィールドのフォト・モンタージュ作品のテーマも、ジョルシュ・グロスの風刺漫画の題材も、ヒトラーと、彼を陰に陽に支援する大資本家たちや軍部への批判に重点が置かれるようになる。だが、空前絶後の大失業状況のなかで、〈国民〉たちの多数は、ドイツ革命のときと同じように、強力な指導者に解決を委ねる道を選んだのである。

ユダヤ人家族に生まれ、しかもナチスにとってもう一つの最大の敵である共産主義者《コムニスト》だったヴィーラント・ヘルツフェルデは、〈全権委任法〉の強行採決によってナチスが国家権力のすべてを掌握すると、マリク書店とともにチェコのプラハへ亡命した。マリク書店とともに、というのは、プラハでこの書店の出版活動を継続し、いよいよ本格的

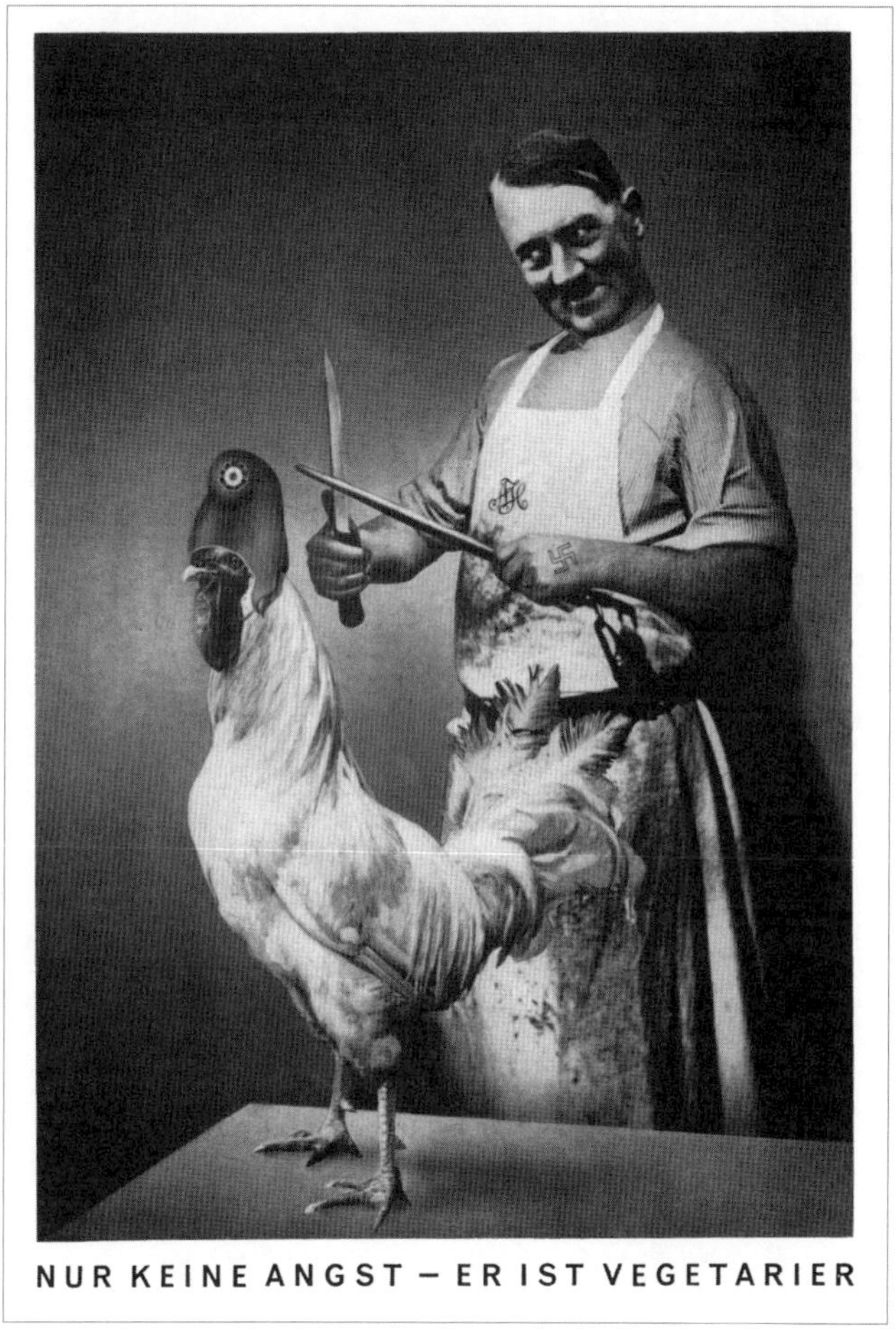

ジョーン・ハートフィールド「心配しなくていいのよ――このひと、菜食主義者《ヴェジタリアン》なの」（1936年5月）。
出典：Herzfelde, Wieland: *John Heartfield. Leben und Werk.*

にナチズムに対する闘いを、しかも今度は文字通り全世界に向かって展開したからである。マリク書店の出版物は、ヒトラー・ドイツの現実を暴露し、英仏などの資本主義諸国がナチス・ドイツをソ連に対する防波堤として利用しようとしていることに、激しい警鐘を鳴らし続けた。ジョーン・ハートフィールドのモンタージュ作品が、言語の壁を越えて、全ヨーロッパにファシズムのさまざまな姿を示したのも、この時期である。

三八年九月末、英仏伊のヨーロッパ三大国との合意（ミュンヒェン協定）によって、ドイツは、チェコのズデーテン地方を併合した。さらに翌三九年の三月には、チェコスロヴァキア共和国の西半分であるベーメン（ボヘミア）とメーレン（モラヴィア）、つまりチェコの全域を、ドイツの保護領とすることを一方的に宣言した。ヘルツフェルデは、イギリスへ逃れたが滞在を拒否され、そこに留まる兄ハートフィールドと別れて、亡命の地をアメリカ合州国に移さなければならなかった。ニューヨークで書籍販売業を営みながら、亡命ドイツ人たちの情報紙『自由な言葉』（*Das freie Wort*）の編集に携わったのち、一九四四年、アメリカに亡命しているドイツの作家や思想家たちを糾合《きゅうごう》して、〈アウローラ書店〉（Aurora Verlag）という出版社を設立した。設立メンバーとして名を連ねたのは、哲学者エルンスト・ブロッホ、劇作家ベルトルト・ブレヒト、小説家のフェルディナント・ブルックナー、アルフレート・デーブリーン、オスカー・マリーア・グラーフ（あの「わたしを焼け！」の作家）、ハインリヒ・マン、F・C・ヴァイスコプフ、詩人のベルトルト・フィアテル、エルンスト・ヴァルディンガー、それにヴィーラント・ヘルツフェルデの、計一〇人である。いずれも、ヴァイマル時代のドイツを批判的な知識人・作家として生きた人々だった。ブロッホの『自由と秩序』、ブレヒトの『第三帝国の恐怖と貧困』、ブルックナーの『シモン・ボリバル』など、戦後のドイツで新たな生命を獲得することになる著作が、この書店からドイツ語で刊行された。

ドイツの敗北によって戦争が終わったのちも、ヘルツフェルデはアメリカに留まってアウローラ書店の仕事を続けたが、一九四九年秋、ソ連による占領統治から独立してドイツ民主共和国（いわゆる東ドイツ）となったばかりのドイツの東半分へ帰ることになる。そこのライプツィヒ大学から、文芸社会学の教授として招聘《しょうへい》されたからである。兄のジョーン・ハートフィールドも、演劇家のエルヴィン・ピスカートルも、そして最終的にはベルトルト・ブレヒトも、あいついで東ドイツへ帰った。画家のショルシュ・グロスだけは、一九五九年までアメリカで暮らし、ついに帰国を決意して同年六月一五日に妻とともに二六年ぶりで西ベルリンへ帰り着いた。そして、その一〇日後、七月五日の深夜に脳溢血で倒れ、翌日、グロスは他界した。

帰国したヴィーラント・ヘルツフェルデには、なお生きなければならない長い道が残されていた。それは平坦な道ではなかった。ナチズムの過去を社会主義体制によって克服したという立場をとる東ドイツは、彼が生きてその日を迎えることを夢みた未来にふさわしい国家社会ではなかったからである。敗戦後のソ連占領地域で共産党と社会民主党とが合同して結党された〈ドイツ社会主義統一党〉（ＳＥＤ）に彼もまた入党したが、五一年には、なんらかの嫌疑によって党籍を剥奪された。ほどなく名誉回復され、復党を許されたが、いわゆるスターリニズムの重圧と、それに追随することで権力と権威とを維持しようとする党官僚や政府首脳による統制は、彼がかつてのドイツ革命の時期にもヴァイマル時代にもナチズムからの亡命のなかでも追い求めてきた理念と、合致するものではなかっただろう。

しかし、今度はもはや、そこから脱出して亡命すべき土地はなかった。一九六一年八月に東ドイツがベルリンの壁を築いたとき、かつてアウローラ書店を共に担《にな》った哲学者のエルンスト・ブロッホは、それに抗議して西のドイツ連邦共和国へ移住した。だが、ヘルツフェルデは東に留まり、そこで三九年の年月を生きて、一九八八年一一月二三日、満九一歳で歿した。それは、四一年のあいだ存続したドイツ民主共和国という国家が一九九〇年一〇月二日に消滅する二年前だった。

ナチスの政権掌握によって彼がプラハへの亡命を余儀なくされたとき、ナチスは彼の国籍を剥奪することでそれに応じた。〈全権委任法〉によって好き勝手に法律を作れるようになったヒトラー政府は、三三年七月一四日（フランス革命記念日！）にまとめていくつも制定した重要な法律の一つで、政治的亡命者の国籍を政府が一方的に剥奪できることを定めたからである。国籍剥奪を知ったヘルツフェルデは、ノートに一篇の詩を書きつけた。

魚に書類を送りつけて、
おまえは明日《あす》から毛虫だと告げてやれ。
そうすれば魚は泳ぐのをやめるのか？

ドイツ人であること、それは、
自分の生い立ち、自分の感性、自分の思考が、
自分の話すことばとふるまいが、
何百万人もの手や脳髄と
（たとえ異国に追いやられているとしても）
分ちがたく結ばれているということだ、
ドイツを作りあげてきて、
そして絶えず作りつづけるそれらと。

ドイツのお城だの君主だの、
ドイツの戦《いくさ》だの殺戮者《さつりくしゃ》だのを讃えて歌うものたち、
そいつらがドイツ人であるものか、
ドイツの恥さらしでドイツの墓堀人であるそいつらが。

ドイツ人たちであること、それは、
自分たちの父祖たちが君主や主人どもに逆《さか》らい、
そいつらの城を襲撃したということだ。
ドイツ人たちであること、それは、
人間の名誉と労働との濫用を
許さないということだ、
ましてや奴隷状態や略奪を。

ドイツ人たちであること、それは、
ドイツの裏切者《うらぎりもの》どもに宣戦布告することだ、
平和をかちとるために！

ヴィーラント・ヘルツフェルデはこの詩に〈*Pro Patria*《プロー パトリア》〉というラテン語の表題をつけた。「祖国のために」という意味である。この言葉は、たとえば〈Dulce et decorum est pro patria mort.《ドゥルケ エト デコールム エスト プロー パトリア モルト》〉（祖国のために死ぬことは、甘美でしかも名誉あることだ）というような言い回しで好んで使われてきた。いわゆる愛国者たちのお気に入りの決まり文句だったのである。これを逆手《さかて》にとって、彼は、ナチスとそれに追随する者たちは愛国者でなく、ドイツを裏切る者たちであって、非国民と呼ばれ売国奴と罵《ののし》られる自分たち亡命者のほうが、じつは祖国《パトリア》ドイツを本当に愛しているのであり、ドイツ国民の名に値するのだ——と言おうとしたのだった。詩の一節、「人間の名誉と労働との濫用」も、同様のことを物語っている。たとえば「血と土」と並んで「血と名誉」がナチスのもっとも重要な標語だったことに示されているとおり、「名誉」は、ナチスにとってドイツ人の崇高な徳性だった。ドイツ人とは違う下等な「血」を持つユダヤ人には、「名誉」があるはずもないのだ。そして「労働」は、ナチ党の正式名称が「国民社会主義ドイツ労働者党」であることからもわかるように、ナチスが掲げる神聖な概念だった。人間にとって大切なものとされてきた「名誉」と「労働」を、ナチスは剽窃《ひょうせつ》し、独占し、濫用しようとしたのである。

だが、「祖国のために《プロー・パトリア》」を逆手にとって、ナチスが盗んだ大切なものを取り戻すための武器としたとき、ヴィーラント・ヘルツフェルデは、大きな矛盾に陥っていたのだった。

ナチスにもっとも激しく抵抗した社会主義者・共産主義者たちが共感と敬意をいだき、あるいは師と仰いだカール・マルクスは、エンゲルスとの共著『共産党宣言』のなかで、「労働者は祖国を持たない。彼らが持っていないものを彼らから奪うことなど、だれにもできないのだ」と書いている。そして、かつてヘルツフェルデ自身もその一翼を担ったドイツ革命は、祖国そのものをなくしてしまう革命であるはずだった。ロシアとハンガリーとに続いて起こったドイツの革命は、先行する二つの革命と同じように、第一次世界大戦に対する民衆の反戦運動がそのきっかけとなった。国家間の対立抗争に終止符を打とうとする革命が、世界制覇の野望をもっともあからさまに示していたドイツ帝国で勃発したことは、とりわけ大きな衝撃を世界に与えた。ドイツ革命は、ヨーロッパ全域の革命を触発し、さらには世界革命へと拡大するだろう。そして最終的には世界連邦共和国の成立によって、国家は消滅し、人々は祖国や国民という分断から解放されるのだ——。ドイツ革命によって実現の道を切り開かれるかに見えた世界共和国の夢は、抑圧からの自由だけではなく、国家による分断や民族差別からの解放によって人々の共生を実現するという目標をも、孕んでいたのだ。

祖国や国民は、ヴィーラント・ヘルツフェルデにとっても、廃絶されるべき観念だったはずである。だが、ドイツからの亡命を強いられ、ドイツ国籍を剥奪されたとき、彼には、それらを武器にしてナチスと闘う道しかなかった。祖国への愛は、ナチス・ドイツで生きる国民にとっても、そこから追われた亡命者たちにとっても、そしてもちろんドイツの侵略によって国を奪われあるいは占領された人々にとっても、人間性《ヒューマニティー》を測る尺度となったからである。そればかりではない。ナチス・ドイツの壊滅によって再びドイツに帰ることができた彼は、二つのドイツという新たな現実を生きなければならなかった。西側との対立関係ゆえに、自分たちこそが真のドイツを代表しているのだということを絶えず示さなければならなかった東ドイツで、「祖国のために」という言葉と精神が国民を奮い立たせ、あるいは抑圧する日々を、彼は三九年のあいだ生きたのである。

ヴィーラント・ヘルツフェルデが東ドイツで生きた三九年は、一六年にわたる亡命の年月の二倍半に相当する。亡命期の反ファシズム闘争に、ドイツ革命とヴァイマル時代の活動を加えても、戦後の東ドイツでの三九年には遠く及ばないほどの、長い年月である。〈第三帝国〉の後史であるその長い年月を東ドイツで生きた彼は、その年月を生きることによって、新たな責任を負ったのだ。東ドイツという国家とその構成員である国民とが、ナチズムの過去をどれだけ克服し、ナチズムが蹂躙し圧殺した人間の自由と主体性を、あらためてどのように実現したのか。それぞれ主体性を持つ自由な人間たちがたがいに平等に共生する社会は、どこまで実現されることができたのか――そして彼自身がその実現のために何をなしえたのか。これを、彼は問われるだろう。抱き起こして窓から解放の光景を見せてくれる次の世代や、視力を失った彼に解放を報じる新聞を読んで聞かせてくれるさらに後の世代から、彼は問われつづけるのだ。

社会主義を標榜する東ドイツへではなく、自由と民主主義を唱える西ドイツへ帰った亡命者の場合も、このことに変わりはない。

生還者たち

アムステルダム警察の警部、ペーテル・ヨングマンは、二人連れの人物たちを尾行していた。彼らを乗せた列車はハーグとロッテルダムを経由して、夜のフーク・ファン・ホラントに到着する。そこは、オランダとイングランド東海岸のハーリッジとを結ぶ定期航路の発着港なのだ。ナチス・ドイツ崩壊の翌年、一九四六年の早春の一日だった。

港で税関を通るさいに示されたパスポートでは、二人連れのうち中年の男はスイス人で名前はトレンス、若い女性は二一歳のオランダ人でアンナ・ヘルトという名だった。ナチス・ドイツによる占領から解放されたオランダでは、解放者のカナダ軍兵士と深い仲になり、兵士たちが帰国したあと、必ずカナダに来させるからという約束の実現を待ちわびて、なんとかしてカナダへ行きたいと思い詰めている若い女性が少なくなかった。その女性たちを食い物にする連中を摘発する職務に、警部は携わっていたのである。その連中は、イギリスからカナダ行きの船が出るという口実で娘たちをロンドンまで運び、そこから南アフリカへ白人奴隷として売り飛ばしていたのだ。警部は、かねて一味の頭目らしいと目をつけていた男が一人の娘を手中にする現場を駅で目撃して、そのままあとをつけてきたのだった。その娘を一目見たとき、彼は、なんとしてでも彼女を救わねばならないと決意した。彼女がユダヤ人で、強制収容所から出てきたに違いなかったからである。

二人を尾行してロンドンに着き、人身売買犯トレンスが自分の住むアパートに娘を連れ込んだのを確認した警部は、二五年来の友人でいまではロンドンの警視総監になっているジェームズ・スコットと会う。警部の話を聞いたスコット警視総監は、違法行為の証拠が何一つない現段階で警察は手を出すことができない、と言う。強行手段を用いてでも娘を助けるべきだ、と主張するユングマン警部に、相手はこう答える、「きみがだね、なにしろ占領下に置かれていたんだから、戦争中われわれの大義に尽くすために法を破らねばならなかったということ、それはぼくにもよくわかっているよ。しかし、あの何年かのあいだにそれなりの理由があってきみのなかで成長してしまった法律に対する軽蔑感というやつを、なんとか是正するために、そろそろ意識的な努力を行なうべきだね」。

この言葉には、じつは、ナチス・ドイツ占領下のオランダで港湾警察の警察官だったヨングマン警部の過去と現在とが、逆説的に刻み込まれているのである。戦争中、ヨングマンは、あらゆる呼びかけを、それに応じないままやりすごしてきた。海岸のクレーン作業のサボタージュ、ドイツ貨物船の爆破、酔っ払った兵士どもの艀《はしけ》を衝突させるための策略……。こうしたことは、彼ではなく、すべて他のものたちによって行なわれた。彼は、何一つしなかったのである。彼が自分でやったことといえば、ただ見て見ぬふりをし、妨害活動《サボタージュ》をするものたちを逃がしてやったり、占領下の厳冬に食料を盗むコソ泥を見逃してやることだけだった。今度はおれ自身が何かをやるのだ――。昨夜、二人連れを尾行してオランダからイギリスに向かう船中で、彼はこう自分に言い聞かせていたのだ。

警視総監を説得できなかったヨングマン警部は、本来なら警察官に許されないような強硬手段を、ましてや何の権限もない外国で用いて、しかも予想外の成り行きの結果、人身売買犯からアンナ・ヘルトを救い出すことができた。彼女は、パレスチナへ送り届けてもらうという約束で、相手に金を払ったのだった。

パレスチナは、一九二二年以来、イギリスの委任統治領、つまり事実上の植民地となっていた。イギリスは、そこに住むアラブ人とユダヤ人のうちユダヤ人に向かっては、将来そこにユダヤ人国家を建設させるという約束を与えていたので（アラブ人にも同様の約束を与えたのだが）、その実現を夢見て世界各国から移住するユダヤ人が少なくなかった。とりわけ、一九三三年以降は、ナチス・ドイツを逃れてそこに移住するユダヤ人によって、日本の四国ほどの面積のパレスチナは急激に人口が増大していた。それに加えて、いまや、ナチスの残虐を生き延びたユダヤ人たちが、こぞってそこを目指すことになったのである。そのためイギリス当局はユダヤ人の入国を厳しく制限し、次いで全面的に禁止する措置を取った。通常の手続きではもはや移住は不可能となり、非合法な密入国しか道はなくなっていた。彼女は、相手がナチだったことを承知のうえで、相手の話に乗ったのである。「ええ、もちろん彼がナチだったということは知っていました。まだあちこちにいる何千人もの連中の一人だということは。わたしは群衆のなかでも、そいつらをぴたっと言い当てることができます。そいつらがうっかり口を滑らせるまでもなく。でも、それが戦争に負けたあともイギリスでなんとかやって行くための手段だとしたら、この男は言っただけのことはやるだろう、と思ったのです」と彼女は警部に話す。白人の性奴隷として南アフリカへ売り飛ばされるところだったということは、もちろん知らなかったのだ。

隣室にいるらしい彼女を解放させるために警部が人身売買犯を拳銃で脅迫し、相手のふてぶてしい態度に自制心を失って本気で相手を撃ち殺そうとしたとき、度を失った相手は、こう叫んだのだ、「いったいあの女がどうだっていうんだ？　あいつらのだれかがどうだっていうんだ？　あいつらは、網をすり抜けて来た雌犬《めすいぬ》どもに過ぎないじゃないか！　ここにいる一匹は、医学研究収容所から出てきたんだぞ。だれの役にも立ちやしない——不妊手術までされているんだからな！」。この言葉から受けた激しい衝撃のあまり、彼は相手を撃つことができなかった。銃をしまって無言のままそこを立ち去った。その彼を、アンナが追ってきたのである。パレスチナへ行って、強制収容所で生き残った人たちのために、精神病院の看護婦になるつもりだ。それだけが、いままで自分の身に起きたすべてのことにはなんらかの意味があったのだという気持を、私に与えてくれるだろう。こう話すアンナに、込み上げる衝動を抑えられなくなったヨングマンは言う、「もしぼくがきみをパレスチナへ連れて行ってあげようと言ったら、きみはどう言う？」。

——こうして、ペーテル・ヨングマンのパレスチナへの旅が始まったのである。それは、二五年間つづけてきた警察官という職業も、結婚から二五年になる妻と結婚を目前にした一人娘との家庭も、築いてきた人間関係も、もちろん法の保護も、すべて失うという代償を彼に要求する旅だったのだ。

オランダがナチス・ドイツの支配から解放されて一五年を経た一九六〇年に、オランダの作家ヤン・デ・ハルトッホは、『警部』（*The Inspector*）と題する小説を英語で発表した。題名となった架空の人物が、ヨングマン警部である。作品の主題《モティーフ》は、このような主人公を読者の前に立たせ、その主人公の旅に読者を同行させることにほかならない。小説を読み進める読者は、五二歳のヨングマン警部と若いユダヤ人女性アンナ・ヘルトの同行者となって、パレスチナへの長い困難な道をともに歩む。だが、それは、パレスチナへの地理的な移動、つまり空間的な旅であるだけにはとどまらない。それは、パレスチナという目的地とオランダという出発点とを媒介にして、現在と過去とを何度も往復する時間的な旅でもあることを、読者はやがて発見するのである。

まず妻に事情を話して納得してもらい、警察の上司から私的な休暇を取る了解を得なければならなかった。ヨングマンは、オランダへ引き返すために、その夜の船にアンナを連れて乗り込んだ。それは昨夜こちらへ彼を運んできた同じ船で、船長とは長年知り合った仲だった。彼の話を聞いた船長は、イギリス軍の厳重な阻止線を突破するのは至難の業《わざ》だが、パレスチナへの密航船が出るタンジールに自分の親しい友人がいるので、タンジールまで娘を連れて行ってその男に相談するといい、と助言してくれた。その男は密輸船を何隻も持っていて、ユダヤ人をパレスチナへ密入国させる仕事にも手を貸してくれるかもしれない。明るい展望が見えてきたと喜ぶヨングマンを、しかし、大きな障害がオランダで待ち受けていたのだった。

彼が連れて行こうとしているのが若い娘だということもあったのだろう、妻は彼の計画を言下に激しく拒絶した。このまま説得を続けるのをひとまずあきらめた彼は、上司である捜査課長のバルテルス警視に休暇の許可を求めるため、警察署におもむいた。ところが、長年勤続してきた末に初めて三週間の無給休暇を申請している彼に対して、バルテルス警視は、快諾するどころか、どうしても休暇を取るというのなら、パレスチナから帰ってきた後もきみが職にとどまるかどうかはそのとき決めよう、と返答したのだ。この上司とはもともと馬が合わなかったのだが、それにしてもこの高圧的で頑迷な対応は、自分がこちらへ向かっている間に妻が彼に電話をしたからに違いない、とヨングマンは気が付いた。警視は、警察官である彼がやろうとしていることは疑いもなく違法行為であり、それを知った以上オランダの警察はその違法行為を国境で阻止せざるを得ないことを、彼に匂わせたのだった。パレスチナ入国の困難に加えて、オランダ出国の困難が、ヨングマンの前に立ちはだかることになった。彼もアンナも正規のパスポートを持っており、出国に何の問題もないにもかかわらず、上司の追跡を逃れるために密出国しなければならないのだ。

妻を説得することは最終的に不可能なまま、上司が打つ手の裏をかくための策略を巡らせたうえで、ついにある日の早朝、ホテルで待機させていたアンナと打ち合わせて、彼は列車でヘルトヘンボスに向かう。かねて親しくしていたアムステルダム港の廻船業者の元締めの親方が、艀《はしけ》の船長の一人に、彼らをパリまで運ぶことを無理やり承知させてくれて、その艀が、アムステルダムから八〇キロほど南のヘルトヘンボスで運河に接岸して待っているはずだった。それでは遠回りになると渋りながらも前夜アムステルダムを出て早朝からそこで待機していた小船に、別々に来て駅で落ち合った警部とアンナは首尾よく乗り込むことができた。船長は法外な金額を要求したが、背に腹は代えられぬ彼はそれを呑み、まず半額だけ渡して、残りはパリに着いたとき支払うということで相手を承知させた。とはいえ、アムステルダムを出る前夜から部下の巡査部長に尾行されていることを、彼は知っていた。通常の空路ではなく船で国境を越えるという彼の奇策を見抜いた上司は、なんとしてでも隣国ベルギーとの国境で彼を取り押さえるつもりなのだ。

アムステルダムから船で国境を越えてまずフランスのパリまで行き、そこから空路でタンジールを目指そうとするとき、日本に住むわたしたちは、パリに向かうための船の経路としてどんなルートを思い描くだろうか？　一概には言えないとしても、一般的には次のような航程が考えられる。アムステルダムを出港した船は、その前方に横たわる広大な内海のエイセル海《メール》（別名ザイデル海《ゼー》）を縦断して、北海に出るだろう。そして北海を南下してベルギーとの国境を越え、さらに南西へ進んで、ドーヴァー海峡を通過し、フランス沖に到達して、フランス北海岸のどこかに上陸したのちパリへ向かうことになる。――だが、鉄屑をパリまで運搬するというその小さな船は、一度も外洋に出ないまま、つまりヨーロッパ大陸を離れることがないまま、パリまで航行を続けたのである。

乗組員もなく下働きも使わずに独力で艀《はしけ》をあやつる船長は、気に食わない怪しげな仕事を無理やり押し付けられて、不機嫌この上もなかった。そのうえ船は狭く、汚れて息苦しかった。パレスチナへの旅が実現したことで気分が高揚しているアンナは、それを少しも苦にしていない様子だった。警部は、尾行されていることを彼女に話さなかったのだ。ヘルトヘンボスから狭い運河を航行して、翌日の早朝にベルギーとの国境の税関事務所に行き着いたとき、運河の岸には巡査部長が待っていた。

万事休す、ここで身柄を拘束されてアムステルダムへ連れ戻されるのだ、と失意のうちに覚悟を決めて陸に上がったヨングマンに、しかし巡査部長は、警視から国境であなたに渡すよう命じられた、と二通の書類を差し出す。それには、バルテルス警視の次のようなメッセージが記されていた。――もしもきみが、きみの企図のとおりにパレスチナへの不法入国の幇助《ほうじょ》を実際に決行するなら、きみは法を犯すことになる。かかる事情のもとにおいては、きみはもはやこの名誉ある職にとどまることはできず、即刻、免職処分となるであろう。退職年金も没収となるこの措置がきみ自身ときみの家族に及ぼす結果は、きみも承知しているはずである。それに加えて、イギリス当局もきみの企図をすでに把握しており、全力を挙げてその遂行を阻止するであろうことを、わたしの義務としてきみに忠告しておく。この地点できみがこの書類を受け取ったという事実だけで、きみの成功のチャンスがどれほどのものかを見きわめる助けになるであろう。生じる結果を充分に承知のうえできみが事を進めていることの証明として、充分に考慮したうえで、同封のもう一通に署名して使者に手渡されたい……。

国境で阻止される恐れはなくなったが、アンナをパレスチナへ送り届けるという自分の使命がほぼ遂行不可能であることを、彼は悟らざるをえなかった。それでも彼はバルテルス警視の手紙に署名して、巡査部長に渡した。彼が船に戻ると、船はベルギー領に入っていった。アンナは、ときおり激しく咳き込むものの、明るい態度を失わなかった。食事を作り、船内を清掃し、船長が一緒に乗せている小さな犬と戯れた。国境での追手とのやり取りから事情をうすうす察したらしい船長は、二人に対する態度を次第に和らげ、時には船の操舵《そうだ》をヨングマンに任せて休息を取るようにもなった。戦争中、港湾警察に勤務していたヨングマンは、小型船の運転なら一通りはできたからである。

小説では具体的な地名や運河名が示されていないが、いくつかの描写を手がかりに推測して経路をたどると、その小さな船は、二人が乗り込んだヘルトヘンボスから、ザイト・ヴィレムスファールトという幹線運河を南東に六〇キロほど進み、そこで交差するもう一つの運河に入って、西南西に一〇キロほど行ったところでベルギーとの国境を越えたのだった。そこを通過した船は、そのままさらに一〇キロほど進み、東の国境から西へと大都市アントヴェルペン（アントワープ）に向かって伸びる大きな運河、ケムピス・カナールに入って西進し、出発してから三日目の夕暮れにアントヴェルペンを通過したのだった。出発地点ヘルトヘンボスからここまでの距離は、地図で測ると約一七〇キロである。

そのあとの経路は、いくつか断片的に記されている地名を結ぶことで、比較的容易にたどることができる。アントヴェルペンから、スヘルデ川(フランス名=エスコー川)を遡行して、古都ヘント(ゲント、ガン)を通過し、ヴァトゥルロのあたりでフランスとの国境を越えた。アントヴェルペンから二〇〇キロ足らずの航程である。そのあと間もなく、船はパリに向かうための運河に乗り入れる。それを南下して、運河から運河へと船を進め、フランスに入ってから三日目にオワズ川との合流点に到達した。国境から約一八〇キロを、運河伝いに来たのである。オワズ川を航行して、パリ郊外でセーヌ川に合流するまでが、さらに八〇キロほどの距離になる。列車から降りたあと、あるときは運河を航行し、あるときは川を行き、ほぼ一〇日間を費やして、アムステルダムからおよそ七〇〇キロの距離を、彼らは旅したのだった。

艀の船長は、パリに着いたとき支払うという約束だった半額の金を受け取らなかった。わしには本当のことがわかっている。あんたが彼女を向こうへ連れて行ったあと路頭に迷うようなことがあったら、わしに連絡をくれ。相棒が欲しいんだ。あんたとならうまくやれそうだ。こう彼は言ったのである。――それはしかし、まだ旅の序の口でのことに過ぎなかったのだ。前方には、絶望的なくらい大きな困難が待ち受けていた。しかも、ここまで来る途中で、フランスに入って陸に上がり一休みしたとき、ヨングマンは、そこで出会ったフランドル人の夫婦のうちのおかみさんから、アンナの結核の病状が容易ならぬほど進んでいるのに船で連れまわすとはなにごとか、と密かになじられていたのである。

パリから空路でタンジールに着き、イギリス－オランダ航路の船長から紹介されたオランダ人の密輸業者、ファン・デル・ピンクを訪ねた。すでに船長から事情を伝えられていた相手は、時計店を営むコーエン氏に会うとよい、と言ってくれた。その時計店を探してコーエンというユダヤ人の青年に会い、アンナのことを依頼すると、もろもろの手はずがうまく進めば三、四週間のうちに出発できるだろう、との返事を得ることができた。だが、その一方で、決定的に大きな障害がすでに姿を現わしていた。パリからの飛行機に途中のマドリードで乗り込んできた一人のイギリス人牧師が、タンジールに着いたあと彼らと同じホテルに投宿し、アンナの部屋の彼とは反対側の隣室になった。同業者の勘で、それがイギリス当局の密偵であることに彼は気付いた。ファン・デル・ピンクにそのことを話すと、言下に、それはディケンズという男で、ヨングマンが思っているとおりの任務に携わっているのだという答えが返ってきた。

当時フランス領だったモロッコの都市、タンジールは、地中海の西端でヨーロッパとアフリカ大陸とを隔てるジブラルタル海峡の南側に位置する港町である。そこから船で地中海を、そのもう一方のはずれ、東端に位置する。パレスチナまで行くには、およそ四〇〇〇キロの距離を約二週間かけて航海しなければならなかった。その航海のほぼ中間点、イタリア南端のシチリア島の沖に、マルタという小さな島がある。イギリス領のマルタ島は、第二次世界大戦のとき、イギリスの海軍と空軍の地中海における拠点だった。いまそれは、密入国ユダヤ人を地中海経由でパレスチナへ送り込む密航船を阻止するための、イギリスにとってもっとも重要な基地となっていた。イギリス海軍は日夜その近海に網を張って、密航船を一隻も通さぬ態勢を取っていたのである。密偵ディケンズが、ヨングマンとアンナの動向を電話で逐一マルタ島に通報していることは、疑うべくもなかった。

そして、もう一つの大きな障害が現実のものとなり始めた。パリまでの艀のなかで次第に激しく咳き込むようになり、しばしば隠れて血を吐いていたアンナを、医者に見せなければならなかった。コーエン氏に診療所を紹介してもらい、やはりユダヤ人のパレスチナ密入国にも関与しているらしい医師のもとへ、アンナを連れて行った。診察が終わって、ヨングマンとコーエンを別室に呼んだ医師は、戦慄と怒りとを抑えられない様子だった。

「わたしは……わたしは、言い表わす言葉が見つからない。あれは……あれは、悪夢としか言いようがない」とうめいた医師は、アンナの身体が人体実験によって無惨に傷つけられていることを告げ、それとは別に肺結核の症状がもはや末期的で、パレスチナまでの船旅にとうてい耐えられるものではない、と語ったのである。むしろできるだけ早く彼女をアメリカ行きの船に乗せて、アメリカでその身体の写真を撮り、国際医師団による臨床報告書を作成しなければならない。そしてその資料をただちにニュルンベルクへ送るべきだ、と彼はヨングマンに迫った。やつらは彼女を実験台にして皮膚の移植をやったのだ。「その写真を見れば、だれもが一生ドイツ人を憎み、軽蔑しつづけるでしょう」――もちろん、ちょうどそのころ進行中で、全世界の注目を集めていた〈ニュルンベルク裁判〉のことを、医師は言っているのである。医師の話をそばで聞いていたコーエンは、いらいらした口調で言った、「ときどきわたしは考えるのですが、解決策はただ一つしかない――やつらを殺すことだ。やつらを全部、男も女も子供も。やつらは人間じゃない。やつらは……」。

アンナを部屋に呼び入れた医師は、最後の決定は彼女自身が下すという前提で、その健康状態のままパレスチナへ行って故国の足手まといになるか、それとも自分に起こった真実をニュルンベルク裁判で告発することを我々に許して、反ユダヤ主義の根を断つことに貢献し、さらにはアメリカで最良の治療を受けるという道を選ぶか、と彼女に問いかけた。今晩、返事をします、と言って診療所をあとにしたアンナは、ホテルに戻る途上、どちらにするつもりかというヨングマンの問いに、もちろんアメリカを選ぶと答えたのだった。パレスチナへの彼女の思いがどれほど強いかを知っているヨングマンは、茫然としたままそれが信じられなかった。それは、彼らがこれまで続けてきた必死の旅がまったく無意味だったことをも、意味したのである。ファン・デル・ピンクを訪ねてこれを伝え、密航の手はずを取りやめてくれるよう頼むと、ピンクは「あんたはまた、なんともめずらしい運のいい人だな」と言った。なぜ？ と問うヨングマンに、相手は、「あんたの上司は、結局あんたが例のことを未遂に終わらせたからには、過ぎたことは過ぎたことにしてくれるだろう。それにきっと、奥さんもな。つまり破滅の一歩手前で助かったというわけさ、いわば。いい勉強になっただろう」と答えたのである。ヨングマンはたちまち、なぜアンナがアメリカ行きを選んだかを悟ったのだった。

アンナを問い詰めると、彼女は、ナチの犯罪者を罰するための道を選ぶと言い張った。彼は「きみは復讐を越えて慈悲を選ぶこともできるはずだ」という論理で彼女を説得した。やはりパレスチナへ行くことにするという彼女の意思を確かめたヨングマンは、あらためてファン・デル・ピンクに彼女の密航を依頼した。ピンクは、早急に出航する手はずを整えてくれた。しかも、普通なら何十人もの密航者をすし詰めで運ぶところを、アラブ人の船長が操舵するその船で密航するのは彼ら二人だけなのである。アンナがパレスチナを選んだことをコーエンと医師に伝えると、医師は、いよいよこれが最後の手段だというときに飲ませる非常用の薬の処方箋を書いてくれた。身許がばれて、却ってそれ以後しばしばヨングマンと言葉を交わすようになっていたイギリスの密偵ディケンズによれば、その医師はユダヤ防衛軍《ハガナー》のタンジールにおける代表者なのだ。小説ではことさらに説明が記されてはいないが、ユダヤ防衛軍《ハガナー》とは、パレスチナに入植したユダヤ人たちによって一九二〇年に結成された軍事組織である。ユダヤ人の相次ぐ入植に危機感を抱いたアラブ人たちによる攻撃から、ユダヤ人とその協同組合的居住地（キブツ）を防衛するためだった。第二次世界大戦末期からは、ユダヤ人の独立国家を目指す運動のもっとも過激な一翼を担い、宗主国イギリスはその動きに神経をとがらせていた。

ヨングマンは、アムステルダムを発つとき、妻とは別の口座に蓄えていた自分の金を、ほとんどすべて引き出してきたのだった。人身売買犯から逃げたとき、荷物を全部そこに置いてきてしまって無一物のアンナは、ナチスに没収された父の財産が返ってきたら借りを返す、と言っていたが、もちろんそれは雲をつかむような話だった。さまざまな予期せぬ出費のために急速に減っていたヨングマンの所持金は、処方箋の薬を薬局で受け取ると、ほとんど底をついた。その苦境を察していたファン・デル・ピンクは、途方もない救いの手を差し伸べてきたのである。あんたがパレスチナから戻ったあとわしの船の船長として一年間の契約をすれば、娘を無料でパレスチナへ運んでやる。船長の給料は月五〇〇ドルで、オランダでは闇で売れば五倍の金が転がり込む。あんたの奥さんは女王なみの暮らしができるぞ。そう言ってピンクは、契約書にサインすることを求め、一カ月分の給料五〇〇ドルをポンと前払いしてくれたのである。ヨングマンは、茫然としながらもその金の大部分を妻あてに送金した。

一番の問題は、最大の障害である密偵のディケンズを出し抜くことだった。彼がマルタ島のイギリス海軍に刻々こちらの動向を知らせているのを逆手にとって、ピンクが一計を案じた。ディケンズに、船は何かをパレスチナへ運ぶことが目的なのではなく、何かをパレスチナから運び出すことが目的なのだ、と信じ込ませるのだ。アンナをパレスチナへ運ぶのは、じつはある秘密会議に向けてユダヤ防衛軍《ハガナー》のリーダーをパレスチナから連れ出すためのカムフラージュであって、その帰路の安全のために往路のアンナにイギリス軍の目を釘づけにしようとしているのだ、というようなことを悟らせるのである。

そうすればイギリス軍は、帰路の大きな獲物のために往路の船を黙って見逃すだろう。

こうして、ついに、パレスチナに向かってタンジールを出航する夕方がやってきた。ディケンズが港に姿を現わし、出航直前まで粘っていたが、船が二人以外の密航者や密輸品を積み込むのを見届けることはできなかった。夜の帳《とばり》が下りるころ栈橋を離れた船は、たちまち闇に隠された。すると、その闇のなかから六隻の小船が接近してきて、大量の密輸品を次々と積み込んだ。それはすべて、木枠に収められた様々な武器だった。これまでに何度も大勢のユダヤ人たちを詰め込んでパレスチナに運んだその船の狭い息苦しい汚れた船倉は、一目見ただけでヨングマンを絶望的な気分におとしいれる。だが、積み込まれた武器と一緒に一人でそこに寝るアンナは、なつかしいユダヤ人の匂いがすると言って、むしろそれを喜んだのだった。最初は食事のための料理もすることができた彼女の病状は、しかし日に日に悪化の一途をたどり、やがてかすれた声さえ出せなくなった。ついには意識が朦朧として、失禁するようになり、ヨングマンがその後始末をした。パレスチナに行き着くまで彼女を生きさせるために、最後の手段の薬を飲ませなければならなかった。その薬の力と、パレスチナへの思いとによって、彼女は生きつづけた。

夜になると彼らの船の近くに姿を見せていたイギリス海軍の二隻の艦艇に監視されながら、いまではもうほとんど眼を開くこともないアンナを乗せて、ある夜、船はついにパレスチナの地を目前にするところまで進んで行った。

過去と未来とのあいだで

小説『警部』の作者、ヤン・デ・ハルトッホは、ネーデルラント（オランダ）の首都アムステルダムの西方二〇キロほどに位置するハーリームで、一九一四年四月二二日に生まれた。一一歳のとき、彼は、プロテスタントの牧師であり神学の教授でもあった父の家を最初に飛び出した。船の給仕《キャビンボーイ》になりたかったからである。父は息子を連れ戻したが、しばらくするとまた船に逃げて行った。それを繰り返したのち、結局はアムステルダム港湾警察署で夜勤ボイラーマンとして働くことになって、シャベルで石炭をすくう仕事に一八歳のときまで従事した。その合間に彼は小説を書きはじめ、二〇歳の年に最初の作品が出版社から刊行されることになる。

一九四〇年五月にナチス・ドイツ軍が中立国のオランダを占領したとき、二六歳のハルトッホはすでに一〇冊の作品の作者だった。とりわけ、占領の直前に刊行されていた『オランダの栄光』（*Hollands Glorie*）は、この小説の主人公である外洋曳船《オーシャン・タグボート》の船長の人物像によって、オランダ人の自己確証《アイデンティティ》とドイツに対する抵抗の隠喩として広く読まれることになる。ゲスターポに監視されながら、ハルトッホは密かにレジスタンスの市民グループに加わり、ユダヤ人の乳幼児たちが強制収容所へ送られるのを阻止するために隠して別の場所へ移す仕事に携わる。この体験は、一九八四年にイギリスで出版された長篇小説『平和の星』（*Star of Peace*）にもその痕跡をとどめている。この作品では、プレイボーイとしてふるまう青年医師が、ナチス・ドイツに席捲されたヨーロッパから密かにパレスティナへユダヤ人たちを送り届ける船の船医となって、抵抗の一翼を担うのである。

ハルトッホ自身は、国内でのレジスタンスののち、ドイツ占領下のオランダからイギリスへ逃がれ、そこに亡命しているオランダの船員たちと協力しながら、外洋曳船《オーシャン・タグボート》の活動を支援することになる。オーシャン・タグボートとは、港湾で大きな船舶を曳航《えいこう》するタグボートとは異なり、外洋で動けなくなった船舶を港まで曳《ひ》いて帰る小型船である。ただでさえ困難なその仕事が、ドイツとの戦争のなかで重要な役割を担うことになった。イギリスへ物資を運ぶ途中、ドイツの潜水艦や空軍機の攻撃を受けて航行不能となった連合国の貨物船やタンカーから無線で救助要請が届くと、イギリスの港から曳船《タグボート》が現場へ急行するのである。ドイツ海軍の潜水艦の魚雷や砲撃に脅かされながら、ほとんど連日のようにローテーションでこの任務に携わるオーシャン・タグボートの船長たちの平均余命は、わずか三カ月だと言われていたことが、この任務を題材にしたドキュメント・タッチの小説「ステラ」(*Stella*)に描かれている。小説では、自分は今度の出動から生きて帰れないかもしれないと予感した船長が、もっとも親しい仲間の船長に、一つの鍵を手渡す。その鍵は、ステラという若い女性が暮らすアパートの鍵だった。彼女は、代々その鍵を引き継いで自分のところにやってきては次に鍵を手渡して死んでいく外洋曳船の船長たちと一緒に生活して、命がけの激務の疲れを癒していたのである。その女性の名を題名とする小説「ステラ」は、戦時中にみずからも何度かイギリスのオーシャン・タグボートを操舵して輸送船の曳航にたずさわった作者自身の体験に基づいて書かれた。一九四九年にオランダ語で発表され、「鍵」(*Der Schlüssel*)という題名でドイツ語に訳されたのち、五二年に『遥かなる岸辺』(*The Distant Shore*)と題する英語の作品集に、他の一篇の小説と併せて収められた。これは、彼が英語で出版した二冊目の著作である。

戦後のハルトッホは、戦時中そこで活動したイギリスに引きつづき滞在した。そして一九四九年から八年間をパリで暮らしたのち、五七年にアメリカ合州国に移住して、そこが最終的な定住の地となった。五一年以降、彼の作品のほとんどは英語で発表されることになる。けれども、彼が二〇歳の一九三四年に結婚して四七年に離婚した最初の妻も、六一年から彼が世を去るまで共に暮らした二人目の妻も、オランダ人だった。終生オランダ国籍のままだった彼の作品から、郷里オランダの歴史と現在が姿を消すことはなかった。オランダの船乗りたちを主人公とする彼の主要ジャンルの諸作品と並んで、あるいはそのジャンルと重なり合いながら、一九六〇年に出版された『警部』も、八四年に出た『平和の星』も、オランダ語で書かれた四九年の「ステラ」とともに、彼の一貫したテーマの一つがナチズム・ドイツによって蹂躙された一時代のオランダとそこに生きた人々であり、その人々の(ひいてはまたその人々と同じ時代を生きた彼自身の)過去と現在であることを物語っている。ヤン・デ・ハルトッホは、五〇冊近くに及ぶ作品を遺《のこ》して、二〇〇二年九月二二日、移住先のアメリカ合州国テキサス州のハウストンで八八歳の生涯を閉じた。

　ハルトッホの小説は、いま確認できる限りではこれまでに八つの作品が映画化されている。そのうちの一つが、外洋曳船《オーシャン・タグボート》の船長たちと一人の女性を描いた前述の「ステラ」である。この小説は、一九五八年にアメリカのコロンビア映画会社によって『鍵』(*The Key*)という題名で映画化された。キャロル・リード監督のこの映画では、小説で語り手の役割を果たす一人のタグボート船長をウイリアム・ホールデン、ヒロインのステラをソフィア・ローレンという、当時最大の人気俳優たちが演じた。そしてもう一つの映画化作品が、『警部』を原作にした『リサ』(*Lisa*)である。原作の刊行から二年後の一九六二年にアメリカの二〇世紀フォックス映画会社が制作・配給したこの映画では、ナチスの強制収容所から生還したアンナがなぜか「リサ」という名前に変えられ、それが題名になっている。監督はフィリップ・ダン、ヨングマン役はスティーヴン・ボイド、リサ役はドロレス・ハートだった。イギリスでは原作の小説と同じ『警部』という題名で上映されたが、日本では『脱走』というタイトルで六二年八月に公開された。

　小説『警部』を映画化した作品に、日本で『脱走』という題名が付けられたのは、それほど的外れではないだろう。アンナ（あるいはリサ）の旅は、さまざまな困難と闘いながらなされるパレスチナへの脱走の過程として、イメージできるからである。そして、脱走というイメージと不可分のスリルとサスペンスを、ハルトッホの作品は充分に具《そな》えている。

だが、それではいったい、彼女は、どこから、あるいは何から脱走するのだろうか？——この問いはまた、彼女に同行するヨングマンについても当てはまる。彼女の脱走に同行するという道を選ぶことで、彼は何から脱走しようとしたのか？　彼女と彼を脱走へと追いやったものとは、何なのか？

目的地パレスチナへ向かう彼らの旅を描きながら、しかしじつはこの小説は、彼らの旅の動機となったもの、彼らがそこから脱走せざるをえなかったものを、次第に発見するもう一つの旅へと、読者を誘《いざな》うのである。

そもそも、アンナと初めてロンドンで言葉を交わしたとき、自分が彼女をパレスチナへ連れて行こうとヨングマンが決意したのは、なぜだったのだろうか？——軽蔑すべき卑劣な人身売買犯トレンスを撃ち殺すことができないまま立ち去った彼は、アンナを雌犬どもの一匹と呼び、彼女の身体が無惨に傷つけられていることを口走ったトレンスの言葉を反芻しながら、そのアンナが後を追ってくることも知らぬまま、川べりにぼんやりと立って、なぜ自分はあのとき引き金が引けなかったのかを考えていたのだった。

狂暴な野獣をやっつけるようにあいつを殺すことを彼にさせなかったものは、になのか？　この戦争中にこれほどまで人間が堕落したということを、それまで一度も実感したことがなかったからか？　あたかも、敵だけでなく彼の世代、いや彼自身の顔からさえも、仮面がはがされたかのように思われたのだ。戦争中、彼は、ナチスと売国奴たちがぐるになってやる仕事を見てきた。隣人のユダヤ人たちの外套に付けられた黄色いダヴィデの星を見てきた。彼らが、死のような夜のしじまのなかで、トラックで連れ去られるのを聞いてきた。彼らのかぼそい「さようなら、さようなら」という叫びが、次第にかすかに消えていくのを聞いてきた。だがたったいま、トレンスがあのような言葉を口走るのを聞いて、彼は、耳をそばだてていた自分と、連れ去って行った連中とが、同じ世代に属していたこと、同じ身体の一部であり、同じ精神の片割れだったことを、ありありと悟ったのである。過去のあるとき、いつか遠い昔の明るく太陽が輝くある夏の日、トレンスは、自転車で、ドイツの森の光と陰とのまだら模様のなかを、わきを走る犬を連れて、走り抜けていたに違いない。初めての自転車に乗ったその少年は、自分の運命が将来どうなるかも知らなかった。ちょうど彼が、初めてのカヌーを漕いで、自分が生まれた村の奥にある沼の魔法の庭へと乗り入れて行ったとき、それを知らなかったのと同じように。その二人の少年はこうして人生に乗り出したのだった。一人は自転車で、もう一人はカヌーで。そして彼らは最後にはロンドンの爆撃を受けたアパートのなかで、銃をはさんで向き合うことになったのだ。

いつのまにか彼の隣りに立っていたアンナは、彼と言葉を交わすうちに、別の収容所へ連れて行かれて死んだ父のことや、パレスチナへ行って看護婦になるつもりだということについて語りはじめた。キリスト教徒には、イスラエルがわたしたちユダヤ人にとってどんな意味を持っているか、実感できないでしょう。わたしたちは強制収容所でそれ以外のことは話さなかったのです。収容所は恐ろしいところでした。でも、その一方で、ある意味ではある種の黙示だったのです。「わたしはそれまで一度もユダヤ人たちだけのなかで生活したことがありませんでした」と、彼女は言ったのだ。「ユダヤ人のなかでだけわたしは自分自身でいられるのです。わたし自身で、わたしで。異教徒たちに囲まれたなかでの一人のユダヤ人という一般化された存在ではなくて。収容所で生き残ったわずかな人数のうちの一人になってしまったいま、これまでよりいっそう疎外された感じがします。なんて言うんでしょう——群れから置いて行かれてしまった一羽の渡り鳥みたいな気持ち」。

ヨングマンの口から思わず「もしぼくがきみをパレスチナへ連れて行ってあげようと言ったら、きみはどう言う?」という言葉が出たのは、このときだったのだ。小説ではもちろん直接そうと書かれてはいないが、あのトレンスと自分とが別の人間であることを確証するための一つの道が、彼に示されたのである。

ユダヤ人のなかで自分自身として生きること、それも強制収容所でではなく人間の土地で生きること。そんなことは、もちろん彼女にとって考えることもできなかっただろう。もしも彼女がある一瞬と出会うことがなかったとしたら。それがはかない夢ではなく、現実の可能性として彼女の前に姿を現わしたその一瞬を、のちに艀で運河を行く途中、陸に上がって一休みしたとき、アンナはヨングマンに語ったのである。祖父たちにとってイスラエルは幻想の国であり、一種の神話だった。現実の国民を持った一つの国家として彼らがそれを夢みていたとは考えられない。わたし自身それを現実に見るまでは、とても信じられなかったんですもの。それはいつのことか、と問うヨングマンに、アンナはこう話したのだ――。

死の収容所から家畜の群れのように追い出されて、田舎道《いなかみち》をドイツの中心部に向かって追い立てられて行ったとき、わたしたちには解放はもう間近だということがわかったわ。でも、わたしたちがそこまでたどりつけるなんて、だれひとり信じていませんでした。みんな蝿《はえ》のように死んでいったし、倒れたものは銃殺されました。わたしの両親の友人の弁護士が、たった一人の生き残りの男の子を連れて、わたしのすぐ前を歩いていました。その子が気を失ったので、彼はその子を肩に背負って何時間も歩いたの。死んでいることを知らなかったのです。それに気づいたとき、彼は倒れました。不意にわたしたちは森の前で止められました。そしてドイツ人たちが見えなくなったの。まさに消えてしまったのです。わたしたちのだれひとり、あいつらが逃げ出すところを見なかったのです。少なくともわたしは見なかった。わたしは森のなかへ駆け込みました。そして……。

あいつらが追いかけてくるという恐怖に駆られながら、彼女は森のなかをこけつまろびつ走った。そして向こう側の小道に出ると、まったく途方に暮れ恐ろしさに震えながら立ち尽くしてしまったのである。するとそこへ、エンジンの大きな響きが近づいてきたのだ。彼女はびっくりして樹のうしろに隠れ、それがまるで大きな玩具《おもちゃ》のようによたよたと小道をこちらへ下って来るのを見たのだった。それはとうてい人間が動かしているようには見えなかった。いったいなんだったのかと問うヨングマンに、アンナは「戦車だったんです」と答える。相手はわたしを見たに違いない。わたしを押しつぶすためにこっちへ向かってくるのだ。樹の陰から飛び出して逃げようとしたが、もうだめだった。目をそらすことさえできなかった。とうとうわたしの番が来た、と彼女は思った。

「それから？」。

彼女は微笑《ほほえ》んだ。「それから、がたがたと通り過ぎて行きました。そしてそれが私のそばを通ったとき、その側面に大きなダヴィデの星が描かれているのをわたしは見たの。あとになって、それが連合国のなかのイスラエル軍のただ一台の戦車だったことを知りました。信じられないような話でしょう？」。

「うん」と彼は言った。

「わたし自身も、信じられなかったんですもの。しばらくのあいだ麻痺したようになってそこにしゃがんでいたわ。それから飛び上がって、ヘブライ語で叫びながら走ってそのあとを追ったのです」と、彼女は微笑みながら言った、「そのとき以来ずっと、それを追いつづけているの」。

対ドイツ戦の末期にパレスチナから〈ユダヤ旅団〉の五〇〇〇人の軍隊がヨーロッパへ送られたことは、たとえばアメリカのジャーナリスト、ハワード・ブラムが二〇〇一年に発表した歴史ドキュメンタリー『旅団』(邦訳=『ナチス狩り』)にも詳細に描かれている。ユダヤ人に対するナチス・ドイツの残虐行為が具体的に知られるようになり、そのドイツの敗色が濃くなるにつれて、パレスチナのユダヤ人たちのあいだに報復戦への気運が高まった。しかし、宗主国イギリスの軍隊に加わってイギリス軍とともにドイツへ進撃しようというユダヤ人たちの意図を、イギリスは容易に許さなかった。すさまじい報復によって不測の事態が起きるのを、危惧したからである。けれども、ナチス・ドイツの終末が目前に迫るにつれて、イギリスはもはやユダヤ人たちの要求を抑えられなくなり、一九四四年九月、すでに植民地軍の一部として編成されていたパレスチナ聯隊のユダヤ人歩兵大隊を基本にしてユダヤ旅団を結成し、ヨーロッパ戦線に送り込むことを決定したのである。

イギリス軍の最後尾についてイタリア半島を北上し、ドイツ領に入るや否や、ユダヤ旅団の一部の将兵たちは、イギリス軍から離脱してドイツの各地へと散って行った。そして、進撃の途上で各地の強制収容所・絶滅収容所を解放し、あるいはすでに放棄されたその現場から生存者たちを救出した本隊とはまったく別の、極秘作戦を実行に移したのだった。接近する連合軍から逃れるために強制収容所をあるいは破壊し、あるいは放棄して逃亡した収容所の所長や主《おも》だった看守たち、つまりSS《エス・エス》（親衛隊）の中級幹部たちの行方を追ったのだ。コマンドたちは、あらゆる情報や手がかりを駆使してそれらの犯罪者を発見すると、躊躇なく「ユダヤ民族の名において」射殺した。ユダヤ旅団の一部はまた、ユダヤ人難民をパレスチナに入国させないというイギリスの方針に逆らって、パレスチナを目指すヨーロッパのユダヤ人たちをパレスチナに密入国させるための、組織的な活動にも従事したのだった。「実話」であることを巻頭で明言するハワード・ブラムの『旅団』は、その活動の中心人物たちを実名で描いている。

ナチスの残党に対する報復をユダヤ民族の名において実行し、同胞たちを約束の地パレスチナへ運んだこのユダヤ旅団が、ユダヤ防衛軍《ハガナー》とともに、やがて一九四八年五月に建国された〈イスラエル共和国〉という国家の軍隊の最初の中核となり、同じパレスチナの地に暮らすアラブ人たちを攻撃し殺戮する先兵となったのは、歴史の事実である。西ドイツからユダヤ人虐待と虐殺のつぐないとして支払われた多額の賠償金のどれほどが軍備拡充のために使われたかはさておき、パレスチナのアラブ人たちに対するイスラエルのこの残虐な軍事攻撃は、チャールズ・アッシュマンとロバート・J・ワグマンの『ナチ・ハンターズ』（一九八八）がその活動を共感と敬意を込めて詳細に記録している全世界規模でのユダヤ人によるナチ犯罪者の追跡および責任糾明と、同時並行で展開されたのだ。

アンナは、そしてヨングマンもまた、こうしたのちの歴史を知るべくもなかった。しかし、ダヴィデの星を車体に描いた戦車をひたすら追いつづけたアンナがついに見なかったものを、ヨングマンは、アンナとのパレスチナへの旅によって、見ることができたのである。少なくとも、予感することができたのである。

小説『警部』は、一貫して、ペーテル・ヨングマンという人物の視線だけを通して描かれている。ヨングマンを外から描くのは作者だが、作者の描くヨングマンが体験したことや知ったこと、彼が見たり聞いたり、考えたり想像したりすること以外には、何一つこの小説には描かれていない。運河の名前や、それらの運河を行く小船の経路や行程、ユダヤ旅団やユダヤ防衛軍の成立の経緯などは、ヨングマンがまだ知らなかったパレスチナのその後の歴史と同様に、本書（『抵抗者たち』）の書き手が説明のために付け加えたものに過ぎない。最初から最後までヨングマンの目と思考と想像とを通して語られるこの作品は、しかし、これを読むもの自身が自分の視線と思考と想像力とによってヨングマンの体験をあらためて自分の体験としてとらえなおすことを、読者にうながすのである。ヨングマンが立ち止まるところで、読者はもっと長く立ち止まるだろう。ヨングマンがその場ではまだ言葉にできなかったことを、読者は言葉にしょうとするだろう。小説の結末は、読者にとって新たな発端となるのである。

パレスチナの陸地が近づくと、夜ごと彼らの船に密着してきたイギリス海軍の二隻の艦艇は、急に向きを変えて離れていった。それを待っていたように、漁船の一団が近づいてきた。そのうちの一隻が彼らの船に接近して、「友人諸君！　速度を落とせ！　ユダヤ防衛軍《ハガナー》だ！　水先案内に来た！」という声が聞こえた。その小船が彼らの船に横付けすると、ライフル銃と短剣で武装した少年たちが乗り込んできた。一人の少年が「積荷はどこです？」と尋ね、自分たちはあなたがたの上陸を助けるために派遣されてきたのだと言った。届いた大量の武器を見て歓声を上げる少年たちに、ヨングマンは、重病人がいるから静かにするようにと頼んだ。「アウシュヴィッツから来たユダヤ人の娘でね。パレスチナへ行くところなんだ。会ってやってくれるかい。君たちに会えて、とても喜ぶだろうから。長い道のりをやってきたんだよ」。

やがて少年たちの待っていた司令官が到着した。アンナを見た彼はそのやつれ果てた姿に衝撃を受けたようだったが、「手厚く看病します」と静かに言って、彼女を陸に運ぶボートの手配をした。ボートから手をさしのべた司令官に彼女を渡そうとしたとき、意識もなく生ける屍《しかばね》同然だったアンナが、思いがけなくも彼にしがみついて、離れようとしなかったのだ。仕方なく彼も彼女を抱いたままボートに乗った。自分がいなければ彼女はおびえるだろう。彼女を連れもどすか、自分もこのまま一緒に行くか、どちらかだ。いま彼女を見捨てることはできない。彼の思いは千々《ちぢ》に乱れた。――このとき、物語の進展を息をのみながら追ってきた読者が、思わず読み過ごしてしまいかねない、だが決定的に重要な一節が現われる。

そして不意に彼は、すべてが恐ろしい間違いだったことを知った。彼女は長い離散の果てに約束の地へ帰って行くユダヤ人などではなかった。生まれ故郷を遠く離れて来たオランダの娘だったのだ。

そのとき、ボートが岸にぶつかった。水中に立ち、彼女を岸に運ぼうとして前方を見た瞬間、彼の心臓は止まるかと思われた。闇のなかから轟音を響かせながら一台の戦車が姿を現わしていた。戦車が向きを変えたとき、その胴体にチョークで無造作に描かれたダヴィデの星を、彼は見たのである。彼女を迎えに来たその戦車に、彼は彼女を運んだ。戦車に上って待っている少年に、彼女は手をさしのべた。彼女はこちらを振り向かなかった。上の蓋が閉まり、戦車は夜明けの砂丘の向こうへ姿を消した。自分を船に連れ戻すボートに向かって、彼は水の中を蹌踉《そうろう》と歩いて行った。

真夜中に「さようなら、さようなら」とかぼそい声で叫びながらナチスとその下働きの売国奴たちによって連れ去られる隣人のユダヤ人たちの声を聞いていた彼は、そんなことが起こらなかったかのように戦後を生きてきたのだった。彼だけではない。彼の上司も、彼の妻もそうだった。あのロンドンの警視総監にしても、変わりはない。「彼の世代のすべてのものが、オランダやドイツでだけではなく、全世界で、たがいに結託して、そんなことが一度として起こらなかったかのようなふりをすることを、暗黙のうちに決定したかのようだった」とヨングマンはあるとき回想している。なぜそういうことになってしまったのか？――この問いに対するペーテル・ヨングマンの答えは、小説のなかで明示的な言葉では示されていない。だが、ようやくパレスチナに行き着いて「すべてが恐ろしい間違いだった」ことを知ったとき、彼はその答えの前に立っていたのである。

アウシュヴィッツは、そしてナチスがユダヤ人に対して行なったあらゆる残虐行為は、ナチスとユダヤ人とのあいだの問題ではないのだ。それは、ナチスとユダヤ人とわたしたちとのあいだの問題なのである。ナチスの強制収容所で、生体実験の実験台として肉体も心も無惨に傷つけられながら、アンナは、そのとき初めてユダヤ人のなかで暮らした自分がそこで初めて自分自身になれた、とヨングマンに語った。彼は、アンナたちにとって、そういう思いを自分たちに抱かせる隣人だったのだ。あの深夜の「さようなら」の声を決して忘れず、ナチスとオランダの売国奴たちを憎み、人身売買犯トレンスと自分とが同じ人間ではないことを確証しようとした彼は、アンナと共にした長い旅の果てに、強制収容所へ連れ去られたのが自分と同じオランダの民衆だったことを知ったのである。

参考文献

反ナチス抵抗運動に関する資料は膨大な数に上っているが、ここには、主として本書で直接引用ないし言及したものを中心に、ごく少数を収録するにとどめた。配列は著者名のアルファベット順とし、邦訳のある外国語文献については邦訳名・訳者名・出版社などを付記したが、それ以外については著者名と題名のみを訳出しておいた。

Altmann, Peter; Brüdigam, Heinz; Mauschbach-Bronberger, Barbara ; Oppenheimer, Max : *Der deutsche antifaschistische Widerstand 1933 – 1945 in Bildern und Dokumenten*, Röderberg-Verlag, Frankfurt am Main 1975.（ペーター・アルトマンほか『ドイツ反ファシズム抵抗――一九三三－一九四五年』）。

Apitz, Bruno : *Nackt unter Wölfen*. Mitteldeutscher Verlag, Halle / Saale 1960. ブルーノ・アーピッツ『裸で狼の群のなかに』（上・下）、井上正蔵ほか訳、新日本文庫、一九七五。

Fischer, Ernst : *Erinnerungen und Reflexionen*. Rowohlt Verlag, Reinbek bei Hamburg 1969. エルン

スト・フィッシャー『回想と反省』、池田浩士訳、人文書院、一九七二。
Goebbels, Joseph : *Tagebücher aus den Jahren 1942-43*. Mit andern Dokumenten herausgegeben von Louis P. Lochner. Atlantis Verlag, Zürich 1948.（ヨーゼフ・ゲッベルス『一九四二－四三年の日記』）。
池田浩士『ファシズムと文学——ヒトラーを支えた作家たち』、白水社、一九七八。増補新版＝『池田浩士コレクション』3、インパクト出版会、二〇〇六。
Kettenacker, Lothar (Hrsg.) : *Das "Andere Deutschland" im Zweiten Weltkrieg. Emigration und Widerstand in internationaler Perspektive*. Ernst Klett Verlag, Stuttgart 1977.（ロータル・ケッテンアッカー編『第二次世界大戦時の〈別のドイツ〉』）。
Klönne, Arno : *Hitlerjugend. Die Jugend und ihre Organisation im Dritten Reich*. Norddeutsche Verlagsanstalt, Hannover und Frankfurt am Main 1960.（アルノー・クレンネ『ヒトラー・ユーゲント——第三帝国における青年とその組織』）。
Kogon, Eugen : *Der SS-Staat. Das System der deutschen Konzentrationslager*. Europäische Verlagsanstalt, Frankfurt am Main 1946.（オイゲン・コーゴン『SS国家——ドイツ強制収容所のシステム』）。
Kracauer, Siegfried : *From Caligari to Hitler. A Psychological History of the German Film*. Princeton 1947. ジークフリート・クラカウアー『カリガリからヒットラーまで』、平井正訳、せりか書房、一九七七。

Kühnl, Reinhard : *Der deutsche Faschismus in Quellen und Dokumenten*. Pahl-Rugenstein Verlag, Köln 1978.（ラインハルト・キューンル『資料で見るドイツ・ファシズム』）。

Levi, Primo : *Se Questo e'un uomo*, Giulio Eunaudi Editore, Torino 1976. プリーモ・レーヴィ『アウシュヴィッツは終わらない——あるイタリア人生存者の考察』、竹山博英訳、朝日新聞社、一九八〇。

Loewy, Ernst : *Literatur unterm Hakenkreuz. Das Dritte Reich und seine Dichtung. Eine Dokumentation*. Europäische Verlagsanstalt, Frankfurt am Main 1977.（エルンスト・レーヴィ『鉤十字の下の文学——第三帝国とその文学』）。

Lorant, Stefan : *Sieg Heil! An Illustrated History of Germany from Bismark to Hitler*. W. W. Norton & Company, New York 1974. ステファン・ローラント『ジーク・ハイル！ ビスマルクの栄光からヒトラーの没落まで』、中山善之訳、インターナショナル・タイムズ、一九七五。

Mammach, Klaus（Hrsg.）: *Die Berner Konferenz der KPD*（*30. Januar –1. Februar, 1939*）. Dietz Verlag, Berlin 1974.（クラウス・マンマッハ編『ドイツ共産党のベルン会議』）。

Mammach, Klaus : *Die deutsche antifaschistische Widerstandsbewegung 1933 – 39*. Dietz Verlag, Berlin 1974.（クラウス・マンマッハ『ドイツ反ファシズム抵抗運動——一九三三–一九三九年』）。

Maser, Werner : *Nürnberg. Tribunal der Sieger*. Econ Verlag, Düsseldorf 1977. ウェルナー・マー

ザー『ニュルンベルク裁判——ナチス戦犯はいかにして裁かれたか』、西義之訳、TBSブリタニカ、一九七九。

Merker, Paul: *Deutschland – Sein oder Nichtsein. Bd. 1: Von Weimar zu Hitler ; Bd. 2: Das Dritte Reich und sein Ende.* Materialismus Verlag, Frankfurt am Main 1972–1973.（パウル・メルカー『ドイツ——その存亡』、第一巻『ヴァイマルからヒトラーへ』、第二巻『第三帝国とその終焉』）。

Mosse, George L. : *Der Nationalsozialistische Alltag. So lebte man unter Hitler.* Athenäum Verlag, Königstein 1978.（ジョージ・L・モッセ『国民社会主義の日常』。英語版の原題は *Nazi Culture*『ナチ文化』）。

Müller, Heinz : *Kampftage in Berlin. Ein deutscher Antifaschist und Internationalist berichtet.* Dietz verlag, Berlin 1973.（ハインツ・ミュラー『ベルリンでの闘いの日々——ある反ファシスト国際主義者の報告』）。

Neumann, Margarete : *Und dennoch...* Eugen Prager Verlag, Bratislava 1936.（マルガレーテ・ノイマン『それにもかかわらずなお……』）。

Neumann, Robert : *Hitler. Aufstieg und Untergang des Dritten Reiches. Ein Dokument in Bildern.* Verlag Kurt Desch, München, Wien, Basel 1961.（ローベルト・ノイマン『ヒトラー——第三帝国の興隆と没落』）。

Roberts, Stephen H. : *Das Haus, das Hitler baute.* Querido-Verlag, Amsterdam 1938.（スティーヴ

ン・H・ロバーツ『ヒトラーが建てた家』)。
佐藤晃一・山下肇『ドイツ抵抗文学』、東京大学出版会、一九五四。
Schoenbaum, David : *Hitler's Social Revolution, Class and Status in Nazi Germany 1933–1939.* Weidenfeld and Nicolson, London 1967. D・シェーンボウム『ヒットラーの社会革命』、大島通義・大島かおり訳、而立書房、一九七八。
Schonauer, Franz : *Die Literatur im Dritten Reich.* Walter Verlag, Freiburg i. Br. 1961. フランツ・ショーナウアー『第三帝国のドイツ文学——精神の亡命者たち』、小川悟・植松健郎訳、福村出版、一九七二。
Schramm, Hanna : *Menschen in Gurs. Erinnerungen an ein französisches Internierungslager* (*1940-1941*). Georg Heintz, Worms 1977.(ハンナ・シュラム『ギュールの人々ーあるフランスの収容所の思い出』)。
篠田浩一郎『閉ざされた時空——ナチ強制収容所の文学』、白水社、一九八〇。
Vespignani, Renzo : *Faschismus.* Elefanten Press, Berlin und Hamburg 1976.(レンツォ・ヴェスピニャーニ『ファシズム』)。
Wallisch, Paula : *Ein Held stirbt.* Deutsche sozialdemokratische Arbeiterpartei in der Tschechoslowakischen Republik, Prag 1935.(パウラ・ヴァリシュ『ある英雄の死』)
Weisenborn, Günter : *Der lautlose Aufstand. Bericht über die Widerstandsbewegung des deutschen Volkes 1933–1945.* Rowohlt Verlag, Hamburg 1962. ギュンター・ヴァイゼンボルン『声なき蜂

起——ドイツ国民抵抗運動の報告』、佐藤晃一訳、岩波書店、一九五六。

Wulf, Joseph : *Literatur und Dichtung im Dritten Reich, Eine Dokumentation.* Rowohlt Verlag, Hamburg 1966.（ヨーゼフ・ヴルフ『第三帝国の文学と詩』）。

Zentner, Kurt : *Illustrierte Geschichte des Dritten Reiches.* Südwest Verlag, München 1965.（クルト・ツェントナー『図解第三帝国史』）。

Der antifaschistiche Widerstandskampf der KPD im Spiegel des Flugblattes 1933–1945. Herausgegeben von der Institut für Marxismus-Leninismus beim ZK der SED. Dietz Verlag, Berlin 1978.（ドイツ社会主義統一党中央委員会マルクス＝レーニン主義研究所編『一九三三－一九四五年のビラに反映されたＫＰＤの反ファシズム抵抗闘争』）。

Der deutsche Widerstand 1933–1945. Information zur politischen Bildung. Nr. 160. Herausgegeben von der Bundeszentrale für politische Bildung, Bonn 1974.（政治教育センター編『政治教育情報』第一六〇号「ドイツの抵抗——一九三三－一九四五年」）。

Der Faschismus in Deutschland. Analysen der KPD-Opposition aus den Jahren 1928–1933. Eingeleitet und herausgegeben von der Gruppe Arbeiterpolitik.Europäische Verlagsanstalt, Frankfurt am Main 1973.（グループ〈労働者政治〉編『ドイツのファシズム——一九二八－一九三三年のドイツ共産党反対派の分析』）。

Gedenkstätte Plötzensee. Stätten der Verfolgung und des Widerstandes in Berlin 1933 - 1945. Colloquim Verlag, Berlin 1972.（『追憶の場プレッツェンゼー』）

参考文献・補遺

新たに書き加えた「後章」に関する参考文献をここに追補する。

Ashman, Charles; Wagman, Robert J.: *The Nazi Hunters. Pharos Books*, New York 1988. チャールズ・アッシュマン／ロバート・J・ワグマン『ナチ・ハンターズ』、大田民雄訳、時事通信社、一九九二。

Blum, Haward: *The Brigade. An Epic Story of Vengeans, Salvation, and World War II* . Harper Collins Publishers, New York 2001. ハワード・ブラム『ナチス狩り』、大久保寛訳、新潮文庫、二〇〇三。

Hartog, Jan de: *The Inspector.* Atheneum Publishers, New York 1960.（ヤン・デ・ハルトッホ『警部』）――同じく一九六〇年に下記の出版社からも刊行された。Harmish Hamilton, London; Queen's House, Kingston ON Canada. ヤン・デ・ハートック『遥かなる星』、安達昭雄訳、角川文庫、一九七四。

――: *Star of Peace.* Robert Hale Ltd., London 1984.（ハルトッホ『平和の星』）

――: *Stella. In: The Distant Shore.* Harper & Brothers Book Club Edirion, New York 1952 ; New edition: Distant Shore. Amereon Ltd., New York 1976.（ハルトッホ「ステラ」、『遥かなる岸辺』所収。これに収められた二篇の小説、〈Stella〉（「ステラ」）と〈Thalassa〉（「海《タラッサ》」）のうち、前者の邦訳が下記の二冊である）。①ヤン・デ・ハルトグ『鍵』、高橋泰邦訳、講談社、一九六七。②ヤン・デ・ハルトーホ『地獄のオーシャン・タッグ』、高橋泰邦訳、三崎書房、一九八三。

Herzfelde, Wieland: *Ich werde den Tag erleben.* In: *Wir sind die rote Garde. Proletarisch-revolutionäre Literatur 1914-1933.* Hrg. von Edith Zenker. Reclams Universal-Bibliothek. Philipp Reclam jun., Leipzig 1959.（ヴィーラント・ヘルツフェルデ「生きてその日を迎えよう」、エーディト・ツェンカー編『われらは赤衛軍兵士たち——プロレタリア革命文学選 一九一四－一九三三年』所収）

———: *John Heartfield. Leben und Werk. Dargestellt von seinem Bruder Wieland Herzfelde.* VEB Verlag der Kunst, Dresden 1962 und 1971.（W・ヘルツフェルデ『ジョーン・ハートフィールド　生涯と仕事』）

Der Malik Verlag. 1916-1947. Chronik eines Verlages mit einer vollständigen Bibliographie aller im Malik-Verlag & Aurora-Verlag erschienenen Titel. Hrg. von Jo Hauberg, Giuseppe de Siati und Thies Ziemke. Neuer Malik Verlag, Kiel 1986.（ヨー・ハウベルクほか編『マリク書店一九一六－一九四七年——ある出版社の年代記とマリク書店・アウローラ書店の全刊行図書目録』）

初版あとがき

ファシズムに対する抵抗について考えようとするとき、輝かしく果敢な抵抗者の姿を描き出すことよりも、敗北と抵抗の不可能性について想いをこらすことのほうが、はるかに重要であるように思える。

　さまざまな信念や確信に基づく抵抗は、もちろん、恥辱にまみれた一時代の稀有な遺産として、伝えられ生かされねばならないだろう。しかし、そうしたいわばプラスの遺産を強調することが、人並みはずれた英雄的な闘士の像を生み出すことに通じ、疑念とためらいを覚えながらそれを行為に移す道を容易に見いだしえなかった多くの人々や、もっぱら抵抗者たちに対する迫害のコーラスに唱和することによってその時代を生きたもっと多くの人々の姿を蔽い隠してしまうとすれば、ファシズムに抗する試みも、そしてファシズムの現実そのものも、われわれとは縁遠い世界の出来事になってしまうにちがいない。ファシズムに対する抵抗の実践にもまして重要なのは、その抵抗を生かし、継承することである。そして、実践された抵抗を継承することにもまして重要なのは、抵抗が何故に敗北し、あるいはそもそも不可能だったのかを問うことである。ここでもまた、実践そのものにもましてその総括が問題なのだ。

しばしば一つの極限状況と見なされる〈第三帝国〉の現実は、テロル以外のなにものでもない〈民族裁判所〉の審理や強制収容所での大量殺戮をも含めて、決して例外的な一回かぎりの出来事だったわけではない。それは、いつでも、またどこででも再現されうる極めて日常的な社会的営為だった。とりわけ日本と日本人にとっては、それはごく身近な現実にほかならなかった。東南アジアの諸民族や、社会主義者、共産主義者、アナーキスト、宗教者などに対して天皇制ファシズム下の日本人がなした行為は――最大の被害者だった中国の人々は政策上の理由もあって声を大にして糾弾することをせず、南洋諸島での実態はまだほとんど明らかにされてすらいないとはいえ――ナチス・ドイツの蛮行と比べてその残虐さの点で劣るものではなかったのである。過去ばかりではない。東方や南方、アフリカ大陸や中国大陸に生活空間を求めたかつてのナチス・ドイツや天皇制日本と、南洋諸島の海に放射性廃棄物の処理場を求める現在の日本と、本質的にどこが異なっているだろうか。

　ナチズムが特殊な例外ではなく、ナチス治下の抵抗が超人的な英雄の行為ではなかったことは、抵抗の記録に接すれば接するほど、明らかになってくる。それゆえ本書でも、ナチズムとそれに対する抵抗との特殊化ではなく日常化が、神話化ではなく世俗化が、一つの課題となっている。そのために、文体も荘重な言い回しや重厚な語句をできるだけ避けて、いわばヴァーグナーの音楽めいた文章にならぬよう心がけた。わたしは実例を伝えるだけであり、判断するのは読者自身であるはずだからだ。

とはいえ、本書はいわゆる歴史家や統計学者の仕事ではない。記録として文字や写真で遺されているものよりも、抹殺されあるいは痕跡をしるすことのなかったもののほうがはるかに多い抵抗の実例のなかから、ほんのわずかな人物たちとその行為を手がかりに一つの像を再構成する作業は、歴史家や統計学者の手によって記される現実ともまた別の、もう一つの現実とならざるをえない。フィクションと境を接するこの別の現実を、歴史の現実として確認すると同時にいまの現実として見る作業もまた、読者にゆだねられている。

もちろん、だからといって統計的な数字や用語の点で精確を期するよう努めなかったわけではない。あらゆる困難と迷惑を引き受けてくださったTBSブリタニカ編集部の関根正己さんは、ここでもまた貴重な助言者だった。関根さんを通じてキリスト教関係の用語についてご教示くださった石脇慶總さんにも、ここで心からお礼を述べさせていただきたい。

用語については、特に〈国民社会主義〉という訳語に言及しておかねばならないだろう。ナチズム——つまりナツィオナールゾツィアリスムスという語には、従来、〈国民社会主義〉のほかに〈国家社会主義〉および〈民族社会主義〉という訳語が充てられてきた。そのいずれも決して誤りとは言えないし、いずれか一つが完璧に原語の意味を再現しているとも言えない。しかし、わたしが〈国民社会主義〉を採るのは、ファシズムの成立と存続にとって〈国民〉という概念が果たす極めて重要な役割のゆえである。われわれの現実を見ても、このことはまた当てはまるだろう。

キリスト教関係の用語では、〈教職者〉を避け、あえて〈聖職者〉を用いた。また、Bischof の日本語訳は、カトリックの場合は〈司教〉とした。プロテスタントの場合、現在では〈主教〉を用いる傾向にあるとのことだが、本書で扱われている時代を考慮して、古い訳語の〈監督〉を使った。人名や地名は、できるだけ原音に近い表記を用いるようにしたが、慣用に従ったものもいくつかある。特にオシュフィエンチムは、収容所がおかれていた当時のドイツ読み、アウシュヴィッツをあえて用いた。

さまざまな意味で一つの準備的な作業にすぎない本書を、わたしは、できることなら高校生や予備校生、若年労働者や大学生——まだ本というものを読む大学生がいればの話だが——に読んでもらいたい、と考えながら書いた。ファシズムは、常に本質的には青少年の問題である。古いファシズムをも含めてあらゆる体験に身をさらしてきた老人たちがついに起ち上がるのは——いま三里塚や反原発運動や各地での地域闘争のなかで日々示されているように——経験乏しい若者たちとの出逢いと連帯によってなのだ。

一九八〇年八月

池田浩士

軌跡社版あとがき

本書の旧版が一九八〇年九月に刊行されて以来、ほとんど一〇年の時が過ぎた。この一〇年は、「第三帝国」と呼ばれたヒトラー治下の一時代をも、ますます遠い昔のことにしてしまったように見える。一九四五年八月一五日よりあとに生まれた世代が人口の半ばを超える日本社会と同じように、西ドイツでもまた、一九四五年五月八日をみずからの体験として知っているものは、すでに少数派にすぎない。しかもそのうえ、ヒトラー時代の遺産として戦後のドイツを規定してきた「二つのドイツ」という基本的な現実さえ、いま東ヨーロッパの全地域で急激に展開されつつある変動のひとこまのなかで、ベルリンの壁の撤去と東西の交通制限の廃止を手はじめとして、根底から様相を変えようとしている。ナチズムの時代は、手痛い後遺症の治癒とともに、いまこそ単なる歴史上の過去となろうとしているかのようである。ましてや、その過去の時代に、孤独な抵抗を試みて死んでいった一握りの人間たちは、異常な時代の異常なエピソードとして、忘却の淵に沈んでいくのがふさわしいと思われるかもしれない。

ドイツの敗戦とひいてはまたナチス体制の崩壊とから四〇年を経た一九八五年五月八日、その日を記念してドイツ連邦共和国（西ドイツ）国会で演説を行なった大統領リヒャルト・フォン・ヴァイツゼッカーは、日本でもすでによく知られているこの演説のなかで、なぜとりわけ戦後四〇年という時点に過去のナチス時代の罪過を想起しようとするのか、その理由について言及している。四〇年という歳月は、個人の人生にとっても一民族の運命にとっても大きな役割を演じる時間区分である、とヴァイツゼッカーは言う。旧約聖書のなかでも、四〇年という期間は重要な意味を与えられているが、かつての厄災やそこからの救いが人びとの記憶として持続するのがまた四〇年なのである。それゆえ、四〇年後という時点でナチス時代の結末を想起することは、時間の流れのままに過去を忘却にゆだねてしまうまいという決意をこめた作業なのだ。

まさしくその同じ四〇年後の時点に、日本では、首相中曽根康弘が「戦後政治の総決算」を声高に唱えていた。国会や内閣の権能を事実上棚上げにするかれの「臨調」行政は、各種公営事業の「民営化」、とりわけ国鉄の「分割民営化」と国労（国鉄労働組合）への解体攻撃によって、戦後日本社会の基盤のひとつとして大きな力をもってきた労働組合運動を最終的に壊滅させ、官民・労使協調の翼賛組織へと再編する道を開いた。それは、教育の再編（教育臨調）、「愛国心」の強調、天皇崇拝（「天皇は太陽のような存在」）、日本固有の伝統文化なるものの称揚（「新京都学派」との合意）、等々とあいまって、一九四五年の敗戦ののちに獲得され育成されてきた「戦後民主主義」を最終的に清算するものにほかならなかった。こうしたみずからの政治の基本路線を「戦後政治の総決算」と称した中曽根首相は、一九八六年一月の通常国会冒頭の施政方針演説で、この路線をはっきりと日本国家の政治方針として打ち出したのである。すでに一九八三年一月、かれは首相就任直後のアメリカ訪問で、「日本列島を不沈空母にする」と発言していた。この発言は、狭い意味での軍事力増強と戦争国家体制づくりを示唆していたばかりではなく、社会生活のあらゆる領域から一九四五年八月の痕跡を駆逐し殲滅しつくすことを意味していたのだった。

ヴァイツゼッカー大統領の演説は、それゆえ日本では、四〇年という時間によって記憶が消え去るにゆだねるところか積極的にそれを抹殺しようとするこの中曽根首相の姿勢との対比においていっそう強い印象と感銘をもって受けとられざるをえなかった。その数年前に教科書検定をきっかけに問題化した日本政府の態度、侵略を「進出」と言いくるめて口をぬぐう態度とは対照的に、東西両ドイツではナチス時代の所業について学校教育のなかでもその事実を直視し、それにたいする責任を確認し継承する実践がなされていることが、あらためて指摘されもした。ヴァイツゼッカー演説は、西ドイツのほうが日本よりもよっぽど立派だ、日本にはこれほど格調高い演説のできる政治家などいない、というたぐいの讃嘆の次元にとどまる受けとりかたは論外としても、当然のことながら日本の現実そのものをわれわれがあらためて問いなおすための刺激を、少なからず与えたのである。

四〇年前に終止符が打たれたはずのナチス時代をあらためて想起しようとするとき、ヴァイツゼッカーもまた、その「想起」という語の本来の意味を強調する。「五月八日は想起の日であります。想起すること、それはすなわち、ある出来事を誠実に純粋な気持で思い出して、それを自己の内実の一部にする、という意味なのです」。

しばしば指摘されるように、記憶とも回想とも想起とも訳されるドイツ語のErinnerung《エアインネルング》は、「内在化」を意味するInnerung《インネルング》に「獲得」の意味をもつ接頭辞er-《エア》が付いたもので、本来、回想という日本語のイメージとは異なり、想起しつつそれを内在化する作業、つまり過去の体験を想起することによってみずからの血とし肉とする作業を意味している。ただ単に過去の思い出にふけり、あるいは過去の思い出を胸にだきしめるのではなく、その記憶が現在とひいてはまた将来の自分の血肉として生きるのでなければならないのだ。それゆえ、「想起」にあたって重要なのは、すぎた過去そのものである以上に、現在であり未来なのである。逆の面から言えば、想起する主体自身の現在のありかたと未来への姿勢が、その人間の行なう想起という作業を規定しもするのである。

この点からすれば、じつは、すぐれたものを多くふくむヴァイツゼッカーの演説そのものにも決して小さくはない問題がある、と言わざるをえないだろう。

なるほどヴァイツゼッカーは、ナチス時代にドイツ「国民」が犯した罪業について、おそらくこれ以上の誠実さはひとりの政治家からもひとりの人間からも要求しえないかもしれないと思われるほど率直に、ひとりひとりの犠牲者と被害者を見つめるような口調で、具体的な事例を数えあげながら語っている。ユダヤ人六〇〇万、ロシア人非戦闘員七〇〇万、ロシア軍捕虜二六〇万、ポーランド市民四二〇万、シンティおよびロマ（「ジプシー」という蔑称で呼ばれる少数民族）推定五〇万以上、ロシアとポーランド以外のヨーロッパ諸国の非戦闘員数十万――殺害されたものだけでこれだけの数にのぼる生命にたいする責任を、大統領演説はひとつひとつドイツ人自身につきつけていく。それだけにとどまらず、大多数の「国民」がナチスに追随しナチスと一体化しながら生きるなかで、ほとんど絶望的な孤立状態に身をおいて抵抗を試みた少数のドイツ人たち（とはいえ、殺された抵抗者の数は一三万人にも及んだのだが）に思いをいたすことも、それは忘れていない。「ドイツ人として、われわれは、ドイツ人による抵抗の犠牲者たちの思い出に敬意をはらうものです。市民たちの、軍人たちの、そして信仰にもとづく抵抗、労働者階級や労働組合の抵抗、共産主義者たちの抵抗の」――そしてさらに、積極的な抵抗は行なわなかったとしても、良心を曲げるよりはむしろ死を甘受する道を選んだ人々のことも、忘れられてはいない。

　過去へ向けられたこの視線は、大統領演説のなかで、もちろん戦後の西ドイツの現実と結びつけられている。ドイツには、第二次世界大戦の敗北にともなって故郷を失った「外地ドイツ人」と呼ばれる数百万の人々が存在しているからである。東《オスト》プロイセン（現在はポーランドおよびソ連領）、シュレージエン（現ポーランド領）など旧ドイツ領からの「避難民」たちのあいだには、失地回復への根強い願望が生きている。第一次大戦後、ヴェルサイユ条約によって海外植民地（アフリカのカメルーン、トーゴーラント、東アフリカ、西南アフリカ＝現在のナミビア、および日本委任統治領となる南洋諸島）を失い、莫大な賠償を課せられたことがナチスの勢力伸長の一因となったことを考えるなら、一九四五年五月によって生じたこれら「避難民」のルサンティマンと報復願望が、ドイツに新たな排外主義とファシズムを育てる土壌ともなりかねない。ヴァイツゼッカーが、経済的繁栄と平和と自由と国際的評価とを享受する西ドイツ「国民」に向かって、これらの戦争犠牲者にも思いを寄せるよう訴えるのには、理由があるのだ。そしてこの訴えは、日本の戦後の現実にとっても決して無縁なものではない。

中曽根首相が「戦後政治の総決算」を呼号したとき、上げられた反対の声のほとんどは、「総決算をゆるすな」「戦後民主主義を守れ」「ふたたび戦前戦中の暗い時代を来させてはならない」というものだった。中曽根とは別のやりかたで、しかし「戦後」をわれわれ自身が問いなおさなければならない、という声は、ほとんど人々の耳にとどかなかった。しかし、こういう声は確実に存在していたのである。戦前と戦中はファッショ的な暗い時代であり、それと対照的に戦後は民主主義と自由の明るい時代である、というようなとらえかたにたいする、それは疑念であり反省であった。天皇が唯一絶対の主権者であり、すべての日本人（それどころか植民地の人びともまた）は天皇の臣民であって、天皇に身命を捧げなければならぬ、とされた旧帝国憲法下の現実と、国民に主権が存することが憲法で定められている戦後社会とのあいだに大きな違いがあることは、もちろん言うまでもない。天皇絶対主権のもとでなされた強圧的な民衆支配や侵略戦争への総動員、批判者・反対者にたいする暴虐な弾圧などを想起しつづけなければならないのは、もちろんである。しかし、戦後民主主義体制のなかで実現したとされる自由、民主主義、平和、繁栄は、どのような現実的基盤のうえに達成されたのかを事実にそくして考えるなら、戦後を明るいプラスの価値でのみとらえるのは誤りであることが、明らかとならざるをえないだろう。生業《なりわい》そのものを奪われた農民や漁民、資本の利益と政策転換のままに使い捨てられてきた炭坑、造船、鉄鋼、運輸などの労働者、被差別部落の人びと、そしてこれらの労働者によって絶えず補充され消耗される下層日雇労働者たちが、戦後日本社会の根底をなしてきた。そしてさらに、かつて強制連行や生活基盤の破壊によって日本に来ざるをえなかった朝鮮半島をはじめとする植民地の人びとの多くが、戦後の日本でも社会の底辺におしこめられてきたばかりでなく、いわゆる経済復興と高度成長をとげた日本は、一九四五年以前にもまして大規模な経済的・政治的・文化的「進出」を、アジアのあらゆる地域と、地球上のあらゆる「発展途上」地域とにたいして遂げている。日本と西ドイツは、こうした戦後の復興・発展の道すじの点でも、まさに瓜ふたつの好一対をなしているのである。

ヴァイツゼッカー演説が、戦後の西ドイツにあってこの社会の幸福にあずかりえない人びとの存在に言及したことは、それゆえ、ドイツにとってのみならず日本の現実にとって重要な意味を持っている。それにもかかわらず、あるいはだからこそ、その演説が、一九八五年の時点で西ドイツ社会が直面する最大の問題のひとつを、過去の想起との関連で正面からとらえようとしていないことに、注目せざるをえないだろう。大統領演説が結びの部分で、その人びとにたいする憎悪をかきたてられることを国民にいましめながら、わずか一度だけ口にしている「トルコ人」は、「ロシア人にたいしてであれアメリカ人にたいしてであれ／ユダヤ人にたいしてであれトルコ人にたいしてであれ／オルタネィティヴ運動家にたいしてであれ保守派にたいしてであれ／黒人にたいしてであれ白人にたいしてであれ／自分と異なる人びとにたいする敵意と憎悪をかきたてられてはならない」と言うだけですますにしては、あまりにも大きな社会問題そのものだったからである。

西ドイツの経済成長（「経済の奇跡」と呼ばれる）の最大の原動力が、国家の政策として積極的に迎え入れられたトルコ、ギリシア、ユーゴスラヴィアなどからの外国人出稼ぎ労働者だったことは、よく知られている。経済成長が峠を越え、日本でと同様に西ドイツでも低成長と景気後退が始まると、これら外国人労働者は無用どころか邪魔な存在に変わる。一九八三年に政府が外国人労働者の家族の移入禁止、労働者自身の帰国奨励を実施に移したとき、外国人労働者は二一八万人、西ドイツの総雇用者数の九・五パーセントに達していた。一方、失業者は、一九八三年一〇月には二一五万人にのぼった。ドイツ人の職場を外国人労働者が奪っている、という排外主義キャンペーンは、この数字を見るだけでも効果的であることがわかる。

ところで、ヒトラーが合法的に選挙を通じて多数派となるうえで、ヴァイマル共和国時代末期の大量失業と、それと結びつけられた反ユダヤ人キャンペーンが大きな役割を果たしたことは、歴史上の事実だった。ドイツ人が就くべき労働の場をユダヤ人が奪っている、という宣伝と、これに呼応するSA（ナチス突撃隊）の暴力的なユダヤ人商店ボイコットの煽動が、自分たちの困窮と不幸の元凶はユダヤ人である、という感情を「国民」たちに植えつけたのだった。ナチスの権力掌握から五〇年近くたった一九八〇年に、西ドイツのあるギムナージウム（高等中学校、一〇歳から一九歳まで）で、ひとつの興味深い調査が行なわれた。そのようにドイツ人の反感をかきたてることができたユダヤ人は、ヒトラーの首相就任当時、ドイツの人口にどのくらいの比率を占めていたか、というアンケート調査である。生徒たちの回答は五パーセントから一〇パーセントのあたりに集中した。納得できる結果だろう。ところが、現実はどうだったか。当時のドイツにおけるユダヤ人の数は、ユダヤ人という概念を最大限に見つもっても、ドイツの総人口のわずか〇・九パーセントにも満たなかったのである。このとるにたらぬ極少数者を、「国民」たちは自分の生存をおびやかす最大の敵と見なしたのだった。それとの対比で見なおせば、一九八三年における二一八万人、総雇用者数の九・五パーセントに達する外国人労働者は、家族を含めれば四六〇万人、つまり西ドイツの人口六一五〇万人の七・五パーセントにも及ぶ。かつてのユダヤ人のほぼ一〇倍である。

ヴァイツゼッカーが敢えて想起しなかったこの現実を、われわれはあらためて想起しなければならないだろう。なぜなら、これは西ドイツにとっての問題にとどまらないからだ。排外主義は日本の「国民」にとってもまた他人事ではない。日常のなかになお生きつづける多くの差別用語や比喩が、そのことを物語っている。そしてこの排外主義は、自分の小さな既得権や分け前が脅かされると感じたとき、仮想敵にたいする憎悪への唱和となって動員されるのである。この仮想敵のひとつが、西ドイツにおけるのと同じように日本においても外国人労働者の姿をとって現われる危険は、それほど小さくはない。

このような現実のなかにわれわれ自身が生きているのだ、という意識を、過去の想起は埋めふさぐのであってはならないだろう。過去の暗さを強調し、そのなかでの抵抗者や犠牲者の姿を追憶することが、過去に劣らず暗いかもしれぬ現在を美化し、その現在のなかににも疑いもなく生きている少数者。この現在を讃え容認し甘受することなどできない少数者を、抹殺する手だてとされるのであってはならないだろう。ヴァイツゼッカー大統領が、その成果をすべてのドイツ人（もちろん「東」の人びとも含めて、と彼は言う）が享受できるよう念じる西ドイツの輝かしい現実のなかにも、「緑」の人びとから「テロリスト」たちにいたるまで、外国人とドイツ人の最底辺労働者からいまなお共産主義者《コムニスト》でありつづけている人びとにいたるまで、反原発運動からフェミニズム運動にいたるまで、さまざまな視点からその現実に「否」を唱える人間たちが生きている。この人々にとっては、あるいは、彼らの実践そのものが、ナチズムの体験を想起する作業であるのかもしれない。いずれにせよ、「過去にたいして目を閉じるものは、結局、現在にたいして盲目になる」ばかりではなく、現在にたいして目を閉ざしたまま過去を直視することなどできないのだ。

この一〇年間は、日本でもまた、現在とのかかわりにおいて過去をとらえなおし、あるいは過去を想起することを通じて現在を見すえるという作業が、さまざまな領域でなされた一時期だった。中曽根発言とはまったく別の角度からの戦後史の再検討、つまり戦前戦中と通底する要素をさまざまに含んだものとして戦後を批判し、戦後民主主義にとどまらぬ民主主義をみずから実現していこうとする模索が、ドイツにとってのナチズムと同様に、むしろそれ以上に日本にとって決定的に大きな問題である天皇制とのかかわりでいっそう深められたのも、この一〇年の特色のひとつだろう。天皇制をめぐるさまざまな討論や研究や社会的実践について論じることは、この「あとがき」の能力を超えている。ただ、ナチズムと天皇制との密接な同質性についてだけ目を向けておくとすれば、これらふたつの制度はいずれも、民衆がみずからの生きかたを絶対者にゆだねてしまうためのもっとも完備した社会制度だ、と言えるかもしれない。そして、みずからの生きかたを民衆みずからが――自由で平等な関係のなかで対等な討論と少数意見の尊重を通じて――選びとっていくということこそが、民主主義のもっとも基本的な意味であるはずなのだ。

天皇やヒトラーに決定をゆだね、その命令のままに生きることが生きがいであると考えられるような社会のなかで、その社会にあらがおうとした人びとが、こうした意味での民主主義の理念をどこまで自分のものにしえていたか、また、彼らがそれを自分のものにしえていたとすればそれは何故なのか――一〇年ののちにいまわたしなりに「抵抗者」たちにむかって問いかけたいのは、このことである。なぜなら、現人神《あらひとがみ》天皇が象徴人間天皇となっても戦後一貫して変わらなかったのが、戦争責任をすらみずからの決定によって裁くことができなかった事実にもあらわれているように、右のような意味での民主主義とは縁遠いわれわれの生活の現実だからである。民主主義と自由は、東ヨーロッパやソ連や中国の民衆の課題であるばかりではない。それはまさしく、天皇制の日本社会に生きるわれわれ自身の最大の課題なのだ。

この一〇年は、日本での天皇制と同じようにドイツのナチズムについても、多くの新しい研究や討論をもたらした。旧版の巻末に付した「参考文献」リストを追補する意味で、とりあえず入手しやすい邦語文献だけを示しておきたい。

蔭山宏『ワイマール文化とファシズム』みすず書房、一九八六。
ドナルド・ケンリック／グラタン・パックソン『ナチス時代の「ジプシー」』(Donald Kenrick/Grattan Puxon : *The Destiny of Europe's Gypsies.* Sussex University Press, 1972.) 小川悟監訳、明石書店、一九八四。
J・P・スターン『ヒトラー神話の誕生――第三帝国と民衆』(Joseph Peer Stern :

The Führer and the People. William Collins Sons & Co. Ltd, 1975.）山本尤訳、社会思想社、一九八三。

H・フォッケ／U・ライマー『ヒトラー政権下の日常生活――ナチスは市民をどう変えたか』（Harald Focke/Uwe Reimer : *Alltag unterm Hakenkreuz. Wie die Nazis das Leben der Deutschen veränderten.* Rowohlt Verlag, 1979.）山本尤訳、社会思想社、一九八四。

K・フォンドゥング『ナチズムと祝祭――国家社会主義のイデオロギー的祭儀と政治的宗教（Klaus Vondung : *Magie und Manipulation.* Vandenhoeck & Ruprecht, o. J.）池田昭訳、未来社、一九八八。

H・P・ブロイエル『ナチ・ドイツ　清潔な帝国』（Hans Peter Bleuel : *Das Saubere Reich.* Gustav Lübbe Verlag, 1979.）大島かおり訳、人文書院、一九八三。

ヘルマン・フィンケ『ゾフィー21歳――ヒトラーに抗した白いバラ』（Hermann Vinke: *Das kurze Leben der Sophie Scholl.* Otto Maier Verlag, 1980.）若林ひとみ訳、草風館、一九八二。

山本尤『ナチズムと大学――国家権力と学問の自由』（中公新書775）中央公論社、一九八五。

ウォルター・ラカー『ドイツ青年運動――ワンダーフォーゲルからナチズムへ』（Walter Z. Laqueuer : *Young Germany. A History of the German Youth Movement.* Routledge & Kegan Paul,1962.）西村稔訳、人文書院、一九八五。

池田浩士「芸術はどこまで民衆のものになるか——芸術のファシズム体験によせて」（講座・20世紀の芸術、第6巻『政治と芸術』所収）岩波書店、一九八九。

久しく絶版になっていた本書の旧版がこのようなかたちで再生する手はずをととのえてくださったのは、天野恵一さんと軌跡社のみなさんである。旧版の生みの親であるTBSブリタニカ、とりわけ編集企画を担当してくださった横張明夫さんと関根正己さんは、出版権の委譲と新版の刊行にあらゆる厚意的な便宜をはかることを惜しまれなかった。一〇年前とはまた別の世代の若い読者たちや、それら若い人びととの出会いのなかで自己の体験を新たに生きなおしている年長の読者たちに本書が接することができるのは、これらのかたがたのお力ぞえによっている。

池田浩士

一九九〇年一月

共和国版あとがき

I

『抵抗者たち』が、稀有な機会に恵まれて三たび陽の目を見ることになりました。最初それは、一九八〇年九月に、TBSブリタニカという出版社の〈BOOKS'80〉シリーズの一冊として刊行されました。それからほぼ一〇年後の一九九〇年三月に、やはりいまでは活動を停止している軌跡社という出版社から、旧版にはまったく入れていなかった写真を新たに加え、誤植や誤記を訂正し、新たな「あとがき」を添えて、再刊されたのでした。一〇年という長い時間が生んだ大きな変動のために、「あとがき」は長いものになりましたが、その軌跡社版でも、本文自体は、小さな訂正箇所を除けば最初の版と変わっていません。

このたび共和国から新版が刊行されることになって、あらためて振り返ってみれば、この本が最初に出たときから、すでに四〇年に近い年月が経過しているのです。二度目に出たときからだけでも三〇年近くが過ぎて、歴史は大きく変動しました。西ドイツによる東ドイツの併合、ヨーロッパ連合（EU）の成立、アメリカ合州国の度重なる他国への挑発と軍事攻撃、イスラエルによるパレスチナ自治政府（パレスチナ国）への執拗な侵略とその常習化、日本国のとめどもない戦争国家への歩み、その日本で破局的な実態の真実が隠蔽されつづけている福島の原発メルトダウン、等々、本書の内容と決して無縁ではない出来事が、その年月のあいだに引きも切らずに起こってきました。もちろん、これらのちの歴史の出来事を、ヒトラー治下のナチス・ドイツに対する抵抗を主題とする本書が追跡し描くことは、本書のテーマではありえないでしょう。しかし、こうした歴史の経過を度外視して、旧版をそのまま再刊することは、適切ではないと思います。最小限、これらの出来事の直接の前史、それらのいわば出発点となった一時点まで、『抵抗者たち』は視線を延ばさなければならない——こう考えて、この共和国版には、新しく書き下ろした長い「後章」を加えました。また、その「後章」のための図版とは別に、旧版に収めた写真にも新たな二点を追加しています。出典はそれぞれの写真の下に記しましたが、写真に付した説明文（キャプション）は、出典とは無関係に私の手になるものです。

旧版の記述に含まれる数字その他の誤りを正し、論旨を変えない範囲でいくつかの加筆や修正をほどこすという通例の補正に加えて、この大幅な加筆と追補を行なった結果、『抵抗者たち』は、長い年月を経ていま新たに、これまでとはまた別の一冊として、小さな歩みを再開することになったわけです。

「序章」から「終章」までについては、二つの旧版の「あとがき」に書きましたので、ここでは主として新しい「後章」に関するいくつかのことを記しておきたいと思います。

　まず、後章で引用したヴィーラント・ヘルツフェルデの二篇の詩のうち、「生きてその日を迎えよう」について――。じつは、これを日本の読者にお伝えするのは今回が二度目なのです。一九八〇年一〇月に駸々堂という、これまたいまでは存在しない出版社から出た『闇の文化史――モンタージュ一九二〇年代』という本のなかで、同じヴィーラント・ヘルツフェルデを論じる箇所にこの詩が引用されているのです。『抵抗者たち』よりわずか二五日遅れて刊行されたその本では、〈黄金の二〇年代《ゴールデン・トウエンティーズ》〉と呼ばれる一時代に文化の革命と革命の文化を目指した表現者たちの前衛的な活動が、主題となっています。『闇の文化史』と『抵抗者たち』とを、私は一九八〇年の夏の二カ月に同時並行的に書きました。そのころはまだ、大学教員の特権である長い夏休みが自由に使えたからです。同時進行で書きながら、私自身はこの二冊の本をまったく別のものとしか考えていませんでした。芸術・文化の領域で画期的に新しい試みを敢行する人物たちと、ナチズムの残虐・蛮行に対する絶望的な抵抗に身を投じる人物たちとを、それぞれ別個の状況を生きる別個の人間として、私は見ていたのです。『闇の文化史』で一つの後日談としてヘルツフェルデの詩を引用しながら、それが後日談どころか、じつは『闇の文化史』の主題となった時代そのものが〈第三帝国〉を生むための産屋《うぶや》だったこと、それゆえこの二冊の本は不可分の関連を持っているどころか同一のテーマを追っているのだということを、私はほとんど意識していなかったのでした。そののち次第に見えるようになっていたこの歴史的連関を、あらためてはっきりと意識的に確認することができたのは、このたびの新刊のために旧版の全篇を自分で読みなおす機会を得たからでした。『闇の文化史』は、二〇〇四年四月にインパクト出版会から〈池田浩士コレクション〉第5巻として増補版が刊行されています。それを読んでくださったかたや、駸々堂版の『闇の文化史』でヴィーラント・ヘルツフェルデのこの詩を読んでくださったかたには申し訳ないのですが、新たな「後章」でふたたびこの詩を取り上げるにあたって、その日本語訳を、題名も含めて全面的に改めました。今回の訳が旧稿より数段マシで自分なりの決定稿だと愚考していますので、『闇の文化史』でお読みくださったかたにも、ぜひあらためて本書の日本語訳に目を通してくださるよう、お願いしたいと思います。

2

「後章」で取り上げたもう一篇の文学作品、ヤン・デ・ハルトッホの小説『警部』は、いつかきちんと向き合わなければならないと考え続けてきた作品の一つです。それがなぜかは、本文をお読みいただけば明らかだと思いますので、ここでは、この小説をめぐるエピソードめいた私事のみ記すことを、どうかお許しください。

この小説は、日本の一部のミステリー・ファンと呼ばれる人々のあいだでは、この一〇年余りにわたって、伝説的な、あるいは神話的な存在と目されてきました。その発端は、二〇〇六年一月二九日の『日本経済新聞』読書欄でした。「半歩遅れの読書術」というコラムを担当していた推理小説家・ハードボイルド作家の逢坂剛さんが、「お薦めミステリー」として「出色の〈ナチスもの〉2作」を紹介し、次のように書いたのです。

最近の翻訳ミステリーは、当たりはずれが多すぎて、うかつに手を付けられない。／ここ十年ほど、文庫を発刊する出版社が増え、翻訳権の取り合いが激化した結果、本来なら翻訳に値しない作品まで、店頭に並ぶことになる。解説やら、書評やらを頼りに選んでも、ぴったり当たることはめったにない。〔……〕結局読書というのは、自分の目でおもしろい作品なり、作家を見つけるしか、方法がない。／最終回は、わたしがそうやって見つけた、おもしろいミステリーを何点か、ご紹介したい。あいにく絶版、ないし品切れ状態のものが多いが、これは出版社に対する再版の催促であると同時に、古書店で見つけたら迷わずお買いなさい、という読者諸氏へのお薦めでもある。

こんなとき、いつも真っ先に取り上げるのが、オランダの作家ヤン・デ・ハートックの、『遥《はる》かなる星』（角川文庫・一九七四年）だ。戦後ほどなく、ナチスの収容所から助け出されたユダヤ娘を、故国イスラエルへ送り届ける、オランダ警察の

刑事の物語。安易なナチス告発の書、ユダヤ受難の書よりもよほど胸を打たれる、感動小説である。（／は改行箇所）

続いてカート・ヴォネガット・ジュニアの小説、『母なる夜』を取り上げた逢坂剛さんは、「これも一種の、ナチスもの。物語作りのうまさもさることながら、主人公の陰影に満ちた性格造型に、思わずうなってしまう」と書いて、「この二作を読んだあとでは、映画『シンドラーのリスト』が、書き割りの田舎芝居に見えてくる」と高く評価したのです。

ヴォネガットの『母なる夜』は、一九七三年に白水社の「新しい世界の文学」の一冊として池澤夏樹訳で刊行されたのち、八四年には同じ出版社の「白水uブックス」シリーズに同じ池澤訳で収められました。それらはいまでは絶版、あるいは品切れで重版未定になっていますが、八七年一月に飛田茂雄訳で早川書房の「ハヤカワ文庫SF」シリーズの一冊として出版された文庫本は、いまでも版を重ねつづけており、容易に手にすることができます。それとは逆に、角川文庫の『遥かなる星』のほうは、逢坂さんの「出版社に対する再版の催促」にもかかわらず、そののち一度も重版されていないのみか、いまに至るまで、別のかたちで翻訳刊行されることもありませんでした。逢坂剛さんのその記事を当日の新聞で読んだ私は、その小説が自分のこだわりつづけてきたテーマと密接に関わっていることもあって、さっそくその記事を切り抜いて机の前に貼り付けました。それ以来、文字通り血まなこで探し回ったのですが、その痕跡さえ見つからず、どうしても手に入れることができなかったのです。私だけでなくかなり多くの人たちが、逢坂さんの一文で知ったこの本を探していることは、インターネットのさまざまなサイトからもうかがうことができました。

三年ほど前、ついに初めてこの本を見つけて持ってきてくれたのは、「文学史を読みかえる研究会」と「ロマン的なるもの研究会」という二つのささやかな勉強会の若いメンバーの一人、藤野良樹さんでした。近ごろでは眼の玉が飛び出るような値段でネット市場に姿を見せることがあるとはいえ、当時は稀覯本《きこうぼん》中の稀覯本だったその一冊を、静岡県に住む藤野さんは、あちこち探しまわったすえに、どこか別の地方の古書店で、ごく普通の文庫本なみの値段で手に入れたのでした。ハートック作の『遥かなる星』という訳題のこの本が、もちろんハルトッホの小説『警部』の日本語訳なのです。夢の一冊を一読したあと、私は、遅ればせながら原書の初版本を、今度はインターネットの助けも借りて手に入れました。アメリカの占領下で子供時代を過ごした私は、戦後民主主義の薫陶を受けながら反米主義者となったので、英米語はいまに至るまで好きになれず、その語学力は依然として福澤諭吉にも及ばないのですが、拙い語学力を角川文庫の安達昭雄訳に助けられながら、この小説をじっくりと読むことができたのでした。その結果として、本書で引用または言及した箇所の日本語訳の文章や語句は、角川文庫版のそれとは大きく異なるものになっています。

ヤン・デ・ハルトッホの作品は、これまでに三冊が日本語訳で出版されています。『遥かなる星』のほか、『鍵』と題された一冊と、『地獄のオーシャン・タッグ』という表題のもう一冊です。しかし、あとの二冊は、本書の「参考文献・補遺」(三〇九ページ以下)に記したハルトッホの作品〈*Stella*〉の項目からもわかるように、じつは同じ訳者による同じ作品の邦訳ですから、これまでのところ二つの小説が日本語に翻訳されているわけです。ところが、この三冊の訳本の原作者名は、「ハートック」、「ハルトグ」、「ハルトーホ」と、それぞれ異なっています。英語読み、もしくはオランダ語読みを、カタカナ表記した結果、こうなったのだということがわかります。作品の原作はいずれも英語で出版されており、作者自身が戦後すぐにイギリスに移住して、のちに定住の地をアメリカ合州国に移したのですから、作者名も登場人物名も英語読みでよいのかもしれません。けれども私は、これらの作品に描かれている内容や、作者がその作品を書いた動機《モティーフ》からしても、やはりオランダ語の原音を生かすべきだと思います。作者自身、一九五一年以後は作品を主として英語で発表し、アメリカに移住してそこで歿したとはいえ、オランダを主題とする作品を書きつづけ、オランダ国籍を変えなかったのでした。

さてそこで、作者の名前、Jan de Hartog をカタカナでどう表記すべきか、という問題になるわけですが、従来なされてきた三通りの表記とは異なる「ヤン・デ・ハルトッホ」を私は採りました。そのうち Hartog のカタカナ表記を「ハルトッホ」とするにあたっては、ゲルマン語学の泰斗であり、B・C・ドナルドソン『オランダ語誌』(現代書館）の訳者でもあられる畏友・石川光庸さんの助言を頂戴しました。「後章」でのハルトッホについての記述では、オランダ人の名前やオランダの地名も、すべて可能なかぎり原音を再現するよう努めています。

逢坂剛さんが「ミステリー」として薦められたこの小説を、私はストーリーの展開も含めてかなり詳しく論じました。謎を含む物語の筋《プロット》や結末は、まだ読んでおられない読者を念頭に置いて、できるだけ伏せておくのが鉄則です。けれどもこの小説については、敢えて意識的にその鉄則を破りました。日本語で読む機会に巡り合うことが困難である、という理由からだけではありません。一つには、主人公たちの歴史的体験を決定的に重要な契機としてストーリーが展開されるこの小説は、その展開をきっかけにして主人公たちが行なう新たな回想や決断がまた新たな筋の展開の契機になる、という構造を持っており、筋の展開を伏せたまま主人公たちが直面する問題を論じることは、ほとんど不可能だからです。そしてもう一つには、この小説は、たとえストーリーを前もって知っていても、再読三読に充分耐えるだけの内実を持っているからです。

一〇年近くも探し求めたハルトッホの作品と最後に向き合うことで、四〇年近くも昔に生まれた『抵抗者たち』に新たな生命を吹き込むことが、はたしてできたかどうか――というのが、私の新たな不安です。

3

『抵抗者たち』を読んでくださった読者のうちには、この一冊のなかでいわゆる文学作品が大きな比重を占めていることに、違和感あるいは疑問を抱くかたもおられるかもしれません。

たしかに、この本では、詩や小説がさまざまなかたちで大きな役割を与えられていま す。歴史上の現実、つまり実際に起きた出来事を掘り起こし、それらを再構成して、それらの真相とそれらの意味を考えようとするとき、実際の出来事とは違う次元にある虚構、つまりフィクションに過ぎない詩や小説が、どれほどの価値を持ちうるのだろうか?――。こういう意見が、当然あるでしょう。しかし、私自身はもう少し別の思いを抱いています。

それは、私たちが「現実」という言葉で言い表わしているものには、じつは異なる二つのものがあるのではないか、という思いです。一つは、私たちがごく普通に「現実」としてとらえているもの。つまり、目の前の、あるいはさまざまな媒介《メディア》を通して知る、この世の中のありようや出来事の全体像です。しかし、考えてみれば、この全体像は、どれほど微細に、どれほど遺漏なくとらえられたものであるとしても、真の意味での全体像ではありえないでしょう。ドイツ・ロマン派の哲学者ヘーゲルは、このことを「事実はまだ現実ではない」というきわめて的確な言葉で述べています。私たちがあらゆる体験やあらゆる科学的成果やあらゆる情報源を駆使して知り得るあらゆる事実を集積しても、そして個々の事実は誤解や誤認によるものではなく正確にとらえられたものであるとしても、それはまだ現実ではないのです。「想定外」などという出来事が必然的に生じるのも、このことと関連しているのでしょう。

　このいわゆる「現実」と並んで、私たちはもう一つの現実を持っています。それは、私たちが一般的に、現実の対極にあるものとしてとらえる虚構、つまりフィクションの世界です。詩や小説、絵画や彫刻、演劇、映画、音楽、舞踏、さらには思想表象など、人間が行なうあらゆる表現活動とその成果が、いわゆる現実の一部、あるいは一領域としてあるだけではなく、いわゆる現実とは別のもう一つの現実を体現し、その別の現実を私たちに示すのです。たとえば小説であれば、そこに描かれているものは、現実とは違う虚構《フィクション》であるだけでなく、私たちが現実としてとらえている現実とは別のもう一つの現実なのです。

　ノンフィクションやドキュメンタリーと呼ばれるジャンルの作品だけにとどまらず、抽象芸術やダダイズムの作品、ファンタジーやSFも、これに変わりはありません。フランスの作家ジュール・ヴェルヌは、一八七〇年に発表された小説『海底二万海里《リュー》』で、燃料補給のために浮上することなく長期にわたって海底を航行し続けることができる潜航艇を描きました。石炭が船の燃料だった時代に、そのような夢の燃料は非科学的であり、まさに現実とは無縁な絵空事でした。それから八〇年以上のちの一九五四年九月、アメリカ海軍が最初の原子力潜水艦を就航させたとき、その新兵器にヴェルヌの小説の潜航艇から採った「ノーチラス号」という名前を付けたというのは、よく知られたエピソードです。

虚構《フィクション》が現実《リアリティー》の先取りをする、ということが起こり得るだけではありません。私たちが日常を生きるなかで現実としてとらえていない現実を、虚構作品が描き出すこともあり得る、ということです。人間が想像力《イマジネーション》という能力を持っていることを考えるなら、これは理解できないことではないでしょう。人間以外の生物が想像力を持っているのかどうか私は知りませんが、人間は、物質の集積と組み合わせとに過ぎない脳髄の働きによって、いま眼前にある物質的事実ではない光景を思い描くことができます。この人間の想像力こそが、もう一つの現実を思い描きそれの実現に向かって歩むための、少なくとも決定的に重要な源泉なのだと、私は思います。『警部』の登場人物たち、とりわけピーテル・ヨングマンが、アンナの話をきっかけにしてナチズムの残虐やユダヤ人の受苦の光景を随所で想像し、自分がなしえなかったことやなすべきだったことを繰り返し思い描くのは、このことと無関係ではないでしょう。ナチズムの権力掌握を人々が阻止できなかったのも、未来に対する想像力はおろか、いま眼前には見えない現実に対する想像力も放棄してしまったからでした。想像力を放棄した私たちは、目の前の「現実」のなかで確かな事実として姿を現わす強い政治家に、自分たちのすべてを委ねたのです。

――というような「あとがき」を記す機会も含めて、『抵抗者たち』がまったく新しい姿で世に出る機会を与えてくださった共和国の下平尾直さんに、ここであらためて謝意を記させていただきます。

私自身がすでに忘却の彼方に追いやっていたこの旧著を、下平尾さんは記憶していてくださったばかりか、それを復刊することを企図して、私の重い腰を上げさせたのでした。生返事をしたまましばらく時を過ごしたのち、私がようやく計画に同意するや、ごく短時日のうちに全篇をまったく新たに印字しなおした校正刷りが、ごさっと送られてきました。ちょうど取り組んでいる仕事の合間に校正作業を終えてしまおうという私の目論見は、みごとに破綻して、どうしても「後章」を書き加えなければならないという思いに駆られ、長い一章を追補することになりました。これが本書にとって蛇足に終わらないことを祈るばかりです。そして、この一冊のために、共和国が財政危機に陥り、ファシズムの擡頭を招くなどということがないよう、併せて祈りたいと思います。

二〇一八年二月

池田浩士

池田浩士

IKEDA Hiroshi

1940年、大津市に生まれる。
1968年から2004年まで京都大学、
2004年から13年まで京都精華大学に在職。
専攻は、現代文明論、ドイツ文学、ファシズム文化研究。

著書
『戦争に負けないための二〇章』(高谷光雄との共著、共和国、2016)、

『ヴァイマル憲法とヒトラー――戦後民主主義からファシズムへ』(岩波書店、2015)、

『石炭の文学史――[海外進出文学]論・第二部』(インパクト出版会、2012)、

『虚構のナチズム――「第三帝国」と表現文化』(人文書院、2004)、

『池田浩士コレクション』全10巻(刊行中、インパクト出版会)など多数。

訳書
エルンスト・ブロッホ『この時代の遺産』『ナチズム――地獄と神々の黄昏』
(後者は共訳。いずれも水声社、2008)、
『表現主義論争』(れんが書房新社、1988)、
『初期ルカーチ著作集』全4巻(三一書房、1975－76)など多数。

〔増補新版〕抵抗者たち　反ナチス運動の記録

二〇一八年三月一〇日初版第一刷印刷
二〇一八年三月一八日初版第一刷発行

著者……………………池田浩士 IKEDA Hiroshi
発行者…………………下平尾 直
発行所…………………株式会社 共和国 editorial republica co., ltd.
東京都東久留米市本町三-九-一-五〇三　郵便番号二〇三-〇〇五三
電話・ファクシミリ〇四二-四二〇-九九九七　郵便振替〇〇一二〇-八-三六〇一九六　http://www.ed-republica.com
印刷……………………精興社
ブックデザイン………宗利淳一
協力……………………岡本十三(DTP)＋荻野哲矢(入力)

本書の内容およびデザイン等へのご意見やご感想は、以下のメールアドレスまでお願いいたします。

naovalis@gmail.com

ISBN978-4-907986-39-1 C0022

（価格は悪税抜き表記）

戦争に負けないための二〇章
池田浩士＋高谷光雄
一八〇〇円
978-4-907986-37-7

［決定版］ナチスのキッチン 「食べること」の環境史
藤原辰史
二七〇〇円
978-4-907986-32-2

第一次世界大戦を考える
藤原辰史編
二〇〇〇円
978-4-907986-18-6

ドイツ映画零年
渋谷哲也
二七〇〇円
978-4-907986-10-0

燃えるキリン 黒田喜夫詩文撰
黒田喜夫
三二〇〇円
978-4-907986-25-4